Managing
by
"Scrum"

世界を驚かせた スクラム経営

ラグビーワールドカップ2019 組織委員会の挑戦

野中郁次郎
川田英樹
編著

日本経済新聞出版

はじめに

知識創造理論とラグビーの関係は古い。

ソフトウエア開発において「アジャイル」という手法が主流になっている。なかでも「スクラム」は、組織における集合知創造やイノベーション創出の原理を明らかにした知識創造理論を基盤にしている。

　この手法の開発者ジェフ・サザーランド博士が、既存の開発手法を打破する考え方を模索するために論文や書籍を読みあさって出合ったのが、本書の編著者である野《の》中《なか》郁《いく》次《じ》郎《ろう》が竹内《たけうち》弘高《ひろたか》（ハーバード大学経営大学院教授）と書いた論文「新しい新製品開発ゲーム」（"The New New Product Development Game"[1]）だった。

　この論文は、1979年に出版されたエズラ・ヴォーゲルの『ジャパン アズ ナンバーワン』以降注目された、日本の製造企業におけるイノベーション成功の秘密を解明したものであり、取り上げた事例の多くは、今で言う「クロス・ファンクショナル・チーム」であった。画期的だったのは、プロジェクトの進め方のタイプを、リレー型、刺身型、そしてラグビー型（以下、スクラム型）と整理した点だ。

　リレー型は、開発プロセスの工程が完全に分かれており、次々とリレーのようにバトンを渡して進むやり方だ。刺身型では、前後の工程が重なり合いながらプロジェクトを進める。スクラム型では、複数の工程が入り乱れて同時進行し、連携しながら進めていく。

　リレー型は、決められた工程を効率的に行っていくのには適しているが、新製品を機動的かつ柔軟に開発するには限界がある。当時の日本企業が無理難題を言う顧客の要求に応えるために苦肉の策で生み出したのが、「刺身型」や「スクラム型」のやり方だ。社内の関係部署やサプライヤーを巻き込み、チーム全員で集中的に濃密なプロセスで進行するのである。これが開発のスピードと創造性を同時に高め、想定外の事態にも機動的かつ柔軟に備えることを可能にした。

「スクラム」という言葉は、ラグビーのメタファー（たとえ）である。チーム内でボールをパスしながらフィールド上を一群となって移動する戦い方や、「スクラム」を組んで、選手が互いに重なり合いながら、個々の総和以上の力を発揮して戦う姿が、当時、日本企業で画期的な新商品開発を可能にしている組織の特徴と重なった。

　サザーランド博士は、ベトナム戦争でかつて偵察機パイロットとして従軍し、極限状態での臨機応変な判断と行動の重要性が身に染みていた。だからこそ、サイロになりがちな組織の壁を破壊し、頻繁にコミュニケーションをとって議論し、スクラムを組んで製品開発をしていた日本の製造業のやり方をソフトウエア開発に応用したのだ。

　アジャイル開発の「スクラム」では、「受託」という考え方から「顧客との共創」へ、開発の在り方を再定義した。それ以前のウォーターフォール型のやり方では、顧客の要求変化に柔軟かつタイムリーに対応できないために、実際に開発が終わったときには納品しても顧客の要望に合わないプログラムができあがってしまうことも多くあった。そこで、短いサイクルに開発工程を分け、分析、設計、実装、テストを並列的に行い、順次できあがったものから実際に使ってもらって顧客からタイムリーにフィードバックをもらい、進化させていくことにした。

　スクラムとは、予見的に管理・制御し分業で作業するのではなく、動く現実から経験的に学び、一人ひとりが自律的にリーダーシップを発揮し、チームで共創する斬新的プロセスなのである。

　スクラム型のプロジェクトでは、組織のどのレイヤーにおいてもプロジェクトのビジョンやゴールに即して判断・行動できるよう、プロジェクトメンバー全員に情報共有が徹底される。関係者全員が状況を正しく共通理解していれば、状況が変化しても、第一線のメンバーが、適時適切に自律分散的な対応を機動的に行う全員経営が実現できる。

　さて、本題に入ろう。過去10年を振り返り、世界中から最も高い評価を受けた日本で開催された国際イベントは何か。２０１９年に日本で開催された「ラグビーワールドカップ」と答える人も多いのではないだろうか。

ラグビーワールドカップは、２０１９年の大会が開催されるまでは、過去8回すべての大会がニュージーランド、オーストラリア、イギリス、フランス、南アフリカといったラグビー伝統国で開催されてきた。２０１９年の日本開催は、初のラグビー伝統国以外、さらに初のアジアでの開催という歴史的意義を持つものだった。ラグビーワールドカップ２０１９™日本大会は、世界中から称賛を集め、事前の予想を上回る成功を収めた。その経済波及効果は６４６６億円にのぼり、世界中のテレビ視聴者は延べ8億５７２８万人であった。チケット完売率は99%を記録した。ソーシャルメディアによる大会関連動画再生回数は、前回大会と比較し5倍以上の20・4億回に達するなど大きな社会現象となった。テロ事件など大きなトラブルもなく無事に終わった。「史上最高の大会」と世界を驚かせ、様々な意味で、世界における日本のプレゼンス（存在感）を高めた大会となったのである。

本書は、このラグビーワールドカップ２０１９日本大会実現の舞台裏にあった組織委員会を中心にした準備・運営プロセスを、物語り（ナラティブ）の形でたどり、知識創造理論の観点から成功と失敗の本質を洞察することに挑戦するものである。その物語りは、ラグビー日本代表がいかに強くなったかではない。世界に認められた国際大会開催という壮大なプロジェクトを導いた組織（組織委員会）の人々の物語りである。

華々しい成功への道のりは決して平坦なものではなく、次々と問題が続出する苦難の連続だった。「史上最高」と海外からも大絶賛された大会を実現した背景には、知られざる紆余曲折や失敗、挑戦と試行錯誤の人間ドラマがあった。

どのようなチャレンジがあったのか。

組織委員会は、予測不可能な危機に次々と直面した。例えば、準備段階では、新国立競技場が急遽、会場として使えなくなる事態が発生した。また、大会期間中には、台風直撃などによって大会中止か否かの決断を迫られた。他にも、期日が限られるなかで様々な想定外の困難に直面した。

さらに、組織委員会は、組織内外の多種多様な利害関係者との協働が不可欠だった。組織委員会のスタッフは、プロパーメンバー、官公庁、地方自治体、国内外の民間企業からの出向者など様々であり、出自や専門知識などバックグラウンドは多岐にわたっていた。彼らは、組織風土やルール、行動様式がまったく異なる海外出身の専門家やコンサルタント、あるいは未経験者が大多数を占めるボランティアなど、多様な参画者との連携や共創が必要とされた。

関係先も国内では各自治体や官公庁、海外では上部組織である「ワールドラグビー」や運営を委託された「ラグビーワールドカップ・リミテッド」などとの交渉や協働が不可欠であった。当然、様々な葛藤が生じた。

事業構造、組織体制の問題が、プロジェクトが進むにつれ表面化した。２０１２年5月に設立された当初2名しかいなかった組織は、２０１9年9月末には３４８名と大所帯になった。ファンクショナル・エリア（ＦＡ）と呼ばれる組織内の各部署の役割は状況に応じて変わり、セクショナリズムも発生した。組織体制は解体・再編成が繰り返された。ＦＡごとの業務進行状況やピークが異なるため、ＦＡ横断の活動は最後まで混乱を生じた。

後ほど詳述するが、組織委員会には最終意思決定権はなかった。また、大会保証料という形で９６００万ポンド（約１３０億円）[2]を上部組織であるワールドラグビーにおさめる必要があった。その主な源泉は、チケット販売からの収益であった。

このように多くの困難に組織委員会は直面した。

前職を辞め飛び込んだ者、民間企業、地方自治体、官公庁からの出向者、過去の国際スポーツイベントに関わった経験を持つ海外からのエキスパートなど、多種多様なバックグラウンドを持つメンバーたちで構成された組織委員会は、当初、空気を読みすぎ、腹を探り合い、忖度しあい機動的に動けない組織だった。迷走し、失敗し、空中分解しかけ、想定外の事態という荒波にものみ込まれた。

しかし彼らは、期日が決まったゴールに向かって、行動し、試行錯誤し、失敗に学び、対外組織ともスクラムを組み、プロジェクトを推進できる組織へと自己革新していった。いつしか、誰もが自律分散的に行動を起こし、挑戦する「スクラム」型組織となったのである。

「失敗はできない。何があっても最高の大会にする」、その思いは共通だった。そのために、人生を懸けた人々がいた。様々なしがらみや制約条件のなかでも闘い続けた人々が、組織を動かし２０１９大会を成功へと導いた。

今後は、組織や国家を超えて多様な人材で編成され、迅速な成果が求められるプロジェクトや組織が増えていくだろう。そのような組織は、先述のような難問や課題に程度の差はあれ、直面するのではないだろうか。

そのような組織の究極の姿とも言えるラグビーワールドカップ２０１９組織委員会が、ミドルが中心となった現場でいかに準備・運営し、目的を達成したか、また失敗も含めた生々しいプロセスは実際どうだったのか、などについて、経営やリーダーシップの観点から検証することは大いに意義があると考える。

「ラグビーワールドカップ２０１９日本大会」の報告書はある。しかし、そこにはプロジェクトに携わった一人ひとりの生々しいドラマは描かれていない。何が組織で起きたのか、危機に直面したときに、誰が、何を拠り所にどんな判断を下し、どんなアクションを起こしたのか。

「ラグビーワールドカップ２０１９組織委員会」はなぜ成功したのか。その成功の本質は何なのか。組織的に創造され成功へと導いた実践知は何なのか。

コロナ禍やウクライナ侵攻のように全世界的な想定外の危機がどの場所でも起こりうる世の中において、組織、立場を超えてありとあらゆる知恵を結集する、産官学民横断のオープンなプロジェクト形式の取り組みは、ますます重要性を増すだろう。

普遍的な課題・挑戦が凝縮された国家的プロジェクトであるラグビーワールドカップ２０１９組織委員会の舞台裏を読みやすく「物語り（ナラティブ）」にまとめるとともに、知識創造理論によって成功と失敗の本質を洞察し、実践知として後世に引き継ぐことは、日本に留まらず世界中の組織にとって有意義であると考えている。

目次

第Ⅰ部

敗北、挑戦、伝説の物語り

1 招致失敗
——伝統国に負ける

空振りに終わったシャンパン乾杯

２００５年11月18日午前１時30分、深夜の北青山、日本ラグビーフットボール協会（Japan Rugby Football Union：ＪＲＦＵ）の一室で、宮崎《みやざき》春奈《はるな》は仲間とともにシャンパンが注がれたグラスを前に、「招致決定！」の一報を受ける、その瞬間を待っていた。

同じ時刻、日本と時差９時間、アイルランドの首都ダブリンにあるラディソンホテルに設けられた国際ラグビー評議会（International Rugby Board：ＩＲＢ）の記者会見場では、ラグビーワールドカップ™２０１１大会の開催地が発表されようとしていた。

ラグビーワールドカップ２０１１大会の開催地には、日本、ニュージーランド、そして、南アフリカの３カ国が立候補していた。

現地時間、11月17日午後3時からＩＲＢ理事会で、１回目の投票が行われ、南アフリカが落選し、日本とニュージーランドが2回目の投票へと進んだ。その1回目の投票結果は、ＩＲＢの公式ウェブサイトにも掲載された。それから1時間半後、2回目の投票結果が発表されることとなっていた。[3]

のちに、ラグビーワールドカップ２０１９組織委員会で、会場運営局メディアオペレーション部長を務めることとなる宮崎は、そのときの様子を次のように記憶している。

「日本とニュージーランドと南アフリカが争っていて、投票になると聞いていました。その頃は、まだインターネットのライブ中継はなくて、携帯電話の連絡が頼りでした。最初に三つ巴で投票があると聞いて、投票の結果、一番ライバルと思われていた南アフリカの落選を聞いて、『ニュージーランドには勝てるだろう』と、少し浮き足立って、開催が決定したらメディアの皆さんとお祝いができるよう、グラスを出してシャンパンを注ぎました」

宮崎は、父の影響でラグビー観戦を始め、ラグビー好きの中学生時代の恩師の影響もあり、大学生になる頃には毎週のようにラグビーの試合を観戦するラグビーファンとなった。スタジアムに足繁く通っているとラグビー関係者と知り合い、ＪＲＦＵの存在を知ることとなった。「そこで働いてみたい」という思いを抱き始めた宮崎に、知り合ったラグビー関係者の一人が「電話をかけて話を聞いてみたらどうか」と、担当者の電話番号を教えてくれた。

宮崎はすぐに電話をかけた。「ラグビーに興味があって、ラグビーの仕事をしたいです」と率直に伝えると「明日、来てください」と告げられた。翌日、ＪＲＦＵのオフィスを訪問した宮崎は、広報の手伝いをすることになった。大学4年生のときには週3～4回アルバイトとして働くようになり、１９９８年の春、大学卒業と同時にＪＲＦＵに就職した。

ＪＲＦＵで宮崎は、先輩職員とともにプレスリリースを配信したり、メディアリストを作成するなど、メディア対応の基礎づくりを担った。ＪＲＦＵの公式ウェブサイトの立ち上げにも深く関わった。１９９９年にウェールズで開催されたラグビーワールドカップでは、日本代表のメディア対応に携わった。２００２年には、翌年オーストラリアで開催されるラグビーワールドカップの予選を戦う日本代表チームに帯同し、合宿先や試合でのメディア対応も担うまでになった。しかしその年、宮崎はＪＲＦＵを離れる決意をした。

「日本代表に同行し広報の仕事をするなかで、海外とのやりとりが多くなり、英語が話せないと、この仕事を続けられないなと思うようになりました。ラジオで英語の勉強もしましたが、やはりどこか海外に行かなければと思うようになりました」

２００２年夏、宮崎はＪＲＦＵを辞め、翌年、アイルランドへ語学留学した。その間も、宮崎のラグビー愛は変わらなかった。２００３年の秋には、南半球のオーストラリアで開催されていたラグビーワールドカップを、北半球のアイルランドから片道30時間を超える旅にもかかわらず、観戦しに訪れた。

２００４年４月、日本に帰国した宮崎は、アルバイトとしてＪＲＦＵの仕事を再び手伝った。しかし、同年７月創業の企業スポーツのファンクラブ運営等を行う会社から誘いを受け、その会社の社員となった。同時期となる２００４年７月16日、ＪＲＦＵは、ラグビーワールドカップ２０１１大会の日本招致チャレンジを正式に決定[4]したのであった。

すると、宮崎はＪＲＦＵからの依頼を受け、出向社員として招致事務局の広報を担当することになったのだ。

「『ワールドカップを日本に招致するぞ！』と言われても、正直、何をやるのか想像もつかなかった。当時は、日本代表もそこまで人気はないですし、ラグビーファンも大学ラグビーが主であって、『ラグビーのワールドカップって、やっているの？』という雰囲気でした。まずは、日本のラグビーファンにワールドカップを知ってもらうための広報やプロモーションを担当しました」

２００５年４月、日本招致を実現するため、ＪＲＦＵは「チャレンジ２０１１キャンペーン」[5]をスタートし、第１弾として「署名活動」を行った。宮崎とその仲間は、ラグビー部員やラグビースクールに通う人々から署名をもらうことに尽力し、日本代表の試合会場でも代表選手とともに署名活動を行った。その結果、11月５日までに15万票を超える署名が集まり、日本招致への後押しとなった。[6]この署名活動は、開催国が発表される11月18日まで続けられた。

そして運命の日、11月18日に日付が変わって1時間半、宮崎は、乾杯のそのときを待っていた。ダブリンの開催国発表会場にいる日本招致団から連絡を受けたのは、ラグビーワールドカップ２０１１招致委員会委員長の日《ひ》比《び》野《の》弘《ひろし》であった。宮崎やメディア関係者は、携帯電話を耳にあてて、結果連絡を受ける日比野を見つめていた。間もなくして、日比野の両腕が動いた。その両腕は彼の身体の前で交差し、バツ印を示していた。[7]

宮崎は言う。

「落選したとわかって、みんな呆然でした。私自身、６年後の２０１１年には、本当にワールドカップが日本に来るものだと思っていましたから……」

落選の連絡を受けた日比野は、ＪＲＦＵのオフィスに駆けつけたメディア関係者に向けてこう語りかけた。

「遅い時間に大勢の方に集まっていただき、感謝申し上げます。日本の主張したラグビーのグローバル化が認められず、残念に思っています。投票の結果、何票対何票かは発表されないが、日本を支持してくれた国も多く、ラグビーの伝統国に伍していくことができると今後発展的に考えていきたいと思います。応援してくださった、ユニオン、政府関係者、海外の関係者、スポンサー、メディアの方、そして、ファンの皆様に心から感謝申し上げます。結果として、政府が保証できなかったことが問題かという声もありましたが、日本政府は財政的な保証は法的にできないが、可能な限りラグビーのワールドカップを支援すると約束してくれたことは、他国に劣っていないと思います。６１８名の議員の署名、16万人のファンの応援、今回の力を今後の日本ラグビーの発展のために生かしていかねばならないと思います」[8]

ラグビー伝統国の厚い壁

開催国発表のそのとき、招致事務局長の徳増浩司《とくますこうじ》は、ダブリンの記者会見の会場で落選の結果を目の当たりにした。

さかのぼること30年、１９７５年、徳増は、当時「世界最強」と言われたウェールズ代表の試合を花園ラグビー場で観戦していた。「いつかウェールズに行き、ラグビーのルーツを自分の目で確かめたい」[9]という強い思いを抱いた徳増は、その2年後ウェールズに留学した。ウェールズでラグビーのコーチングを2年間学び、日本に帰国してからは、無名の高校を指導し、全国高等学校ラグビーフットボール大会優勝に導いた。

その後、１９９４年、徳増はＪＲＦＵの当時の専務理事に何度も手紙を送り、協会事務局に採用されることとなった。その10年後、２００４年8月、徳増はラグビーワールドカップ２０１１大会の招致事務局長に任命されたのであった。

先述の「ラグビーの仕事をやりたい」という宮崎の電話を受け、「明日、来てください」と伝えたのは徳増であった。徳増は、動き出した招致事務局の広報担当を宮崎に託したのである。

深夜の北青山の記者会見場で、宮崎や事務局のスタッフ、集まったメディア関係者が「招致失敗」を知ったとき、ダブリンの徳増もまた呆然としていた。

「これだけやってもダメなのか、この壁は厚すぎる……」

徳増が感じた壁とは、ラグビー伝統国の壁であった。その壁の厚さを知るには、ラグビーワールドカップの歴史を振り返らねばならない。

現代ラグビーには、強靭な身体、技術、闘争心が求められる。しかし、鍛えあげられた肉体と肉体がぶつかり合うだけでは、野蛮化してしまう。乱闘ではなくスポーツとして成立させるために、厳格なルールを厳守し、フェアプレー精神に則って行われるのがラグビーだ。だから、規律を守りながら、状況に応じて戦術を機動的かつ創造的に繰り出す知性や理性が必要とされる。そして、試合終了のホイッスルと同時に「ノーサイド」となると、勝敗にかかわらず相手チームをリスペクトし、惜しみなく称賛し合うのである。

そんなラグビーの発祥は、中世イングランドの「村祭り」のようなゲームで、数百人から数千人規模の人間が手と足を使って行っていた「フットボール」にまでさかのぼる。当時は、ボールの奪い合いのはずが熱狂しすぎて殴り合いとなって、暴力的に互いを傷つけ合う野蛮な乱闘も許されていた。[10]

イングランドの「フットボール」は、様々なルールで楽しまれるようになった。イギリスで16世紀に創立されたパブリックスクールの一つ、映画「ハリー・ポッター」の撮影現場にもなったラグビー校（Rugby School）の生徒たちは、豚の膀胱を牛の革で包んだものをボールとして、主として足を使った「フットボール」をプレーした。[11]

当時のラグビー校のルールでは、ボールが空中に浮いている場合のみプレーができた。プレイヤーの一人が空中に浮いたボールをキャッチすると、そこで、敵も味方も全員が静止する。ボールをキャッチしたプレイヤーは、その地点からいったん後方に下がり、好きなところにキックして味方にパスを試みる。もしくは、いったん、ボールを芝生の上に置き、現代と同じようなゴールポストの間を狙ってキックして得点を試みた。そのプレイヤーがボールをキャッチした地点を通過するまでは、他のプレイヤーは動くことができなかった。[12] ラグビー校のルールでは、地面にバウンドしたボール以外は、ボールを拾い上げることが禁じられていたのだ。[13]

ラグビー校のウェブサイトに、１８２３年、ウェブ・エリス（Webb Ellis）という少年が、「フットボール」のルールを無視して、ボールを腕に走り出し、ラグビーフットボールを生んだとある。[14] このエピソードの少年の名が、ラグビーワールドカップ優勝杯につけられ、「ウェブ・エリス・カップ（Webb Ellis Cup）」となっている。

ラグビー校式のフットボールは、ラグビー校の卒業生たちによってイングランドの各地、および、当時イングランドの植民地支配下にあったオーストラリア、ニュージーランド、南アフリカなどに広がり、現代のラグビータイプのフットボールとして普及、発展していった。しかし、各地域で設立されたクラブでは、それぞれ独自のルールでゲームがプレーされていた。

例えばイングランドのパブリックスクールでは、ラグビー校のルールとは異なるイートン校式ルール、ハーロウ校式ルールなどがあった。得点ルールも、手を使えるかどうかについても学校やクラブ単位で異なっていたのであった。

１８７０年12月、イングランドのクラブ幹事の手紙が新聞に掲載された。「ラグビータイプのゲームをする人たちは、いろいろなクラブが他と異なるルールでプレーしていて、ゲームを難しくしている。ルールを統一するため集まるべきである」[15]

その呼びかけに応えて、１８７１年1月26日、ロンドンで会議が開かれ、22のクラブと学校から30を超える人々が参加した。この会議の結果、イングランド・ラグビーフットボール協会（The Rugby Football Union：ＲＦＵ）が設立された。同時に、ラグビー校の卒業生3名を招いて委員会が組織され、その年の6月までにラグビー校式のルールに統一したのであった。

ラグビーと同じようにボール争奪戦を起源とするサッカーは、乱暴なプレーを生む可能性がある密集戦をなくすために、手を使うことが禁じられた。一方で、ラグビーはたとえ密集戦のなかでもボールの奪い合いを紳士的に楽しむことを主眼としたスポーツとして、細かなルールが決められていったのである。

１８７１年、イングランド協会の設立に続いて、73年にスコットランド・ラグビー協会（Scottish Rugby Union）、79年にアイルランド・ラグビーフットボール協会（Irish Rugby Football Union）が、80年には、ウェールズ・ラグビー協会（Welsh Rugby Union）が設立された。

１８８６年、スコットランド、アイルランド、ウェールズの3カ国によって、国際ラグビーフットボール評議会（International Rugby Football Board：ＩＲＦＢ）が設立されたが、イングランドは参加を拒否した。理由は、その2年前の１８８４年のスコットランドとの対戦での対立にあった。イングランドが「我々が競技規則を作成したのだから、我々がトライと認めればトライである」[16]と主張したトライを、スコットランドはトライと認めなかったのだ。しかし、その後スコットランドだけではなく、アイルランドやウェールズとの対戦も拒まれたイングランドは、対立の態度を改め、各国との関係を再構築した。そして、１８９０年にイングランド協会はＩＲＦＢに加盟したのである。[17]

１８９０年にイングランド協会が加盟して以来、１９４９年に南半球のオーストラリア、ニュージーランド、南アフリカの3カ国の協会が加盟するまで、60年近くにわたり、英4カ国の協会のみのＩＲＦＢ時代は続いた。ゆえに、英4カ国、すなわちアイルランド、イングランド、ウェールズ、スコットランドには、世界のラグビーの礎を築いたという強い自負と誇りがあるのである。

ラグビーワールドカップ２０１１大会の招致事務局長を務めた徳増は言う。

「ラグビーの国際統括団体は、アイルランド、イングランド、ウェールズ、スコットランドの英4カ国が設立した当初から、〝インターナショナル（国際）〟ラグビーボードと名乗っていました。ラグビーは自分たちがつくったのだという自負が感じられます。特にイングランドにはラグビーが生まれた地というプライドがあります。イングランド以外のラグビー協会には、名称の頭に〝国名〟がつきます。例えば、日本の場合はJapan Rugby Football Union です。ところが、イングランド協会はThe Rugby Football Union です。国名ではなく〝The〟が名称の頭に付きます。そこには、イングランドはラグビーの母国であるという誇りが表れているのだと思います」

第二次世界大戦の終了から4年後の１９４９年にＩＲＦＢに加盟した南半球の３カ国も、戦前まではイングランド協会管轄下の「地域協会」という位置づけであった。１９７８年にフランス協会が加入するまで、創設から実に80年にわたり「英国系」の協会のみでＩＲＦＢは継続されたのである。

そのような歴史を経て、世界一を決める「ラグビーワールドカップ構想」を打ち出したのは、南半球のオーストラリアとニュージーランドであった。ＩＲＦＢ創設１００年が近づいてきた１９８５年にオーストラリアとニュージーランドが提案した「ラグビーワールドカップ開催案」が、ＩＲＦＢ理事会において可決されたのであった。

こうして１９８７年、オーストラリアとニュージーランドの共催によって、第1回ラグビーワールドカップが開催され、このタイミングで、アメリカ、アルゼンチン、カナダ、フィジー、日本、イタリア、ルーマニア、トンガ、ジンバブエの9協会がＩＲＦＢに加盟した。[18] ＩＲＦＢは、１９９７年に国際ラグビー評議会（International Rugby Board：ＩＲＢ）に改称し、２０１４年にワールドラグビー（World Rugby：ＷＲ）とさらに改称し現在に至っている。

２０２３年現在、ワールドラグビーには１２８の協会が加盟しているが、１９８７年に第1回ラグビーワールドカップが開催される「以前」に加盟していた8カ国は、ファウンデーション・ユニオン（Foundation Union：創設協会）と呼ばれている。

２００５年11月、ラグビーワールドカップ２０１１大会の開催国決定投票に敗れた際、徳増が「厚すぎる」と言った「壁」は、これら8カ国のファウンデーション・ユニオンの伝統国の壁であった。ラグビーワールドカップは、第1回から南半球と北半球で順番に伝統国で開催された（図表1）。結局、第7回２０１１年の大会の開催地がニュージーランドに決定したことにより、この南北の順番も継続されることになった（その後、第8回２０１５年の大会も北半球のイングランドで開催された）。

「伝統国の壁」を打ち破る厳しさは、開催国の決定投票に参加したＩＲＢ理事国の不公平とも言える持ち票数に表れていた。ファウンデーション・ユニオンであるアイルランド、イングランド、ウェールズ、オーストラリア、スコットランド、ニュージーランド、フランス、南アフリカの8カ国がそれぞれ2票の投票権を有するのに対して、日本を含めそれ以外の理事国は投票権は1票しかなかった（図表2）。

ファウンデーション・ユニオン8カ国に投票権が偏っていることは事前に承知したうえでの日本への招致活動であったが、伝統国の高くて厚い壁を乗り越えることはできず、ラグビーワールドカップ２０１１大会の開催を日本で実現することはできなかった。

日本への1票は将来への1票（A vote for Japan is a vote for the future）

「伝統を重視する北半球のラグビーに対して、『自分たちの方が強いのだ』とライバル意識を持った南半球のオーストラリアとニュージーランドの提案によってラグビーワールドカップは１９８７年に始まりました。オースト

図表1　第9回（2019年）以前のラグビーワールドカップ開催地

第1回	1987年	オーストラリア・ニュージーランド共催	南半球
第2回	1991年	イングランド	北半球
第3回	1995年	南アフリカ	南半球
第4回	1999年	ウェールズ	北半球
第5回	2003年	オーストラリア	南半球
第6回	2007年	フランス	北半球
第7回	2011年	ニュージーランド	南半球
第8回	2015年	イングランド	北半球

（出所）公開情報をもとに筆者作成

図表2　ラグビーワールドカップ2011 大会開催国決定投票のIRB理事国と持ち票数

IRB理事国（カッコ内は持ち票数）	
アイルランド（2）	アルゼンチン（1）
イングランド（2）	イタリア（1）
ウェールズ（2）	カナダ（1）
オーストラリア（2）	日本（1）
スコットランド（2）	アジア地区（1）
ニュージーランド（2）	アフリカ地区（1）
フランス（2）	欧州地区（1）
南アフリカ（2）	オセアニア地区（1）
合計24票 （ただし第1回目の投票：19票、第2回目の投票：21票）[19]	

（注）当該国の理事は投票できないため投票数は異なる
（出所）日本ラグビーフットボール協会2011ラグビーワールドカップ招致実行委員会事務局「ラグビーワールドカップ招致報告書」

ラリア・ニュージーランド開催の次はイングランドというようにＩＲＢ創設国の間で南北に順番に開催していく前提で発案されたものであるという話を当時のＩＲＢ理事から聞かされました。日本が招致に動き出したのは２００３年のこと。ラグビーワールドカップがまだ4回しか開催されていないなかで、日本で開催したいと言ったわけですから、今思えば無謀な挑戦であったかもしれません」

徳増は、ラグビーワールドカップ２０１１大会の招致を振り返る。ラグビーワールドカップを日本で開催しようという機運が決して高くないなかでの挑戦でもあり、「夢物語」と言われても仕方ない状況だった。

日本がラグビーワールドカップ２０１１大会の招致へ動き出した当時、国内におけるラグビー界の実状は、宮崎が述べたように、大学ラグビーや社会人ラグビーの根強いファンはいるものの、日本代表の人気はまだまだであった。ラグビーワールドカップ２０１１大会の存在自体、知られていなかった。

一方、２００２年の日本と韓国共催によるサッカーＦＩＦＡワールドカップ™は、日本国内の10都市で開催され、大いに盛り上がり、サッカーブームに火をつけた。

ＪＲＦＵは、サッカー人気に負けまいと奮起した。同年、ラグビー日本代表を強化するため、ＪＲＦＵは「ジャパンラグビートップリーグ」の発足を発表した。２００３年1月、東京で開催されたラグビーのシンポジウムの基調講演で、ＪＲＦＵ専務理事の眞下昇《ましものぼる》は、同年9月に開幕を控えていた「ジャパンラグビートップリーグ」の未来構想を語った。その講演のなかで、眞下がラグビーワールドカップを日本で開催できないかと発したのであった。翌日、その発言は新聞記事にも掲載された。「本当に日本で開催することが可能なのだろうか」と考えた徳増は意を決し、思い切ってＩＲＢ本部に電話をかけた。

すると「開催条件さえ満たせば、決して不可能ではない」[20]と、ＩＲＢの最高経営責任者（ＣＥＯ）のマイク・ミラーから回答があった。彼は、日本開催はラグビーのグローバル化につながると考えていたのである。それが、ラグビーワールドカップ２０１１大会招致への幕開けであった。

２００３年8月になると、ラグビーワールドカップ日本招致検討委員会が新設され、徳増は事前調査活動を担うこととなった。大会収入、大会経費、試合会場、練習施設、ホテル等、日本開催の実現可能性の調査が進められた。日本には、ラグビーの国際試合をできるスタジアムが各地にどれほどあるのか、ＪＲＦＵには何のデータもなかった。徳増は全国の都道府県のラグビー協会に問い合わせた。

この時期、ＪＲＦＵは、開幕したばかりのジャパンラグビートップリーグの運営に注力していた。一方、徳増は協会の２階の片隅の小部屋で招致活動を始めた。招致活動はどうやってやるのか、オリンピックやサッカーワールドカップの事例も調べたが情報は限られた。検討委員会の一人からは「ラグビーワールドカップの試合数は48であるから、普及のために47都道府県でそれぞれ一試合開催し、決勝は東京で行うのはどうか」。そんなユニークなアイデアもあった。だが、いかんせんラグビー人気は低く、国内の試合にも観客が入らない。

「国内の大会の普及活動で苦戦しているときに、海外の試合の招致にお金を使っている場合ではないのではないか……」、そんな厳しい声もあった。

「ラグビーワールドカップという未知の大会を持ってくるという活動を本来の仕事以外にやらねばならない。周囲の理解も得にくく、ときに気持ちが折れそうになり、事務局のなかでも極めて孤独な作業でした」と、徳増は言う。

２００４年７月に招致活動を行うことがＪＲＦＵ理事会で正式決定され、その翌月、徳増は招致事務局長に任命された。常勤３人、外部委託３人からなる小さな事務局であった。宮崎は、その外部委託の一人であった。

その２カ月後、10月18日に「２０１１ラグビーワールドカップ日本招致委員会」が発足した。会長は森喜朗《もりよしろう》元首相、委員長に日比野弘ＪＲＦＵ会長代行が就任し、招致協賛企業の募集を開始した。翌２００５年４月には、先述の「チャレンジ２０１１キャンペーン」が始まり、４月８日には日本政府の閣議了解を受けた。そして５月13日、大会の概要を一冊にまとめた「テンダードキュメント（入札書類）」をＩＲＢに提出したのであった。

徳増は、この２１４ページにわたる書類の完成に奔走した。そのテンダードキュメントのテーマは、「A Fresh Horizon（新たな地平線）」であった。

「ラグビーワールドカップを伝統国でしかやっていなかったということは、ＩＲＢの弱点でもあった。思い切って伝統国を出て、新たな場所でラグビーワールドカップを開催すれば、この素晴らしいスポーツが世界中に広がるきっかけをつくれるのではないか。新たな地平線に持っていこうではないか[21]」

「A Fresh Horizon」。そこには、「ラグビーは今こそ古い伝統から新天地へ[22]」という招致委員会の思いが込められていた。日本代表チームが世界の舞台で脚光を浴びることもなく、まったく結果が残せないなか、ラグビー国際大会の新天地である日本での開催を目指した挑戦でもあった。

開催国決定の１年前の２００４年秋、ＪＲＦＵ専務理事・眞下らとともに徳増は、ヨーロッパを訪れた。日本での開催を働きかけるため、遠征中のラグビー日本代表の試合タイミングに合わせて、各地のラグビー協会を訪れた。そんななか、スコットランド協会の理事会でプレゼンテーションを行った直後の試合で、日本代表はスコットランド代表に、８対１００で大敗した。さらに、翌々週に訪れたウェールズでは、０対98と、ウェールズ代表にも完敗したのであった。

ウェールズに完敗した直後、旧知の仲であるウェールズ協会のチェアマンが徳増をパブに誘った。グラスを重ねた後、ウェールズ協会のチェアマンが徳増にこう告げた。

「日本は一体何を考えているのだ。百点ゲームで負けるような国に、ワールドカップが行くわけがないだろう」

悔しい思いで招致団は帰国した。こんなエピソードもある。来日したＩＲＢからの視察団をＪＲＦＵの近くにある都立青山高等学校ラグビー部の練習視察に誘った。ふりしきる雨のなかであったが、泥々になった土のグラウンドで、ひたむきにプレーを続ける高校生の姿があった。視察団の一人は「こんな芝生もないグラウンドでラグビーやるなんて、クレイジーだ」と苦笑したが、徳増は「日本人はこんな環境でも、ラグビーをやる情熱がある国だ」と、視察団のメンバーに訴えたかったのである。

その後も花園ラグビー場で開催される全国高校ラグビー大会の映像などを見せたり、視察団を都内のラグビースクールの練習に連れて行くなどして、日本への招致に努めた。

ラグビーワールドカップ２０１１の開催国決定の投票の日、招致団はＩＲＢ理事の前で最終プレゼンテーションを行い、こう訴えた。

「私たちは日本から来た招致団です。日本にはみなさんのような伝統も実力もまだありません。しかし、ラグビーに賭ける情熱だけは伝統国のみなさんに決して負けていないと思っています。ラグビーの日本開催は、ラグビーのグローバル化を進めます。今日のみなさんの日本への一票は、将来への一票です（A vote for Japan is a vote for the future.）」

しかし、日本招致は叶わなかった。東京で、シャンパングラスを前に宮崎やスタッフが涙したことが、ダブリンの徳増に電話で伝わった。その翌日、森会長はＩＲＢのシド・ミラー会長に会い、こう訴えた。

「世界のラグビーはどうなっているのですか。国連ではアメリカのような超大国でもアフリカの小国でも投票権を一票ずつ持っています。それが、民主主義というものではありませんか。ところが、ラグビーでは、伝統国に二票ずつあり、一方で一票も持たない国があります。（中略）ラグビーはボールをどんどん展開してこそ意義があります。伝統国、オールドボーイズの中だけでボールを回していたいのなら、これからもずっとそうしたらどうでしょうか？[23]」

ラグビーワールドカップ２０１１の招致失敗。確かに無謀であったかもしれないが、ラグビーワールドカップ２０１９日本大会へと続く挑戦の始まりであった。その後、日本への一票は、将来への一票となったのである。

2

アジアのために日本で開催する！

Tender for Asia（アジアのための招致）

「この試合を見た全国のラグビー少年が今後もラグビーをやりたいと思うでしょうか？　果たしてラグビーに夢を持つでしょうか？[24]」

１９９５年に南アフリカで開催された、第3回ラグビーワールドカップで行われた日本代表とニュージーランド代表の試合のテレビ中継で流れたコメントである。この試合で日本代表は、17対１４５と１２８点差でニュージーランド代表に大敗したのであった。[25]

１９９３年にサッカーJリーグが幕を明けサッカー人気が高まる一方で、先述したようにラグビー人気は思うように高まらなかった。まして、日本国内でラグビーワールドカップを開催するということなど「夢物語」でしかなかった。徳増が日本ラグビーフットボール協会（ＪＲＦＵ）で働き始めたのは、その翌年からである。それから十数年が経ち、その「夢物語」が現実となるかと思われたが、結局叶わなかった。

２００５年11月18日の深夜、ＪＲＦＵの２階の記者会見場で、宮崎が、シャンパンが注がれたままのグラスを前に呆然としていたとき、熊木陽一郎《くまきよういちろう》は、ＪＲＦＵの事務局員として数人の同僚とともに１階のオフィスにいた。招致委員会委員長の日比野の携帯電話に落選の連絡が届く直前、熊木は国際ラグビー評議会（ＩＲＢ）のウェブサイトで最終投票結果を知ることとなった。

熊木は大学在学中に恩師の勧めによってインターンで１９９９年からＪＲＦＵの仕事に携わるようになった。その当時、日本ラグビーは男子15人制日本代表チーム監督に平尾誠二《ひらおせいじ》を迎え、ラグビーワールドカップ１９９９ウェールズ大会出場に向けた代表チームの強化活動を大きく推進していた状況もあり、もともとは教員志望であった熊木だが、そのまま協会に就職することになり、平尾ジャパンのチームスタッフとしてラグビーワールドカップ１９９９大会に参加し、ラグビー伝統国におけるラグビーワールドカップの熱気と興奮を知ることとなった。

それから5年、熊木はラグビーワールドカップ２０１１大会の招致においても地道に活動を続けていた。何をアピールすれば日本招致が実現できるか、皆が手探り状態のなか、熊木は日本招致の認知度を高めるため、大学ラグビーや社会人チームに依頼し、招致のロゴマークを各チームのジャージに縫いつけてもらうなどのプロモーション活動を続けていた。熊木は、のちにラグビーワールドカップ２０１９組織委員会でラグビーサービス部の部長を務めることとなる。

熊木は、２０１１大会の招致活動をこう振り返る。

「あの当時、ワールドカップで一勝しかしていない日本で、本当に開催できるのか試されている時期でした。それでも、日本ラグビー界を挙げて招致しようと本当に頑張ったチャレンジでした。開催国決定の日、南アフリカに負けることはあっても、ニュージーランドに負けるとは思っていなかった。それが最後投票で想像できない結果で、驚きでありました。ただ、ラグビー伝統国でない日本のような国が最後投票まで行ったという一つの足跡にはなったと思います」

日本の招致敗退が決定した２００５年11月18日、英紙タイムズには「Shame on Rugby（ラグビーよ、恥を知れ）」という記事が掲載された。「ラグビーワールドカップ２０１１大会の日本開催の機会が与えられなかったことで、ラグビーはポスト前のキックをはずした（注記：ラグビーの試合でゴールポスト目の前のキックは、ほぼ確実に得点が入るチャンスとされる）。ＩＲＢのニュージーランド開催という選択は、深刻なまでに保守的であり、疑いようもなく面白くない」という内容であった。[26]

　ラグビーワールドカップ２０１１大会の招致で、日本は伝統国の壁を破ることができなかった。しかし、熊木が言うように、日本ラグビー界のチャレンジは、世界のラグビー界の伝統に一石を投じたのである。そして「日本への一票は、将来への一票である」と、招致団が開催国決定の前日のＩＲＢ理事会の記者会見で語ったように、世界のラグビーは、新たな未来へ動き出した。

　招致失敗から１カ月が経った２００５年12月、徳増はパキスタンを訪れていた。パキスタン北部の都市ロホールで開催されていたアジアラグビーフットボール協会（Asian Rugby Football Union：ＡＲＦＵ）の理事会で、招致結果の報告をするためであった。

「アジアの皆さんに大変申し訳ありませんでした。日本、アジアでラグビーワールドカップを開催する夢は叶いませんでした」

　徳増が理事会のメンバーに伝え、席に座ろうとしたそのとき、ブルネイ・ラグビーフットボール協会の代表理事が立ち上がった。

「もう一度日本にやってもらえないだろうか。アジアのリーダーとしてぜひ日本にラグビーワールドカップを持ってきてほしい。今度こそアジアのみんなで応援しよう」

　招致への失望感のなかにいた徳増はその言葉で目が覚めた。[27]

「それまでは、私たち招致団も日本代表チームもヨーロッパや南半球のラグビー強豪国だけを見て追いつき、追いこせという気持ちで活動してきた。しかし、もっと大切にしなければならないのは、日本がアジアのリーダーであるということ」だと、徳増は気づかされたのであった。

日本ラグビーとアジアラグビーの軌跡

ラグビー発祥の地であるイングランドから「遥か東の日本で本当にラグビーをやっているのか」と思われていたという話も伝わっているが、実際は日本ラグビーの歴史は古い。

１８６６年、日本が明治維新を迎える2年前、横浜に駐屯するイギリス兵らが、「横浜フットボールクラブ（現在の横浜カントリー＆アスレチッククラブ「ＹＣ＆ＡＣ」）」を設立し、日本の地でイギリス人同士のラグビーの試合が行われるようになった。

ＪＲＦＵの日本ラグビーデジタルミュージアムによれば、１８９９年（明治32年）に、慶應義塾の英語講師を務めていたＥ・Ｂ・クラークが塾生に教えたことが日本ラグビーの発祥とされている。その2年後の１９０１年（明治34年）に慶應義塾とＹＣ＆ＡＣの試合が行われ、１９１１年（明治44年）には、慶應義塾と旧制第三高等学校（現京都大学）による日本の大学生同士のラグビーの試合が初めて行われた。

慶應義塾、第三高等学校に続いて、同志社大学がラグビー部を創部した。大正時代に入ると、早稲田大学、大阪高商（現大阪公立大学）、東京大学、明治大学、東京商科大学（現一橋大学）、関西大学がラグビー部を創部した。日本で大学生同士の試合が行われた翌年には、日本の高校ラグビーも産声をあげた。１９１２年（明治45年）に京都一中（現洛北高校）がラグビー部を創部すると、１９１５年（大正4年）に京都一商（現西京高校）と京都三中（現山城高校）がラグビー部を創部した。

１９１８年（大正7年）1月、旧制高等学校と旧制大学の参加による日本フットボール大会（現全国高等学校ラグビー大会）が始まり、１９２８（昭和3年）には、現在の全国大学ラグビーフットボール選手権大会の前身である東西大学対抗ラグビーが開催され、西の京都大学が東の慶應義塾大学に11対5で勝利した。日本におけるラグビーが学生ラグビーを中心に隆盛するなか、１９２６年（大正15年）11月に、日本ラグビー蹴球協会（現日本ラグビーフットボール協会：ＪＲＦＵ）は発足した。

１９３０年（昭和5年）には、慶應、早稲田、京都、明治、東大の現役学生とＯＢによってラグビーの日本代表チームが結成され、初めて海外試合に遠征した[28]。

日本と同じように、アジア地域のラグビーにも長い歴史がある。イギリス帝国の植民地政策のもと、アジア各地域との貿易を目的に設立された東インド貿易会社によって、南アジアのインド、セイロン（現スリランカ）、東アジアの香港へ、ラグビーは普及されていった。

ＡＲＦＵによると、イングランド協会設立と同年の１８７１年、インドのカルカッタとマドラスでラグビーの試合が行われた記録が残っている。アジア初の「ユニオン（協会）」は、１８７９年にインドの隣国、セイロンで設立された。

東南アジアのタイでは、１９０１年にチュラロンコーン国王（ラーマ五世）が設立した外国人居住者向けのロイヤル・バンコク・スポーツクラブで、イギリスのビジネスマンがラグビーをプレーするようになった。１９３７年にサイアム・ラグビーフットボール協会（Siam Rugby Football Union）が設立されている。

１９４６年、シンガポールでは7人制のラグビーが始まり、マレーシアでは67年に10人制のラグビーが始まったとされている。7人制ラグビーの国際大会であるワールドラグビーセブンズシリーズ（HSBC World Rugby Series）の一つである「香港セブンズ」は、１９７６年にスタートした。

このように日本やアジアのラグビーは、ファウンデーション・ユニオン8カ国に負けず劣らず長い歴史がある。そして１９８７年にラグビーワールドカップが開催されて以来、アジア代表として毎回参加している国は、日本以外にはないのである[29]。

話をラグビーワールドカップの日本招致に戻す。

ブルネイ・ラグビーフットボール協会の理事が「アジアのリーダーとして日本で、ラグビーワールドカップを開催してほしい」と語ったように、日本はアジアラグビーのリーダー的存在と言っても過言ではなかった。

こうして日本ラグビー界は、ワールドカップのアジア初開催を目指し、日本招致に再び立ち上がる。２００６年4月、2回目の招致活動に備えて、ＪＲＦＵは協会内に「国際委員会」を設置し、徳増が委員長となった。ニュージーランドに負けた決選投票から、ちょうど1年が経った２００６年11月17日、ＪＲＦＵはラグビーワールドカップ２０１５の日本招致に挑むことを正式決定したのだ。

「1年前の敗戦を糧に、ＪＲＦＵはアジアラグビーの確立を担う決意をし、２０１５年もワールドカップを招致することを決定いたしました[30]」と表明したのである。

1回目の招致活動では15名であった事務局の人員も、2回目にはその3倍の45名に増員された。1回目の招致活動のスローガンは、「A Fresh Horizon」であったが、2回目の招致活動のスローガンは「A Tender for Asia（アジアのための招致）」となった。

アジア初の開催決定！

ラグビーワールドカップ２０１１大会の招致には失敗したが、初めてのチャレンジによって新たに見えてきたことが多くあった。

「招致活動を進めるにつれ、ＩＲＢ理事国のなかに小さな勢力図があることがだんだんわかってきました。状況に応じて数カ国のブロックが投票に動くケースがわかってきたんです[31]」と徳増は言う。

２０１１大会の招致活動のなかで、ＩＲＢ理事国内の協会の対立的ともいえる歴史的な関係性が見えてきたのであった（図表3）。

日本ラグビー界は、この対立構造のどこにも属していなかった。だから、ラグビーワールドカップを日本に招

図表3　ラグビーワールドカップ2011大会招致活動時のIRB理事国の協会の関係性

【英4カ国】
イングランド協会 ⇔（ケルト3カ国）アイルランド協会、ウェールズ協会、スコットランド協会

【ヨーロッパ】
英4カ国の協会⇔フランス協会（イタリア協会）
※フランス協会が何かを提案すると、英4カ国の協会はまとまって反対する傾向がある。フランス協会はイタリア協会やアルゼンチン協会など「ラテン語圏」の協会を巻き込む

【北半球と南半球】
（北半球の協会）イングランド協会、アイルランド協会、ウェールズ協会、スコットランド協会、フランス協会
⇕
（南半球の協会）オーストラリア協会、ニュージーランド協会、南アフリカ協会
※南は北に対して、「俺たちの方が強い」とライバル意識を持っている

（出所）徳増浩司（2020）『君たちは何をめざすのか』ベースボール・マガジン社、211～213ページをもとに筆者作成

致するためにも票集めをしようにも、同志となるＩＲＢ理事国を見つけることはそもそも困難だったのだ。

「２０１１年の招致活動のときは、投票権を持つ理事に働きかけるロビイング活動が十分でなかった。ＪＲＦＵのメンバーのなかでも、ＩＲＢや海外のユニオン（協会）と対等に話ができる人間が多くなかったと聞いています」と、再び招致活動に携わることになった宮崎は言う。

再び動き出した招致団は、２００７年３月、スコットランド協会とイングランド協会に対して招致アピールのプレゼンテーションを行った。この年の秋には、第６回となるラグビーワールドカップがフランスで開催された。招致団は、観戦も兼ねてヨーロッパの理事国を訪問し招致活動を展開した。

英語が堪能な徳増や、国際ラグビーのレフリー経験のある眞下たちが、１回目の招致活動で築いた人間関係は、２回目の招致活動に間違いなく生かされた。１回目の招致活動を始めた頃は、「どこの誰だろう」と訝しがられた徳増も、招致活動を終える頃にはファーストネームで呼ばれるようになっていた[32]。

２００８年７月８日、ＩＲＢは香港で開かれた特別理事会で、２０１５年と２０１９年のラグビーワールドカップ開催国を１年後の２００９年７月、同時に選定することを発表した。２つのラグビーワールドカップの開催国が同時に決定されるのは史上初のことで

あった。２０１５年または２０１９年いずれかの大会を単独で招致すること、あるいは２大会両方の招致活動をすることが可能となった。[33]

２００８年９月30日、ＪＲＦＵは、ＩＲＢに対し２０１５年か２０１９年のいずれかの大会、という条件で日本招致を正式表明し、立候補した。この段階で、２０１５年の大会の招致に立候補したのは、日本を含めてオーストラリア、イングランド、アイルランド、イタリア、スコットランド、南アフリカ、ウェールズの８カ国。２０１９年の大会に立候補したのは、日本を含めてオーストラリア、アイルランド、イタリア、ロシア、スコットランド、南アフリカ、ウェールズ、ジャマイカの９カ国であった。

２００９年４月７日には、２０１５年および２０１９年のラグビーワールドカップ日本招致について、日本政府の閣議で、文部科学大臣から関係各府省に協力を要請し了解された。[34] 翌日４月８日から10日まで日本を視察に訪れていたＩＲＢのベルナール・ラパセ会長は、メディアに次のようなコメントを残している。

「日本は、イングランドなどの強豪国と今回のワールドカップ招致を争っていますが、ＪＲＦＵのプレゼンテーションにもあったアジアのラグビー発展という目的は、政財界のサポートと並び、ＩＲＢの理事会に対して、強力なメッセージとなるでしょう。日本が、アジアそして世界のラグビーに対して何ができるのか。今後もラグビー全体の発展に向けて、活動を続けていただきたいと思います[35]」

ＩＲＢが定めた入札文書の締切りは、２００９年５月８日であった。最終的に、２０１５大会の招致に向けてはイングランド、日本、イタリア、南アフリカの４カ国が、２０１９大会の招致に向けては日本、イタリア、南アフリカの３カ国がそれぞれ入札文書を提出した。

ここで、日本の招致団の知らないところで、思いがけない追い風が吹いた。夏季オリンピックでは、１９００年から１９２４年にかけて15人制のラグビーの試合が開催されたが、それ以降、オリンピックの種目に含まれていなかった。ＩＲＢは、ラグビーをオリンピックの種目に復帰させたいと、国際オリンピック協会（International Olympic Committee：ＩＯＣ）に働きかけていた。しかし、ＩＯＣはＩＲＢに対して「ワールドカップがこれまで伝統国でしか開催されていないラグビーが果たして世界のスポーツと言えるのか」[36]と疑問を投げかけたのである。

英国系のラグビーフットボール協会は、どちらかというと「ラグビーの伝統を守る」傾向にあった。一方、フランスやラテン系のラグビーフットボール協会は「ラグビーを広げる」ことに大きな価値を見出していた。[37]

招致視察に日本を訪れたＩＲＢのラパセ会長はフランスの出身である。彼は「ラグビーをぜひオリンピック種目に入れたい。そのためにもラグビーワールドカップの日本開催を進めたい」[38]と考えていた。

入札文書提出から２カ月が過ぎようとした２００９年６月30日、ラグビーワールドカップ・リミテッド（Rugby World Cup Limited：ＲＷＣＬ）[39]よりＪＲＦＵに対して、２０１５大会はイングランドが、２０１９大会は日本が、それぞれラグビーワールドカップ開催の推薦国として挙げられたという連絡が伝えられた。[40]

ＩＲＢ理事会で、ラグビーワールドカップ２０１５大会と２０１９大会の開催国が決定され、発表されたのは２００９年７月28日である。その１カ月前に開催推薦国の知らせが立候補国へ届くというのは、ラグビーワールドカップ史上異例のことであった。

そのことを知った宮崎は「ＩＲＢから推薦が出たので、これはいよいよ、日本にワールドカップが来るだろう」とようやく楽観的な気持ちになっていた。

運命の日となった２００９年７月28日、午後11時35分過ぎ。宮崎は北青山のＪＲＦＵに設けられた記者会見会場で、４年前と同じようにシャンパンを用意し、その時を待っていた。会場には１５０人を超える各種メディアと協会関係者が集まっていた。会場前方に設置されたスクリーンに、アイルランドのダブリンにあるＩＲＢ理事会会場のライブ映像が映し出された。間もなくして、ラパセ会長の声が届いた。[41]

「理事会の決定をお知らせします。２０１５年はイングランド。２０１９年は日本」

宮崎が用意したシャンパンはようやく祝杯となった。

現地、ダブリンのＩＲＢ理事会会場では、ホスト国が発表された後、イングランド協会のチェアマンとＪＲＦＵ専務理事の眞下は、ウェブ・エリス・カップをともに掲げた。

「私たちが訴え続けてきたラグビーのグローバル化の必要性をご理解いただき、２０１９年のラグビーワールドカップ開催地として日本を選んでくださったことを、心から嬉しく思っています。今回の結果は、ラグビーのオリンピック種目への復活にも大きなはずみとなると信じています。ラグビーワールドカップという大きな目標に向かって、日本のラグビーは、アジアの友人たちとともに、新たな高み、新しいステージへと、大きな一歩を踏み出すことになります[42]」

と、眞下はコメントした。

その場には徳増もいた。

「招致が決まった瞬間の気持ちは歓喜ではなく、安堵に近いものでした。ほろ苦い安堵とでもいうべきでしょうか。６年半かけてやっととれたかというのが実感でした[43]」

２カ月が経った２００９年10月上旬、デンマークの首都コペンハーゲンで開催されたＩＯＣ総会において、２０１６年開催のリオデジャネイロオリンピックで男女の７人制ラグビーがオリンピック種目として復活することが決定された。

この４年後の２０１３年、ＪＲＦＵは、独立行政法人国際協力機構（Japan International Cooperation Agency：ＪＩＣＡ）と協力し、「ＪＩＣＡ－ＪＲＦＵスクラムプロジェクト」を開始した。これは、ラグビーの指導者をＪＩＣＡ青年海外協力隊員としてアジアの学校、地元のクラブチームやナショナルチームに派遣し、アジアのラグビーのさらなる普及と発展に取り組むプロジェクトであった[44]。

3

動き出した前代未聞のプロジェクト

ラグビーワールドカップ２０１９大会の日本開催が決定したことによって、ホストユニオン（開催国の協会）である日本ラグビーフットボール協会（ＪＲＦＵ）は、２０１０年11月、ラグビーワールドカップ・リミテッド（ＲＷＣＬ）と、「開催協会合意書（Host Union Agreement：ＨＵＡ）」を取り交わした。

ＲＷＣＬは、ラグビーワールドカップ主催者のワールドラグビー（２０１４年にＩＲＢから改称）がワールドカップ運営を委託した事業会社である。

これによって、「ラグビーワールドカップ２０１９組織委員会」が設立されることとなった。ラグビーワールドカップ２０１９組織委員会は、ＪＲＦＵがＲＷＣＬと交わしたＨＵＡにもとづいて、大会準備と運営を担う組織である。

いよいよ、ここから、本書のメインテーマである「ラグビーワールドカップ２０１９組織委員会の挑戦の物語り」が幕を開ける。

不公平な開催協会合意書

ラグビーワールドカップ２０１９組織委員会とはどのような組織であったのか。ワールドラグビー（ＷＲ）、ラグビーワールドカップ・リミテッド（ＲＷＣＬ）、日本ラグビーフットボール協会（ＪＲＦＵ）との関係性を示したい（図表４）。

ラグビーワールドカップ２０１９組織委員会は、先述したようにＲＷＣＬとＪＲＦＵが交わした開催協会合意書（ＨＵＡ）にもとづき、大会開催準備と大会運営の業務を担う組織である。そして、大会が終われば解散することが必然の時限組織であった。

ラグビーワールドカップ２０１９組織委員会の事務総長代理を務めたのは鶴《つる》田《た》友晴《ともはる》だ。彼は、株式会社電通から出向し、２００２年ＦＩＦＡワールドカップ日本組織委員会で事業局長を務め、２００７年の大阪世界陸上選手権大会では組織委員会で大会実行員として携わった経験を持つ。鶴田はこれらの経験から「国際スポーツイベントで交わされるホストユニオンアグリーメント（ＨＵＡ）の内容は、殆どの場合、主催者である国際スポーツ団体に有利であって、〝奴隷契約〟と言いたくなるほどである」[45]と述べている。

アジア初開催となったラグビーワールドカップ２０１９日本大会においても同様だった。ＲＷＣＬとＪＲＦＵが結んだＨＵＡも例外ではなく、不公平な契約だったと言っても過言ではない。

まずラグビーワールドカップ２０１９組織委員会には、上級職の人事権はなかった。部長以上の人事は、ラグビーワールドカップ主催者のワールドラグビーに諮《はか》らねばならなかった。ワールドラグビーの承認を得ねばならない事項も非常に多くあった。

何よりＨＵＡによって定められたラグビーワールドカップ２０１９組織委員会の収支構造に大きな問題があっ

図表４　ラグビーワールドカップ2019組織委員会と各団体との関係性

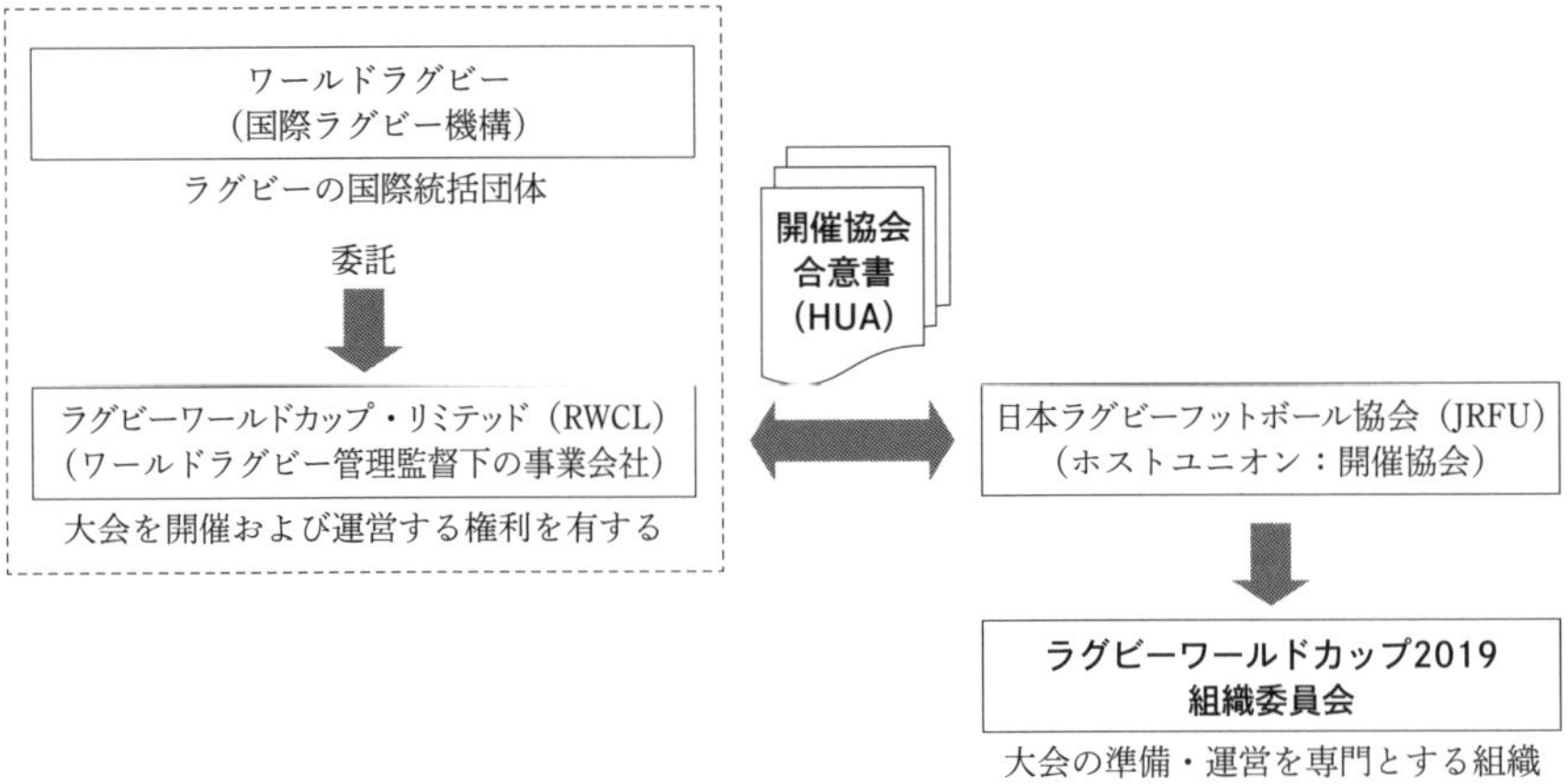

（出所）筆者作成

た。２００２年の日韓共催のサッカーＦＩＦＡワールドカップでは、日本と韓国のそれぞれの組織委員会にＦＩＦＡから１００億円が運営協力金として支払われた。[46]一方、ラグビーワールドカップ２０１９組織委員会は逆である。運営協力金が支払われるどころか、９６００万ポンド（約１３０億円[47]）の大会保証料を、ＪＲＦＵを通じワールドラグビーに支払うことがＨＵＡによって決められていた。

大会保証金の主な原資は、ラグビーワールドカップ２０１９大会のチケット販売からの収益だ。それ以外のメディア放映権やオフィシャルグッズ販売、そしてスポンサー料は、直接ＲＷＣＬを通じてワールドラグビーに支払われるので、ラグビーワールドカップ２０１９組織委員会の収益にはならない。

ラグビーワールドカップ２０１９組織委員会の収益源の柱となるチケット販売だが、チケットがどの程度売れていくらの収益が見込めるかは、大会直前、チケット販売が開始されるまでわからない。組織委員会はチケット売上予測を頼りに、銀行融資や公的資金からの借入金を得て、大会準備を行い、大会終了直後にはＲＷＣＬに大会保証料を支払わねばならないことになっていた。

２０１０年11月にＲＷＣＬとＨＵＡを締結した後、ＪＲＦＵは事務局内に「ラグビーワールドカップ２０１９準備室」設立した。

まず解決せねばならない問題は、日本政府による財務保証であった。繰り返しになるが、ラグビーワールドカップのホストユニオン（開催国の協会）は、大会保証料の９６００万ポンドをＲＷＣＬに支払わねばならない。万が一、組織委員会がチケット販売から十分な収益を上げることができず、ホストユニオンであるＪＲＦＵが、満額の大会保証料を支払うことができなくなった場合はどうなるのか。２０１９大会の招致を日本と競ったイタリアと南アフリカは、自国政府が財務保証を約束していたが、招致決定の時点で日本は政府による財務保証が約束されていなかった。

ワールドラグビーは、4年に一度のラグビーワールドカップからの収入を次の4年間の活動の財源としている。鶴田によれば、ラグビーワールドカップからのワールドラグビーの収入は、「テレビ放映権」「オフィシャルパートナー」「ローカルスポンサー」「ライセンシング／マーチャンダイジング権」「ホスピタリティー権」、そして「大会保証料」からなる。[48]

サッカーＦＩＦＡは4年間で数千億円の放送権料の収入があるのに対して、4年間の放送権料が数百億円程度[49]のワールドラグビーにとっては、開催国からの「大会保証料」はより重要な財源となる。２０１９日本大会からの大会保証金が不十分であれば、次回の２０２３大会までの活動の財源が危ぶまれる。だからこそ、当時のＩＲＢ（現ワールドラグビー）は、ＪＲＦＵに対して日本政府による財務保証を強く求めたのであった。

２０１１年4月、日本政府による財務保証の問題は解決することとなった。文部科学省や独立行政法人日本スポーツ振興センターの協力によって、「スポーツ振興くじ」による助成金が36億円を限度として助成されることとなり、政府の財務保証に代わるものとＩＲＢが認めたのであった。[50]

この間、２０１０年11月11日、社団法人日本経済団体連合会名誉会長であるキヤノン株式会社代表取締役会長ＣＥＯの御手洗冨士夫《みたらいふじお》の、ラグビーワールドカップ２０１９組織委員会の会長への就任が決定した。[51] ２０１２年5月10日、ラグビーワールドカップ２０１９組織委員会は、一般財団法人として登記され、5月29日に第１回理事会を開催、6月18日には、経団連会館で第１回評議員会が行われた。日本招致に尽力した徳増は事務局長（兼理事）となった。

２０１３年４月１日、ラグビーワールドカップ２０１９組織委員会は内閣府の承認を得て、公的資金を財源とできる公益財団法人となった。この年の１月、組織委員会は全国のラグビー関係者に対して、大会ビジョン策定に向けたインターネット調査を行った。その結果をもとに、５月27日に記者会見を開き、４つの柱からなる「大会ビジョン」を発表した。

- 強いニッポンで世界の人々をおもてなししよう。
- 全ての人が楽しめる大会にしよう。
- ラグビーの精神を世の中に伝えよう。
- アジアにおけるグローバルスポーツの発展に寄与しよう。

続いて２０１３年７月15日には、元ラグビー日本代表６名からなる「ラグビーワールドカップ２０１９大会アンバサダー」を発足した。翌８月、彼ら６名のアンバサダーが全国47都道府県を訪問する「ＴＥＡＭ２０１９全国キャラバン」を開始した。[52]
同年９月には、ラグビーワールドカップ２００３オーストラリア大会のゼネラルマネージャーを務めたマット・キャロルが、ラグビーワールドカップ２０１９組織委員会の暫定ＣＯＯ（Chief Operating Officer：最高執行責任者）に就任した。[53]２０１３年12月、公益財団法人港区スポーツふれあい文化財団とＪＲＦＵが主催したイベンドで、マット・キャロルは日本ラグビー界の特徴を捉え次のようなコメントを残している。
「（日本では）大学ラグビーではたくさんの人が集まる、これは日本ラグビーにとって強みの一つです。さらにトップリーグでは世界的な企業がたくさん出資している。これは世界的に見たらユニークなことで、これらのよい材料をうまく一つにしていけば、今後数年間でさらに日本ラグビーが栄えると思います[54]」
　マット・キャロルは、組織委員会メンバーが取るべき「行動指針」とも言える５つのシンプルなメッセージを残し、就任から１年足らずで組織委員会を去った。

1. Time Is The Enemy（時間は敵）
2. Keep Focused On The Task（目の前のタスクに集中しよう）
3. Leave Nothing To Chance（抜かりのないように）
4. Be Bold（大胆にいこう）
5. Enjoy（たのしもう）

人がいない、資金がない、前例もない

ホストユニオンであるＪＲＦＵから大会の準備を委託されたラグビーワールドカップ２０１９組織委員会は、ＨＵＡに記載されている内容に従って、静かに動き出した。

繰り返しになるが、ラグビーワールドカップ２０１９日本大会は、日本初であり、アジア初の開催である。この4年に一度の国際スポーツイベントの準備をし、「時間通り」「予算通り」、そして「最高の品質」で実現することは、まさに挑戦的で壮大なプロジェクトであった。

プロジェクト推進の中心的な役割を担うことになるのが、ラグビーワールドカップ２０１９組織委員会の企画局（セントラル・マネジメント）で、企画局長を務めた内《うち》田《だ》南《みなみ》である。内田が着任したのは、組織委員会が公益財団法人として内閣府の承認を受けてから9カ月後の２０１４年1月であった。

東京メトロ銀座線の外苑前駅から北に向かって徒歩5分、秩父宮ラグビー場に隣接する建物がＪＲＦＵである。その建物の2階のわずかなスペースが、内田が着任した当時のラグビーワールドカップ２０１９組織委員会のオフィスであった。無機質な部屋に、テーブルとイス、プリンターのみが置かれる小さくて質素なオフィスであった。

内田は、世界四大会計事務所の一つであるアーンスト・アンド・ヤング（Ernst & Young：ＥＹ）のメンバーフ

アーム[55]である日本のＥＹからの出向者であった。

内田は、日本の大学を卒業後、アメリカのアリゾナ州に留学し会計学士号を取得した。現地のＥＹに就職したが、コンサルタントとして日本のＥＹ（当時の太田昭和監査法人）に籍を移した。日本で最初に担った仕事は、顧客企業への国際財務報告基準（International Financial Reporting Standards：ＩＦＲＳ）や内部統制報告制度（日本版ＳＯＸ、Ｊ－ＳＯＸ）など海外の管理手法の導入支援であった。導入支援後、組織をどう築くのか、どう計画を立てどう予算をつくるのかといった顧客企業の経営サポートも経験した。

内田のコンサルタントとしての経験が、ラグビーワールドカップ２０１９組織委員会で大いに発揮されることとなった。

「コンサルタントとして働き始めた初期段階で、強烈に苦労しました。私はそんなに頭のいい人間ではないので、たいてい〝大失敗〟しました。そんなとき、成功事例を経験した仲間のコンサルタントが、『これはこうやってやるんだよ』とアドバイスしてくれました。その人から話を聞いて、〝気づき〟をもらうと、『彼があのとき言ったことは、こういうことだったのか』と、整理して自分の引き出しの中にしまうことをやってきました。そうやって、右往左往しながらも、『こうやればうまくいくのだ』という本質がつかめるようになりました。その本質を文書化して横展開するという仕事をやってきました」

自身の大失敗の経験から学び、成功事例を経験した人から気づきを得る。そして、その積み重ねからつかんだ本質を文書化して横展開し、他の取り組みにも生かす。内田がコンサルタント時代に培った仕事の作法だった。

２０１４年１月、内田が着任したときの組織委員会のオフィスのメンバーは、招致活動に奔走した徳増と宮崎を含め８名であった。

内田は、２０２０年3月31日まで6年にわたって組織委員会に出向し、大会準備、大会期間中の運営、そして組織委員会が解散するまで、その任務を全うすることになる。

２０１３年４月１日、内閣府の承認を得て公益財団法人に指定されたラグビーワールドカップ２０１９組織委員会は、先述したように「宝くじの収益金」や「スポーツ振興くじ助成金」「開催自治体からの協力金」などの公的資金からの財源、加えて民間企業からの「寄付金」の収入を期待できることとなった。[56]

ただし公益財団法人は、純資産額が２期連続で３００万円を下回ると解散となってしまう。[57] 内田の最初の仕事は、財務部長として組織委員会の財政基盤を築くことであった。

内田は着任当初、組織委員会とＩＲＢの関係は、出向元のＥＹとＥＹグローバルの関係性と同じようなものだと考えていた。「日本のＥＹとＥＹグローバルの関係は基本的には、目的を同じにしていて、グローバルが日本をサポートしてくれる関係。日本のＥＹが資金に困ったときはＥＹグローバルが支援してくれるように、資金不足の組織委員会をＩＲＢはサポートしてくれるのではないか」

ところが、組織委員会とＩＲＢの関係性はまったく違っていた。これまで説明してきた通り、あくまで組織委員会は自力で資金繰りをせねばならなかった。

その違いを知らずに着任した内田は、当然のように資金の支援をＩＲＢに依頼したが、回答は勿論「Ｎｏ」であった。「『来年度の資金を貸してほしい』と、私はＩＲＢへメールを送りました。今考えると『お前、馬鹿か』という世界で、信じられないですね」と内田は振り返る。

人もいなければ、資金もないことが明らかとなった。「前例をベンチマークし、調整し、実行する」ことが内田の仕事のやり方であったが、アジア初開催、日本初開催となるラグビーワールドカップは、そもそも前例はない。まして、内田自身はラグビーに馴染みがなかった。２０１４年１月１日に組織委員会に着任した翌日、内田は「主要な関係者に挨拶するから一緒に行こう」と徳増から誘われ、大学ラグビー選手権の準決勝に行った。そのときでさえ、関係者に挨拶はしたが、試合は見なかった。その数日後、旧国立競技場の最後の試合となった大学ラグビー選手権の決勝、早稲田大学対帝京大学の試合を観戦した。それが内田にとって人生で初めてのラグビー観戦であった。

人も資金も前例もない状況であるものの、組織の基盤、財政の基盤を築かねばならない。ラグビーワールドカップがどのようなイベントになるのかまったく想像もつかないなかで、内田は動かねばならなかった。

内田は、まず不正が起きない仕組みづくりから着手した。

「私は、会計事務所からのコンサルタントとして組織委員会に着任しました。あらゆる意味で不正が起きたらすべてが終わると思っていました。とにかく不正が起きないようにしました。財務的なチェックをどのように入れるか。業務分掌をどうやって変えるか。第三者のダブルチェックなしでは、支払いもできないようにしました。これから人員が増えていくなかで、新しく入った職員が『この組織ではこれをやってはいけないんだ』ということが明らかになるよう、仕組みづくりを進めました」

同時に「上から下まで神経が通っている仕組み」づくりも進めた。

「大会の準備を進めるなかで、たくさんの課題が出てきます。経営会議を主催して、課題は何ですかと言っても、報告は上がってこない。上から下、下から上と情報が行き来する神経が通う仕組みづくりを考えていました」

事務総長の着任

内田の着任から3カ月が過ぎようとした２０１４年3月25日、理事会と評議会を経て元総務省事務次官の嶋津《しまづ》昭《あきら》が事務総長に就任することが決定した。嶋津はその翌月、４月１日に、ラグビーワールドカップ２０１９組織委員会代表理事・事務総長として着任した。

嶋津は１９４３年東京に生まれ、自治省（現総務省）に入省後、静岡県財政課長や奈良県総務部長を歴任。日本各地に精通していた。のちに、組織委員会の職員が増えるなかで、こんなエピソードが残っている。

組織委員会に新規採用となった職員は、全職員を集めた定例会議で挨拶をする機会を与えられた。その際、嶋津は採用された職員に出身高校を必ず聞いたという。日本各地から集まってくる職員であるため、全国津々浦々の高校名が出てくるのだが、嶋津は、そのほぼすべてを知っていた。高校名を知っているだけでなく、その土地の名産や特徴にも精通していた。「○○高校は地元の名門だな。△△という先輩は知っているか」「□□高校あたりの名産といったら××じゃないか」と、新人職員に向かって嶋津は語りかけたという。

嶋津が事務総長就任を承諾した背景には、当時、ＪＲＦＵ会長であった森喜朗元首相の父親との縁であった。

「１９６７年に私は地方自治に入った4月に研修を3週間くらい受けました。そのときの講師の一人が森さんの父君の森茂喜《しげき》さんなんです。鈴木《すずき》俊一《しゅんいち》東京都知事とかと並んで、連続8選した石川県根上町長の森茂喜さんが講師でした。森茂喜さんから、現実の地方自治とはどういうものかを学びました。私は森茂喜さんの弟子みたいなものです。私は『お父さんの弟子ですから、森総理とは兄弟の弟みたいな関係ですよね』と、森喜朗さんにいつも言うんですよ。そういう関係でもあったから、ＪＲＦＵ会長の森さんから頼まれて、断るに断れなかった」

一方、嶋津はこうも語っている。「ワールドラグビーとの契約内容を事前に見ていたら、事務総長をやることはなかったかもしれない。その契約はとても従属的でしたので……」。９６００万ポンドの大会保証料の支払い義務、重要なポジションの職員採用の承認権はＲＷＣＬが持つ等々、先述した不公平な開催協会合意書（ＨＵＡ）のことである。

加えて、こんな体験もした。当時のＩＲＢのブレット・ゴスパーＣＥＯ、２０１９大会の統括責任者アラン・ギルピンと嶋津の最初の出会いは、実は採用面接であった。

「ブレット・ゴスパーとアラン・ギルピンが、最初に日本に来たとき、嶋津さんと会って何か話がしたいと言うので、私は喜んで彼らと会って話をしました。そうしたら、それが面接試験であったというわけです」

ワールドラグビーとその管理下のＲＷＣＬと結んだ従属的な契約はあるものの、嶋津は、内田や徳増らとともに組織委員会の基盤づくりに邁進することとなる。着任した嶋津は、内田、徳増、宮崎をはじめとする職員を前にして、事務総長として何か形式的なメッセージを発することはなかった。食事をしながら「大変だけど、仲良くやろうよ。楽しくチームでやっていこう」と彼らにシンプルなメッセージを伝えただけだった。

バーベキューとコミュニケーション、そして急成長する組織

ラグビーワールドカップ２０１９組織委員会の職員は、２０１４年3月末の8名から、２０１５年3月末には23名まで増員されていった。その4年半後のラグビーワールドカップ２０１９日本大会開催時には、３４８名の職員が協働する組織へと急成長していくことになる。

組織委員会は、２０１４年1月から10月まで、東京の北青山、秩父宮ラグビー競技場のすぐ脇にあるＪＲＦＵが入るビルの2階のわずかなスペースをオフィススペースとしていた。16個のデスクで既にいっぱいのスペースに、内田を含む十数人が詰めていた。２０１４年11月になると、隣にある日本スポーツセンターに少し広いスペースを確保することができた。

２０１４年4月、組織委員会は「マーケティング戦略およびチケット販売戦略の検討、日本国内での広報・プロモーション活動の推進」という目標を掲げ、マーケティング部を立ち上げた。同年7月には、事務総長の嶋津が「ｔｏｔｏ（スポーツ振興くじ）助成金交付式」へ出席した。

先述した通り、公益財団法人に指定された組織委員会には公的資金の導入が可能である。最終的には、開催都市分担金として39億円、スポーツ振興くじを財源とする助成金として59億円、宝くじからの協賛金として70億円（のちに１００億円に増資）が組織委員会に交付されることになった。これは内田を悩ませていた組織委員会の財政を大きく助けることとなった。

3カ月後の10月、文部科学省出身の西阪昇《にしざかのぼる》が、組織委員会の参与に着任した。西阪は、後に組織委員会の事務総長代理を務めることになる。

この間、組織委員会では、次の4つの事業部からなる4部体制が立ち上がった。

①主に開催都市選定を担当する事業部
②２０１９年の大会の認知度アップに向けた取り組みを担当するマーケティング部
③大会予算を制定し予算管理を担当する財務部
④２０１９年までの工程を策定し部門間の連携を図る企画調整部

ラグビーワールドカップ２０１９組織委員会には、内田のようにコンサルタントの経験を持つ者、嶋津や西阪のように官公庁出身の者、地方自治体からの出向者、鶴田のような民間企業からの出向者、ラグビーワールドカップ過去大会の運営の経験を持つ海外からのエキスパート、さらには、この4年に一度のイベントに人生を懸け前職を辞して職員となった者等々、様々な組織から多種多様な経験を持つ人々が集められていくことになる。

嶋津は当時を振り返る。「あの頃は、バーベキューなんかもやりました。2回やったかな。渋谷の屋上のバーベキュー場や、駒場野公園を借りたりして……。バーベキューは上村夫妻が企画してくれたんだ」

上村夫妻とは、のちに、組織委員会のチケッティング・マーケティング局でマーケティング部長を務めることになる上村《うえむら》哲也《てつや》と彼の妻のことである。上村は、ラグビーワールドカップ２０１９組織委員会の仕事を完遂した後、東京オリンピック・パラリンピック競技大会の組織委員会の広報局でニュースデスクを務めた。

ドイツで生まれた上村は、日本と海外の両方で生活をした経験がある。オーストラリアの高校時代、野球に明け暮れていた上村は、２０００年のシドニーオリンピック・パラリンピック大会の運営に携わることになった。シドニーオリンピックでは、3カ月間ボランティアスタッフとして、選手村と野球のサポートをした。続いてシドニーパラリンピックでは、陸上の日本選手団のサポートをした。これが上村にとってスポーツビジネスに、運営する側の人間として関わった最初の経験となった。

スポーツビジネスに興味を持った上村は、大学卒業後、日本国内のテレビ放送局に入社し3年間、スポーツ中継を宣伝するＰＲ局宣伝部に勤めた。その後、プロ野球球団の一つに転職したが諸事情があって辞めることになった。

「スポーツビジネスは、もういいやと思いました。そこで、私のスポーツビジネスは一度終わったんです」

その後、彼はテレビ局でも経験していたマーケティングで研鑽を積む道へと進んだ。外資系のマーケティングリサーチ会社や外資系の航空会社、そして、国内の電鉄会社と、国内外の3社で延べ7年にわたり、上村はマーケティングの基礎を叩き込まれた。

上村がラグビーワールドカップ２０１９組織委員会の職に就いたのは、２０１５年1月のことである。さかのぼること4年の２０１１年、上村が外資系の航空会社で働いていたときに、ラグビーワールドカップ２０１１大会がニュージーランドで開催された。ニュージーランド代表オールブラックスと所属する航空会社がスポンサーシップを締結していたこともあり、上村は２０１９年にラグビーワールドカップが日本開催となったことを知ることとなった。

「ニュージーランドのラグビーワールドカップの盛り上がりを現地で、ライブサイトやパブリックビューイングで見ていました。この興奮が日本でもつくれるのだろうか」

２０１４年、そんな思いを秘めていた上村に、偶然にもニュージーランドの転職エージェントの友人から、ラグビーワールドカップ２０１９組織委員会に興味はないかと声がかかったのである。

「〝リベンジ〟するという言葉は好きではないですが、これは、スポーツビジネスに〝リトライ〟するチャンスだと思いました」

上村は、ラグビーワールドカップ２０１９組織委員会に飛び込んだ。その上村は妻とともにバーベキューを2回企画した。

「組織委員会のスタッフメンバーの数が30名の頃と、50名ぐらいになった頃、バーベキューを企画しました。ワールドラグビーも含めて、いろいろなバックグラウンドを持つ人たちが組織委員会に入ってきて、コミュニケーションがとりにくくなっていたので、何とか横のコミュニケーションを深めようとしました」

図表５　ラグビーワールドカップ2019組織委員会の人員推移

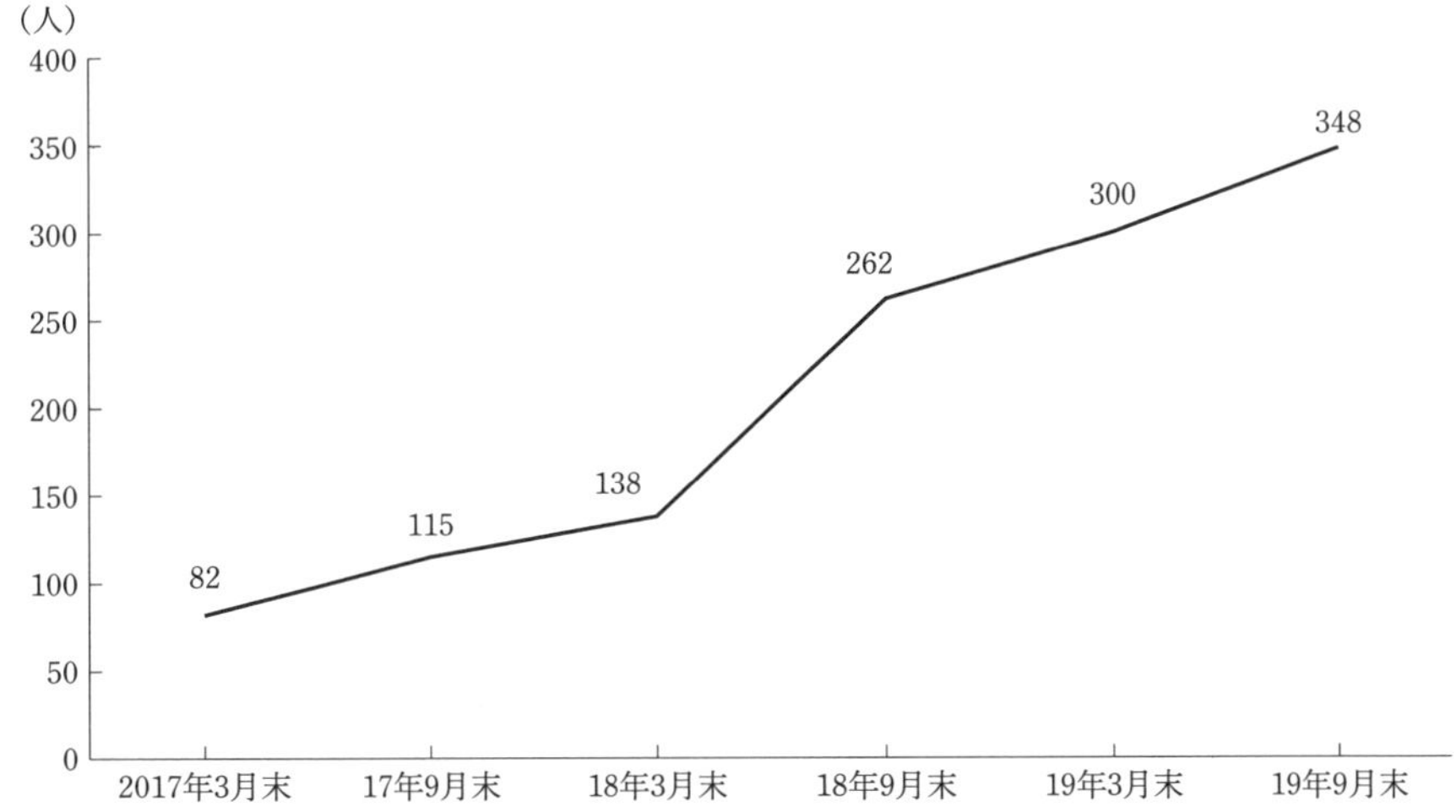

（出所）ラグビーワールドカップ2019組織委員会「ラグビーワールドカップ2019日本大会大会報告書」63ページ

上村が組織委員会のスタッフメンバー間のコミュニケーションを深めるために尽力するなか、人員はさらに急増した。２０１５年３月末の23名だった職員は、２年後の２０１７年３月末には82名と３倍以上に増えていった（図表５）。

話が前後するが、２０１５年４月、元電通スポーツ事業担当役員の鶴田が事務総長代理に着任し、翌５月には、組織委員会の理事で、ミスター・ラグビーと呼ばれた平尾が事務長特別補佐に任命された。同年６月24日、「平成三十一年ラグビーワールドカップ大会特別措置法」および人事院規則に則り、日本政府各省庁からの出向者の受け入れが可能となった。そして翌２０１６年４月までに、総務省・文部科学省（スポーツ庁）から４名の出向者が着任し、開催都市からの出向者も12名、組織委員会の職員として着任した。

上村は振り返る。

「７〜８名の頃、人が少ないとやりやすいというのはありました。人が少ないと横の動きもよくわかるのでコミュニケーションもしっかりとれていました。あの頃は、総長の嶋津さんも含めて、ワールドラグビーとも家族のようにやっていて、彼らが出張で来日したときには一緒にバッティングセンターやボウリングに行って、屋台で飲んで……、それこそ今のワールドラグビーＣＥＯのアラン・ギルピンも一緒に参加して杯を重ねました」

30名を超えて、２０１５年の途中ぐらいから局長という役割がつくられた。それまでは部長しかおらず、局長というのは存在していなかった。

上村もこう続ける。

「人が増えてきたタイミングからコミュニケーションがそれまでよりとりにくくなり始めました。10人だとうまくいっていたものが30人を超えると急にぎくしゃくする。背景や出向・派遣元が違う人がどんどん右肩上がりに増えていくなかで、相手のことを知る交流機会を持った方がよいと思い、バーベキューイベントを企画しました。しかし、毎月常に新しい方が着任するので、組織にうまくフィットした方もいれば、逆にフィットしないという方もいました。なかには、自分の存在感を発揮するためだけの方向に走った方、プロジェクトの前任者を全否定することで居場所をつくる方というのも少なからずいて、そういった方々の影響で多少ぎくしゃくしたというのはあったと感じています」

この頃、上下に意思疎通ができる仕組みづくりを目指していた内田も、その難しさを感じていた。

「お金を勝手に動かせなくすることで、財務面はうまくいきました。ただ、上下に情報が行き交う仕組みをつくる企画面ではうまく進みませんでした。組織委員会の職員数が、20人から40人に一気に増えた頃、収拾がつかなくなってきました。意思疎通が図れない組織の姿になってしまいました」

ワールドラグビーとの不公平な契約のもとに、人も資金も前例もないなかで、ラグビーワールドカップ２０１９組織委員会は動き出した。スポーツ振興くじからの助成金もあって、財政基盤はでき始めた。しかし、あまりにも一気に集まった多様性に富んだ人々の間では、まだまだ組織的なコミュニケーションが十分に図れない状況だった。

4

日本国内史上、最多開催都市の国際大会

日本はこれまで、国際的総合スポーツの祭典である「東京１９６４夏季オリンピック」「札幌１９７２冬季オリンピック」「長野１９９８冬季オリンピック」、そして、コロナ禍で開催が1年延期された「東京２０２０夏季オリンピック・パラリンピック」を開催してきた。オリンピックやパラリンピックは、それぞれ東京、札幌、長野といった開催都市を中心に競技が行われてきた。１９９４年に広島で開催されたアジア競技大会や、２００７年に大阪で開催された世界陸上競技選手権も、それぞれ開催都市で競技が行われた。

アジア初、そして日本初の開催となった「ラグビーワールドカップ２０１９日本大会」は、12の開催都市の試合会場（札幌、釜石、熊谷、調布、横浜、袋井、豊田、東大阪、神戸、福岡、大分、熊本）で競技が行われた。10都市[58]の試合会場で競技が行われたサッカー２００２ＦＩＦＡワールドカップと比較してもその数が上回ることとなった。[59]

開催都市に求められた役割は、試合開催会場の提供、シティドレッシング（都市装飾）、試合開催会場周辺のファンゾーンの準備と運営、交通や警備などの公共機能の提供、そして、試合会場外のボランティアプログラム

の支援などだ。

開催都市の各自治体は、ラグビーワールドカップ２０１９組織委員会と「開催基本契約」を結び、大会本番に向けた準備を進め、大会本番の運営を担った。「開催基本契約」では、試合開催会場となるスタジアム周辺に、ペリメーター・ライン（Perimeter Line）という境界線を設けることが示された。ラグビーワールドカップ２０１９組織委員会は主に試合会場の〝中〟、開催都市は主に試合会場の〝外〟の準備と運営を担当する。それぞれの役割が明確になり、組織委員会と開催都市は、その役割分担をベースにしながらも互いに協力し、大会本番に向けた準備を進めていくことになった。

国際スポーツイベントであるラグビーワールドカップ２０１９の開催は、開催都市にとっては「公共事業」であり、事業の透明性や計画性など公共性の確保が重視された。一方、主催者のワールドラグビーから大会運営を委託されたラグビーワールドカップ・リミテッド（ＲＷＣＬ）は、先述のように「事業会社」として大会から収益を得ることに重きを置いていた。

したがって、ラグビーワールドカップ２０１９組織委員会は、「公共性」を重んじる開催都市と「事業性」を重んじるワールドラグビーとの間で、利害のジレンマに直面しながらも複雑な連携と調整を重ねることが求められた。

招致に手を挙げた自治体の思い

日本招致が決定されてから2年後、２０１１年7月2日、「ラグビーワールドカップ第1回自治体連絡会議」が財団法人として登記前だったラグビーワールドカップ２０１９組織委員会と日本ラグビーフットボール協会（ＪＲＦＵ）によって開催された。[60] 試合開催会場とキャンプ地の誘致に関心を持つ35の自治体が、この会議に参加した。[61] ラグビーワールドカップ２０１９の自国開催に向けて日本が招致活動を展開したように、試合開催やキャンプ地を地元に招致したい自治体が動き始めたのであった。

２０１３年５月27日、公益財団法人と承認されてから２カ月ほど経とうとするなか、ラグビーワールドカップ２０１９組織委員会は、先述した４つの柱からなる「大会ビジョン」を東京都内で開催した記者会見で発表した。その記者会見では、同時に「試合開催会場選定（Match Venue Selection：ＭＶＳ）プロセス」も発表された。

その内容[62]は、以下のようなものである。

①２０１３年の６月から７月にかけて、ＩＲＢ（現ワールドラグビー）が作成した試合開催に関する全般的な資料「ラグビーワールドカップシティー＆ベニューガイド」を希望する自治体に配布し、８月にはこの資料にもとづいたワークショップを開催する

②10月にはラグビーワールドカップ２０１９に特化した諸条件を記載した「試合開催会場選定（ＭＶＳ）ガイドライン」を配布し、翌11月にワークショップを実施する

③12月から翌２０１４年９月までの10カ月間は、開催希望自治体と個別対話の機会を設け、10月14日から10月31日まで、試合開催希望自治体より開催希望申請書を受け入れる

④11月から２０１５年２月にかけて、ＲＷＣＬとラグビーワールドカップ２０１９組織委員会による開催候補都市の共同視察を実施する

⑤組織委員会の理事会による開催都市案の承認を経て、２０１５年３月頃には、ＲＷＣＬ理事会によって開催都市が決定し正式発表される

嶋津が、ラグビーワールドカップ２０１９組織委員会の事務総長に就任したのは、前記の10カ月間にわたる開催希望自治体との個別対話の只中であった。

「これまでの大会では、その地のラグビーフットボール・ユニオン（協会）が所有しているスタジアムで試合が開催されてきました。例えば、『ラグビーの聖地』と言われるロンドン郊外のラグビー専用競技場のトゥイッケナムスタジアム（Twickenham Stadium）は、イングランド協会が所有しています。その場合、そこまで開催都市と

密接に関係しなくてもよいのですが、日本の場合は、開催するスタジアムがすべて地方自治体所有のスタジアムなので、自治体と運命共同体でやっていかねばならないのです。そのために私が事務総長になったようなものかもしれません」

と、嶋津は振り返る。

先述したように１９６７年に自治省に入省した嶋津は、静岡県庁など延べ10年間、自治体に出向した経験を持つ。２０１９年９月28日、ラグビーワールドカップ２０１９日本大会の予選で、当時、世界ランキング２位だったアイルランド代表を格下の日本代表が破った試合は、そのインパクトの大きさから「Shizuoka Shock（シズオカ・ショック）」として、世界のラグビーファンに語り継がれることになるが、その試合会場となった小笠山総合運動公園エコパスタジアムは、静岡県袋井市にある。嶋津と袋井市長とは、たまたま同じ日に静岡県庁に入った間柄でもあった。

「私が事務総長だからという理由で手を挙げた自治体はなかったと思いますが、それなりの安心感はあったと思います。私自身、地方自治体の職員の経験もあるから、仲間という感覚はありました」

嶋津が事務総長に着任した翌月、２０１４年５月には、22の自治体からラグビーワールドカップの開催都市の立候補に関心があるという連絡が組織委員会に寄せられた。嶋津は、それら22自治体のすべての首長のもとを訪れ、対話を重ねた。

その結果、試合開催希望申請書の締切日である２０１４年10月31日までに、以下の14都市（19自治体）の開催都市希望申請書が組織委員会に提出された。

①札幌市、②岩手県・釜石市、③仙台市、④埼玉県・熊谷市、⑤東京都、⑥静岡県、⑦愛知県・豊田市、⑧京都市、⑨大阪府・東大阪市、⑩神戸市、⑪福岡市、⑫長崎県、⑬熊本県・熊本市、⑭大分県[63]。

のちに「シズオカ・ショック」の舞台となる静岡県では、２０１３年５月27日に組織委員会が試合開催会場選定プロセスを発表した２日後の５月29日に、県教育委員会がプロセス参加への意思表明書を提出し、静岡県への招致活動を早々に開始した。２０１４年１月には静岡県招致発起人会を発足し、６月には「ラグビーワールドカップ２０１９静岡県招致委員会」を立ち上げ、10月22日に組織委員会へ開催希望申請書を提出した。[64]

　埼玉県熊谷市は、１９９１年１月、埼玉県立熊谷高校が全国高等学校ラグビーフットボール大会で初優勝し、同年４月に熊谷ラグビー場の開場を控えていた。[65]「ラグビータウン熊谷」を「第２次熊谷市総合振興計画基本計画」のイメージアップ事業の一つに位置づけていた熊谷市は、ラグビーによるまちづくりを推進していた。

　ところが、２００９年７月、「Tender for Asia（アジアのための招致）」と掲げ、眞下や徳増らの日本招致委員会がＩＲＢ理事会で行った招致プレゼンテーションのなかで挙げた試合会場候補に、熊谷ラグビー場の名前は含まれていなかった。そこで、２０１１年、熊谷市は、「ラグビーワールドカップの試合開催によって、熊谷市民は国際交流の実体験ができる、そして熊谷を世界に発信する絶好の機会にできる」という思いから、埼玉県ラグビー協会とともに招致活動を始めたのであった。のちにラグビーワールドカップ２０１９大会が開催されると、熊谷市は市内の小中学生約１万４０００人を地元開催する３試合の観戦に招待し、その思いを実現した。[66]

　熊本県熊本市は、日本招致が決定した翌年の２０１０年９月に、熊本県ラグビーフットボール協会が、熊本への招致活動方針を理事会で決定した。[67]２０１４年７月には、熊本県、熊本市、熊本県ラグビーフットボール協会などで、「ラグビーワールドカップ２０１９熊本招致委員会」を設立した。同年10月24日、県知事や招致委員会委員長らは、熊本県ＰＲマスコットキャラクター「くまモン」とともに、東京の組織委員会事務局を訪れて、熊本県民総合運動公園陸上競技場での試合開催希望申請書を提出した。[68]さらに同年12月に熊本県議会は、熊本招致実現に向けて、熊本県、熊本市、関係団体および県民らと活動を進めると決議している。

「本県でのラグビーワールドカップ２０１９開催は、同年に熊本開催が決定している女子ハンドボール世界選手権大会とともに、熊本の存在感を世界中に発信する大きな契機となり、海外からの交流人口の増大、スポーツを通じた地域振興などに大きく寄与する。さらには、このような世界最高峰のイベントが熊本で開催されることにより、県民に『感動』を、次世代を担う子どもたちには『夢』や『希望』を与え、何よりも故郷を誇りに思い、世界を身近に感じることができる絶好の機会となるものと期待される。よって、熊本県議会は、熊本でのラグビーワールドカップ開催実現のため、熊本県、熊本市、関係団体および県民等とスクラムを組み、招致に向けて積極的に活動するとともに、熊本での開催が決定されるよう強く求めるものである」[69]

次世代の子どもたちのために、熊本県と熊本市は関係団体や県民とスクラムを組んで、ラグビーワールドカップの招致へ挑んだのであった。

釜石市――〝鉄と魚とラグビーのまち〟

青森県、岩手県、宮城県の３県にわたる三陸海岸に面した岩手県釜石市は、サンマ、ブリ、イカなどの豊かな海の幸に恵まれた魚のまちである。その釜石市は、ラグビーワールドカップ２０１９日本大会の試合開催に特別な思いがあった。

釜石市は、幕末に築造された洋式高炉によって、日本で初めて鉄鉱石精錬によって鉄の量産を可能にしたことから、近代製鉄産業の発祥の地とも言われている。明治日本の産業革命遺産の構成資産として、２０１５年７月に世界遺産に登録された橋野鉄鉱山は、釜石市西部、遠野市との境にある笛吹峠近くにある。１８８０年（明治13年）に操業を開始した釜石の官営製鉄所は、その３年後には廃止となったが、１８８５年（明治18年）に民営として製鉄所再興は着手され、１８８７年（明治20年）に釜石鉱山田中製鐵所が設立された。その後１９２４年（大正13年）に釜石鉱山株式会社、１９３４年（昭和９年）に日本製鐵株式会社釜石製鐵所、１９５０年（昭和25年）に富士製鐵株式会社釜石製鐵所、１９７０年（昭和45年）に新日本製鐵株式会社釜石製鐵所（通称：新日鐵釜石）と変遷しながら、釜石市の製鉄所は日本の鉄工業の歴史とあゆみをともにしてきた。[70]

日本ラグビー最高峰の「日本ラグビーフットボール選手権大会」で、１９７９年から85年（昭和54年から60年）まで、７連覇を成し遂げたのが、新日鐵釜石のラグビー部であった。釜石市はラグビーで沸き、釜石市民は観戦スタンドから大漁旗を大きく振って、白い襟に真っ赤なジャージの新日鐵釜石ラグビー選手を応援したのであった。いつしか、釜石市は「鉄と魚とラグビーのまち」と呼ばれるようになっていた。

２０１１年3月11日午後2時46分、三陸海岸沖でマグニチュード９・０の地震が発生した。間もなくして巨大な津波が三陸沿岸を襲った。釜石市の被害は甚大であった。

東日本大震災から２カ月近くが経った5月4日、日本選手権７連覇を経験した新日鐵釜石ラグビー部ＯＢ有志らは、ラグビーを通じた復興支援活動を目指し、「スクラム釜石」（２０１２年２月、特定非営利活動法人［ＮＰＯ］として設立登記）を発足した。その２カ月後の７月13日、スクラム釜石はラグビーワールドカップ２０１９の試合開催要望書を釜石市長へ提出した。スクラム釜石は、〝鉄と魚とラグビーのまち〟である釜石でラグビーワールドカップの試合を開催することが、震災復興のシンボルとなり得ると、誘致活動支援を進めていった。[71]

２０１１年12月、釜石市は、市の「復興まちづくり基本計画」にラグビーワールドカップ２０１９大会誘致を明記し、翌年７月には、岩手県が「復興スクラム議員連盟」を設立、釜石市が「ワールドカップ誘致推進室」を設置したのであった。２０１４年７月４日、釜石市の野田市長は、記者会見で開催都市への立候補を正式に表明し、このようにコメントした。

「ラグビーワールドカップ開催を契機として、スポーツ施設が整備されることは、三陸地域全体の振興となり、被災地の住民がスポーツを通して幸福で豊かな生活を営むことにつながると考えています[72]」

同年10月31日、釜石市と岩手県は共同で開催希望申請書をラグビーワールドカップ２０１９組織委員会に提出したのであった。[73]

のちに、ラグビーワールドカップ２０１９組織委員会の岩手・釜石地域支部（釜石ＬＯＣ）に釜石市役所から出向し主任を務めることになる浦《うら》城《き》太《た》郎《ろう》は、「釜石でワールドカップの試合を開催すること自体が、復興の象徴であった」と言う。

浦城とともに、釜石市役所から釜石ＬＯＣに出向し、ボランティアプログラムの運営を担った佐藤政弘《さとうまさひろ》は、組織委員会に出向前、釜石市内の仮設住宅の担当をしていた。佐藤は、ラグビーワールドカップ２０１９大会の地元開催が東日本大震災で被災された人々にどのような意味を持ったのか、次のように語る。

「被災された方々にとって、いつが復興なのか。仮設住宅から出たら復興なのか、家を引っ越したら復興なのか、10年経ったら復興なのか、それは、人それぞれだと思います。ただ、釜石のラグビーワールドカップ開催は、被災者にとって心の拠りどころになったのではないかと思います」

新日鐵釜石ラグビー部（２００１年より釜石シーウェイブス）に在籍し、ラグビー日本代表としても活躍した桜《さくら》庭《ば》吉彦《よしひこ》は、「『ぜひラグビーワールドカップを釜石でやりたい』『新しいまちづくりをしたい』という声が、被災された方、震災で家族を亡くされた方のなかから上がった」[74]と語る。〝鉄と魚とラグビーのまち〟の釜石でラグビーワールドカップを開催することが、「復興の象徴」、あるいは「心の拠りどころ」になると思った人は少なくなかった。

２０１４年10月31日までに、ラグビーワールドカップ２０１９組織委員会へ開催都市希望申請書を提出した14都市（19自治体）のなかで、その当時、唯一、釜石市だけが試合を開催できるスタジアムを保有していなかった。釜石市は開催都市に立候補したものの、一方でラグビーワールドカップの基準を満たすスタジアム新設が必要とされていた。

震災当時、鵜住居《うのすまい》川の河口に面し、根浜海岸のすぐ近くにあった釜石東中学校は、押し寄せた巨大津波で4階建ての校舎が全壊した。隣接した鵜住居小学校も同様である。津波の到達以前に、自己判断で率先して避難を開始した釜石東中学校の生徒は、隣の鵜住居小学校の生徒の手をとって高台を目指して逃げ、互いの命を救った。のちに、生徒たちがとった行動は「釜石の奇跡」と称された。この釜石東中学校と鵜住居小学校の跡地に、ラグビーワールドカップの試合会場となるスタジアムが新たに建てられることとなった。

横浜――Final Stadium×3

神奈川県横浜市港北区にある横浜国際総合競技場南北のゲート付近には、

Final Stadium×3
2002・2020 SOCCER & 2019 RUGBY

と刻まれた石碑がある。

２００２年のＦＩＦＡワールドカップの決勝戦、コロナ禍で開催が1年遅れたが２０２１年の東京２０２０夏季オリンピック競技大会サッカーの決勝戦、そして、２０１９年のラグビーワールドカップの決勝戦が開催されたのが、横浜国際総合競技場である。世界三大スポーツイベントと言われるサッカーワールドカップ、オリンピック、そして、ラグビーワールドカップのファイナル（決勝戦）の会場となったスタジアムは、世界中で横浜国際総合競技場だけなのだ。

ところが、ラグビーワールドカップ２０１９の試合開催希望申請書の締切日である２０１４年10月31日時点で、横浜市は申請書を提出していなかった。

なぜか。のちに、ラグビーワールドカップ２０１９組織委員会と開催都市の橋渡しとなる神奈川・横浜地域支部（横浜ＬＯＣ）の支部長を務めた熊坂《くまさか》俊博《としひろ》は、２００２年のＦＩＦＡワールドカップの運営にも携わっていた。

熊坂は、ＦＩＦＡワールドカップ日本組織委員会と対峙する開催都市自治体の職員として、費用分担や救急医療体制の構築だけでなく、商標問題やチケット販売にも関与し、様々な問題に直面しながらも、何とか乗り越えたという経験があった。

「サッカーのあの盛り上がりで人員体制もギリギリだった。ましてやラグビーなんて日本でやっても人は集まらないだろうと思っていました。行政コストという観点からも、もともと、一度はラグビーワールドカップに参加することを見送っているんです」

そう熊坂は回想する。

２０１４年12月15日、横浜市は、日本国内最大級の約7万２０００席の観客収容力を保有する横浜国際総合競技場を試合会場候補とし、神奈川県と共同で試合開催都市への立候補を表明した。横浜市ホームページから閲覧できる「ラグビーワールドカップ２０１９™神奈川県・横浜市開催記録集」には、「横浜市は一旦立候補を断念したものの、競技団体や県民・市民の後押しで、神奈川県と共同での立候補を表明し、募集の締め切り後であったが大会組織委員会がこれを受理した[75]」と記述されている。

12の開催都市決定

神奈川県と横浜市の立候補で、ラグビーワールドカップ２０１９組織委員会に開催都市希望申請書を提出したのは、15都市（21自治体）となった。２０１５年1月10日から23日までの2週間で、組織委員会はＲＷＣＬと合同で、15の開催都市立候補地の公式視察を実施した。続いて、組織委員会はＲＷＣＬと会場選定に関する最終調整会議を行った。２０１５年3月2日、アイルランド・ダブリンで、ＲＷＣＬ理事会が開かれ、開催都市が承認された。その直後、理事会会場と、日本のメディアと関係者が集まった東京都港区の明治記念会館を衛星放送でつなぎ、12の開催都市が発表されたのであった。

正式に決定したラグビーワールドカップ２０１９日本大会の開催都市と12の試合会場は次の通りである。このとき、開幕戦および決勝戦は、東京都の新国立競技場では行うことが決定されていた[76]。

［札幌市］札幌ドーム
［岩手県・釜石市］釜石鵜住居復興スタジアム（当時仮称）
［埼玉県・熊谷市］熊谷ラグビー場
［東京都］新国立競技場
［神奈川県・横浜市］横浜国際総合競技場
［静岡県］小笠山総合運動公園エコパスタジアム
［愛知県・豊田市］豊田スタジアム
［大阪府・東大阪市］東大阪市花園ラグビー場
［神戸市］神戸市御崎公園球技場
［福岡市］東平尾公園博多の森球技場（後日、福岡県との共同開催）
［熊本県・熊本市］熊本県民総合運動公園陸上競技場
［大分県］大分スポーツ公園総合競技場

開催都市の発表から4カ月経った２０１５年7月15日、東京都港区元赤坂の明治記念館に、開催自治体の代表者や関係者が集まり、「ラグビーワールドカップ２０１９開催自治体協議会」を設立した。この協議会に続き、4年後の２０１９年に向けた「ラグビーワールドカップ２０１９キックオフミーティング」が行われ、静岡県、熊谷市、熊本市、釜石市、横浜市の自治体首長は、次のようにコメントした。

静岡県知事　川勝平太

「紳士のスポーツであるラグビーの最高峰ワールドカップを、世界遺産・富士山を擁する静岡県で開催できることを大変誇りに思っています。２０１９年に向けて、私たちはエコパスタジアムでの大会運営に万全を期すとともに、名将清宮克幸監督のもと第52回日本ラグビーフットボール選手権大会で日本一の栄冠に輝いたヤマハ発動機ジュビロをはじめ関係者一丸となって、オール静岡県体制で大会を盛り上げます。また、静岡らしい最高のおもてなしで国内外からのお客様をお迎えし、実り豊かな交流の場となりますよう全力をあげて準備を進めてまいります[77]」

熊谷市長　富岡清

「私たち熊谷市民は『ラグビータウン熊谷』を誇りに思い、ラグビー文化を大切に育んでいます。本日は、市民の念願であった『ラグビーワールドカップ２０１９』を熊谷で開催する喜びを改めて感じると同時に、ホストシティとして責任を持って大会に臨む思いを新たにしたところです。私たちは、生まれ変わる熊谷ラグビー場での世界最高峰のプレーを楽しみ、世界中からお越しになる皆様を熱い心で歓迎することをお約束いたします[78]」

熊本市長　大西一史

「熊本市は築城４００年を超える熊本城などの歴史文化が息づく美しいまちであり、中心市街地には、大型コンベンション施設、商業施設、宿泊施設などが新しく整備される予定で、ラグビーワールドカップ２０１９開催の際は多様な関連イベントも可能になります。今後は、大会の開催に向けて準備に万全を期し、市民を挙げて大会を盛り上げていくとともに、おもてなしの心で国内外のお客様をお迎えし、世界中に熊本の魅力をＰＲしたいと考えています[79]」

釜石市長　野田武則

「震災復興と地域課題に直面する三陸沿岸の被災地にあって、ラグビーワールドカップ２０１９開催は、〝小さなまちの大きな挑戦〟です。若者や子どもたちが夢や希望を持ち続け、ネットワークを広げ、力を合わせて取り組むことは、地域の未来を切り拓き、復興推進の牽引となり、地域活性化の要諦となると信じます。復興を遂げ、世界中に感謝の気持ちを伝えられるよう、一日も早く暮らしの再建を実現し、〝鉄と魚とラグビーのまち〟市民あげてラグビーワールドカップ２０１９を迎えられるよう努めてまいります[80]」

横浜市長　林文子

「ラグビー界最高峰の大会が、日本ラグビー発祥の地である横浜で開催されることを、大変光栄に思います。横浜市は『２００２ＦＩＦＡワールドカップ』決勝戦など多くの国際スポーツ大会開催都市を務めてきました。この実績を生かし、市民・県民の皆様はもちろん、世界中の方々と、大きな興奮と感動を分かち合えるよう、大会の成功に向けて、神奈川県とともに準備を進めてまいります[81]」

先述した熊木は、２０１５年6月からラグビーワールドカップ２０１９組織委員会のラグビーサービス部長とＪＲＦＵの仕事を兼務していた。このキックオフミーティングに参加していた熊木にとって、この日は、今は亡きミスター・ラグビー平尾とのかけがえのない一日となった。

「日本全国の開催都市の首長さんや、錚々たる面々やメディアが集まって、明治記念館のようなどでかいところで、決起集会のような熱量を感じる会議でした。当時、ラグビーワールドカップ２０１９組織委員会の理事・事務総長特別補佐であった平尾さんと私の2人で事前に会場に入って語り合ったのです。『ワールドカップを日本で開催したら楽しいだろうな～、俺はこんなことしたい、お前はどんなことをしたいんだ』と、次から次へと、ラグビーの好きなお子さんが話しているような純粋な平尾さんと、2人きりで話すことができました。あぁこれで頑張れるかもなあって、当時思いました」

平尾や熊木のみならず、このキックオフミーティングに参加した日本各地から集まった開催都市の代表や関係者、そして、メディアの誰もが4年後のラグビーワールドカップ２０１９日本大会の盛況を思い描き、胸を躍らせていた。

ところがこの2日後、誰もが予想していなかった「まさかの出来事」が起こる。

5

青天の霹靂
——新国立競技場が使えない⁉

明治記念館で開かれた「ラグビーワールドカップ２０１９キックオフミーティング」から２日後、２０１５年７月17日、当時の安倍《あべ》晋三《しんぞう》首相が新国立競技場の建設計画の白紙撤回を発表した。当時、２０２０年の東京オリンピックの開催に合わせて、既存の国立競技場を建て替える計画があった。いったん、世界的に著名なザハ・ハディド氏のデザインで新国立競技場が建設されることが決定していたが、建築費等の高騰が当初の想定予算を大幅に超えたこともあり、デザインを見直すべきだという世論が高まった。その世論の高まりを受け、安倍首相が政治的判断を下したのであった。

以下、日本経済新聞電子版に掲載された安倍首相の記者会見の内容である。

「安倍晋三首相は17日午後、２０２０年東京五輪・パラリンピックのメーン会場となる新国立競技場の建設計画についてデザインの段階から抜本的に見直す考えを表明した。五輪組織委員会の会長を務める森喜朗元首相と官邸で会談後に『現在の計画を白紙に戻す。ゼロベースで見直す』と記者団に述べた。新国立競技場は巨大な２本の『キールアーチ』が屋根を支える特殊な構造のため整備費が２５２０億円に膨らみ、最近の世論調査では計画に否定的な意見が大半を占めていた。首相は17日午後に官邸に下村博文文部科学相と遠藤利明五輪相を呼び、計画見直しを指示した。19年のラグビーワールドカップ（W杯）に新国立競技場を会場として使用することは断念する考えを森元首相らに伝えたもよう。17日午前の閣議後記者会見で菅義偉官房長官は『デザインそのものが大きな工事費につながっている』と発言。麻生太郎副総理・財務・金融相は『なるべく安くきちんとしたものを造るように見直すのは、決して間違った方向ではない』との考えを示していた。デザインを選考した審査委員会で委員長を務めた建築家の安藤忠雄氏は16日に『我々の仕事はデザインを決めるまで』と説明。安倍首相は同日『国民の声に耳を傾けながら、東京五輪・パラリンピックが成功するよう万全の準備をしたい』と語っていた」[82]

開催権剥奪の危機――開催地が日本から南アフリカへ移る⁉

２０１５年3月2日、ラグビーワールドカップ・リミテッド（ＲＷＣＬ）の発表では、ラグビーワールドカップ２０１９の開幕戦と決勝戦の会場は、東京都の新国立競技場となっていた。その新国立競技場をラグビーワールドカップ２０１９大会の試合会場に使用することを断念すると、安倍首相は記者会見で発表したのであった。

事務総長の嶋津は、「明治記念館で『バンザイ！』と開催都市とＪＲＦＵとで結団式をやって、そのわずか2日後に安倍さんの発表で『バーン』と破裂した」と、安倍首相の記者会見を思い起こす。

ラグビーワールドカップ２０１９組織委員会のコミュニケーションを活性化するべくバーベキューを企画した上村も、このときの様子をおぼろげながらに記憶している。

「その日は遠藤五輪相のところに、嶋津さん、西阪さんのかばん持ちとして行きました。２日前ぐらいから雲行きは怪しくなり、急にそういった流れになってこの話の現実感が押し寄せてきました。発表後に秩父宮ラグビー場横で嶋津さんのメディア囲み対応を行いましたが、嶋津さんの隣で質問の差配をしていた記者の方も、突然の出来事に考えや質問がまとまらず動揺している様子が伝わってきました」

安倍首相が記者会見で発表した「新国立競技場建設計画白紙撤回」のニュースは、瞬く間に世界を駆け巡った。国際ニュース通信社ロイターは、同日、以下のニュースを配信した。[83]

「［シンガポール 7月17日 ロイター］－ワールドラグビー関係者は、東京が計画している新国立競技場建設が大会に間に合わないとの驚きの発表を受け、２０１９年ラグビーワールドカップの日本の主催者と緊急協議を求めている。このスタジアムは、アジアで初めて開催されるラグビーワールドカップの決勝戦を開催する予定だったが、日本の安倍晋三首相は金曜日に、費用の高騰を理由に計画を白紙に戻したことを発表した。『ラグビーワールドカップ２０１９組織委員会および日本スポーツ振興センターからの度重なる確約に反して、新国立競技場でラグビーワールドカップ２０１９の試合を開催する準備が整わないという本日の発表に非常に失望しています』と、ワールドラグビーは声明を出した。

新国立競技場での開催は、２００９年に日本ラグビーフットボール協会が落札したラグビーワールドカップ２０１９の日本招致において、魅力的で重要な柱であった。

『ワールドラグビーは、ラグビーワールドカップ２０１９組織委員会からさらなる詳細な説明を早急に求めており、本日の発表の影響に関連する選択肢を検討する必要がある』

新国立競技場建設計画の白紙撤回のニュースは、日本との時差8時間のウェールズでも同日のうちに伝えられた。２０１５年7月17日午後3時32分（日本時間午後11時32分）に、ウェールズ・オンラインのニュースには、衝撃的な見出しが上がった。「ナショナルスタジアムが間に合わない日本はラグビーワールドカップ２０１９を失う危機に直面している[84]」

ロイターと同じように、ウェールズのニュースでも、「ラグビーワールドカップ２０１９組織委員会と日本スポーツ振興センターが繰り返し保証していたにもかかわらず、新国立競技場で試合を開催する準備が整わないことに、ワールドラグビーは極めて失望した。開幕、決勝、そして準決勝の試合会場に『ナショナルスタジアム』を使用することが日本招致を決定づけた要因であったからである」と伝えた。

さらにこのウェールズのニュースでは、２００２年のＦＩＦＡワールドカップの決勝戦の会場であった７万２０００人の観客収容力がある横浜国際総合競技場が新国立競技場に取って代わるだろう、そしてラグビーワールドカップ２０１９の開催の権利が日本から剝奪された場合、南アフリカ開催が有力であり、その場合ウェールズのファンにとって、より観戦、視聴に好都合な試合時間帯になるだろうと結んでいる。[85]

青天の霹靂とプランB

ラグビーワールドカップ２０１９は、日本開催から南アフリカの開催になるかもしれない。激震が走るなか、ラグビーワールドカップ２０１９組織委員会事務総長の嶋津は迅速に動いた。

「新国立競技場が使えなくなってしまったのは、青天の霹靂です。これは大変だ、日本ではできないんだという報道が流れました。それに対して、我々ができることはプランＢをつくって柔軟に対応することでした。日本ラグビーフットボール協会（ＪＲＦＵ）の森喜朗会長や組織委員会会長の御手洗さんと相談しながら、１週間でプランＢをつくりました。開幕戦は、東京の新国立でやることになっていたから、新国立の代わりに東京都調布市の東京スタジアム（味の素スタジアム）で行い、決勝戦は横浜国際総合競技場で行うという工夫をしました。『開幕戦を東京、決勝戦を横浜』と、異なる試合会場で行うことは、ラグビーワールドカップの歴史でも初めてのケースでしたが、これをプランＢとしてワールドラグビーに説明することにしました」

安倍首相の記者会見の翌週、組織委員会会長の御手洗と事務総長の嶋津宛てに、代替会場の確保など迅速な対応を求める書簡が、ＲＷＣＬから届いた。嶋津はプランＢを説明することとなった。

「我々が１週間でつくったプランＢをワールドラグビーが了承するまでは、少し時間がかかりました。この間、組織委員会の職員は、すべてのことを知っていたわけではありませんが、動揺もなかったと思います」

組織委員会のマーケティング部に所属していた上村は、上司から呼び出され「転職も視野に入れておいた方がいい」と言われていた。上司のそのコメントを聞いて「事情は切迫しているという理解でした」と上村は振り返り、こう付け加える。

「開催権利が剝奪されれば、当然組織委員会はなくなりますので、そのニュアンスを感じ取りました。しかし自分としては飛び込んで組織委員会にいる以上、その責務をまっとうしようと実際に転職活動はしませんでしたし、それよりもしっかりとやれることをやろうということで、逆に仕事に集中しました」

時は２０１５年7月、ラグビーワールドカップ２０１５イングランド大会の開催まで2カ月と迫っていた。この２０１５年のイングランド大会前に、4年後の開催を控えた日本が、日本の紹介や次大会の開催が日本であることを紹介する「ジャパンパビリオン」をロンドンに設置していた。

「ロンドンのど真ん中のジャパンパビリオンで1カ月のイベントをやりました。その準備もあったので、集中して心は揺らさないように仕事をしていたのを覚えています。もし開催権利が剝奪されたら、苦労して準備しているパビリオンもなくなるだろうから、そっちの方が楽かなと冗談半分で気を紛らわせながら仕事をしていました。直接的な交渉は、嶋津さんや内田さんがやられていたのでお二人から大変そうだという、すごくシリアスな雰囲気は感じていました」

上村は、開催権利剝奪の危機回避は組織委員会の上層部に委ねて、自らは「ジャパンパビリオン」の仕事に集中したのである。

２０１５年7月30日から8月3日にかけて、マレーシアの首都クアラルンプールでは、国際オリンピック委員会（ＩＯＣ）の総会が開催されていた。この総会に、国際統括団体の代表としてワールドラグビーのＣＥＯのブレット・ゴスパーとベルナール・ラパセが参加していた。

事務総長の嶋津とＪＲＦＵ会長の森元首相はクアラルンプールに飛んだ。そこで、ゴスパーとラパセに対面し、「開幕戦を東京、決勝戦を横浜」とするプランＢを伝えたのであった。その後、嶋津はワールドラグビーの理事会でプランBを説明し、ワールドラグビーから了解を得ることができた。
「メディアでいろいろなことが飛び交ったが、まったく我々は動揺してなかった」と、嶋津は後に語っている。

事務総長の嶋津は、ラグビーワールドカップ２０１９開幕直前の２０１９年９月のインタビューで、「２０１４年４月に事務総長に着任から５年間で最も大きな決断を迫られた瞬間はいつであったか」という問いに対して、次のように回答している。

「大きな節目だったのは、新国立競技場が使えなくなったことでしょうね。開幕式、開幕戦、決勝戦の全てを新国立でやる予定でしたから。２０１５年の７月17日です。安倍首相が官邸で新国立の設計変更を表明しました。（中略）『プランB』を早急にまとめる必要がありました。そこで実は大きかったのは、２００９年に招致が決まったときに提出していたファイルでした。

そのファイルには、横浜国際総合競技場で決勝戦をやることが明記されていました。当時は東京五輪・パラリンピックが決まっておらず、国立競技場の建て替えも正式に決定していなかった。その後、新国立の話が出て、『それならラグビーW杯も』という話になったんですね。

招致ファイルをもとに、約１週間で自治体と交渉し早急にプランBを作り上げました。横浜市と東京都に依頼をし、開幕式や開幕戦、決勝戦を分担しました。政府も新国立の設計変更によってW杯の運営に支障が出ないよう、相当な配慮をしてくれた。もちろんいろいろな意見はありましたよ。でも、比較的スムーズに意思決定をし、プラン作成までできたと今では思っています。組織としても、これをきっかけに引き締まった部分がある[86]」

このインタビューのなかで、嶋津は自身が掲げた「自治体との協調」という視点が生きたと語っている。
「むしろ大変だったのは国内の調整より海外でした。ワールドラグビーが懸念を抱き、海外のスポーツメディアは「失われたナショナルスタジアム」と大きな見出しを打った。『やはり日本では開催できないのでは』という観測が流れ、『うちで開催してもいい』という国が現れた。（中略）国内に関しては横浜市も東京都もすぐに意思決定してくれました。自治体との信頼関係は大きかったですね」[87]

安倍首相の記者会見の翌月、２０１５年8月、ラグビーワールドカップ２０１９組織委員会と神奈川県と横浜市の三者は「ラグビーワールドカップ２０１９開催基本契約」を締結した。この開催基本契約には、神奈川県と横浜市の開催都市としての役割が、次のように記されていた。[88]

⑴交通、警備などの公共機能の提供
⑵マーケティング活動の支援
⑶シティドレッシング（都市装飾）
⑷関連イベントの支援
⑸環境と共生に配慮した大会開催への協力
⑹ボランティア・プログラムの支援
⑺レガシープログラムの支援
⑻試合開催会場の提供
⑼練習会場の確保
⑽前各号のほか組織委員会および開催自治体が別途協議のうえ合意する事項

神奈川県と横浜市の意思決定は早かった。「自治体との協調」という言葉通り、ラグビーワールドカップ２０１９組織委員会は、東京都や神奈川県、横浜市と協調し、白紙撤回となった新国立競技場に代わって、東京スタジアムでの開会式と開幕戦、横浜国際総合競技場での準決勝と決勝、そして閉会式開催に向けた準備を進めたのであった。こうして「新国立競技場」に代わる会場確保の目処が立った。

しかし、「むしろ大変だったのは国内の調整より海外でした」と嶋津が語ったように、新国立競技場使用の白紙撤回は、ラグビーワールドカップ主催者であるワールドラグビーがそれまで募らせていた不安を一気に浮き彫りにするきっかけをつくってしまった。

そもそも本当に日本で開催しても大丈夫なのか？

２０１５年の第8回イングランド大会までに、日本代表は4年に一度開催のラグビーワールドカップに第１回からすべて参戦してきたが、それまでの戦績は１９９１年のジンバブエ代表から上げた１勝のみだった。その後連敗を重ね、２００７年フランス大会の最終戦でカナダ代表に引き分けることでかろうじて14連敗を免れることができた。２００９年に日本大会の開催が決定したものの、当時からラグビー弱小国の日本が、世界の三大スポーツの一つであるラグビーワールドカップを開催することが妥当なのかという不安は、ワールドラグビーに燻《くすぶ》り続けていた。

日本開催の招致活動に尽力した徳増が、ロンドンのパブでウェールズ・ラグビー協会の友人から「百点ゲームで負けるような国に、ワールドカップが行くわけがないだろう」と言われたことは先述した通りだが、同じように考える者は少なくなかったのである。

さらにワールドラグビーは日本大会開催の財政基盤にも少なからず懸念を抱いていた。組織委員会は「民間企業からの寄付を30億円集める」「宝くじ（ラグビーワールドカップ２０１９協賛くじ）で資金を集める」と説明していた。しかし、ラグビー伝統国で行われた過去8回のラグビーワールドカップにおいて、そのような前例はなかった。

極東のラグビー弱小国の日本で本当に開催できるのか、財政基盤は大丈夫なのか、そんな不安は当初からあった。しかし、２００９年の日本開催決定から２０１９年の本番までは10年の期間がある。その10年間、２０１１年のニュージーランド大会や２０１５年のイングランド大会もあったため、ワールドラグビーの最優先事項に２０１９年の日本大会が上がることはなかった。ワールドラグビーから組織委員会に、直接介入もない代わりに、サポートもまったくない状況のなかで時は進んでいたのである。

しかしロンドン郊外、トゥイッケナムスタジアムでのイングランド大会開幕まで約2カ月後に迫った2015年7月、ワールドラグビーにとっても寝耳に水のニュースが飛び込んだというわけである。

新国立競技場の建設計画白紙撤回は日本国の政府判断であり、ラグビーワールドカップ2019組織委員会が対応できる範疇外のことであったが、予期せぬ出来事のワールドラグビーへの伝わり方がよくなかった。組織委員会から直接知らせが伝わる前に、瞬く間に世界中を飛び交ったそのニュースによってワールドラグビーが知ったのである。「自分たちが軽視されており、日本は真剣に取り組んでいない」とワールドラグビーは捉えた。先述したように、それまでに水面下で燻っていた日本大会開催への不安が改めて顕在化する契機となったのである。

加えて、先述したように、組織委員会が財源としてワールドラグビーに説明している「民間企業からの寄付」や「宝くじ」は、過去に経験したことのないアプローチである。ワールドラグビーの疑心暗鬼は増す一方であった。

ワールドラグビーは、その不安を日本の組織委員会に伝え、それぞれの財源がきちんと確保されることを証明するようトップマネジメントに働きかけた。しかし、組織委員会側からの反応の悪さにワールドラグビーのフラストレーションは怒りに変わっていった。

当時、大会の大きな売りの一つであった新国立競技場での開幕戦と決勝戦の断念は、ワールドラグビーには日本側の約束の反故《ほご》と見えた。組織委員会に対するワールドラグビーの信頼は失墜した。「改めて、財源を含め、きちんと文書でそれらが確たるものであること、つまりコミットしているものであることを証明せよ」というワールドラグビーから断固とした指示が組織委員会に伝えられた。

こうして組織委員会内に「開催権剥奪」という最悪のシナリオがよぎった。上村が彼の上司から転職準備を勧められたのはこの頃である。

ワールドラグビーからの要求に応える窓口は、当時、組織委員会の財務部長であった内田が担当することとなった。「コミットしているものであることを証明せよ」という言葉に「ワールドラグビーは本気だ」と内田は感じた。ワールドラグビーが求めるコミットメントを取り付けるため、開催自治体、寄付を検討している企業等の関係者との調整や協議と、内田は目まぐるしい日々を送ることになった。

新国立競技場の建設計画白紙撤回の発表から3カ月が経とうとしているなか、２０１５年9月10日、ワールドラグビーのＣＥＯのブレット・ゴスパーのインタビュー記事がインターネット上にあがった。その記事のタイトルは、「ブレット・ゴスパーは、日本がラグビーワールドカップ２０１９を開催することを確信している」であった。その記事の冒頭には、「ワールドラグビーは、日本が２０１９大会を開催できると確信しているが、もし要件を満たさない場合には、イタリアや南アフリカが日本に代わることになるでしょう[89]」とあった。その記事はこう続いていた。

「日本は、7月にラグビーワールドカップ２０１９で大きな役割を担う予定であった新国立競技場の建設計画をコスト急騰のため断念した。この決定は、次なる世界的な集いの機会をホスト（開催）するという彼らの主張の上に、疑いの雲（a cloud of doubt）をもたらした。だがしかし、ワールドラグビーのＣＥＯのブレット・ゴスパーは日本が、その義務を果たすことができるだろうと楽観的である[90]」

ゴスパー自身のコメントは、こうである。

「日本の人々がワールドラグビーの要求を満たす対応策を考え出すと、私は強く確信しています。しかし、ラグビーワールドカップは、我々にとってとても重要であり、新国立競技場の使用がなくなったとしても、我々の確実な収入源となることを絶対的に確かなものにせねばなりません。我々が得ている兆候から、彼らは9月末までに課題を整理することと信じています。（中略）あり得ることではないが、もし日本で問題が起こった場合は、まず考慮するのは、招致決定時の他の2つの候補であったイタリアと南アフリカであることは当然のことでしょう[91]」

「日本の人々を信じている」というゴスパーのコメントは、ワールドラグビーの要求を満たそうと奔走する内田たちを前向きにさせたと同時に、「9月末までに何とかせねばならない、そうでなければ日本開催はなくなる」と、大きなプレッシャーにもなった。

　このインタビュー記事の配信から5日後の9月15日、ラグビーワールドカップ２０１９組織委員会は、新国立競技場に代わる代替会場と各種対策をまとめた書簡をＲＷＣＬに提出した。

「ブライトンの奇跡」――世界が驚愕！

「ワールドラグビーの要求に応えねばならない。このままでは、日本で開催できない」。ラグビーワールドカップ２０１９組織委員会がＲＷＣＬへ書簡を送った3日後、２０１５年9月18日、その思いを胸に秘め、内田はロンドンを訪れていた。

　この日、ラグビーワールドカップ２０１５イングランド大会の開幕戦が、ロンドンのトゥイッケナムスタジアムで行われた。開催国であるイングランド代表とフィジー代表の開幕戦は、35対11で、イングランド代表が勝利を挙げた。

　内田は、旧友と夕食をともにした後、宿泊先のホテルでワールドラグビーから要求されたレターを深夜まで書き続け、指定期日ぎりぎりに提出した。「とにかくできることは、現時点でやった」。内田は不安を感じながらも、そう自らに言い聞かせ、ホテルのベッドで眠りに落ちた。

　それから一夜明けた２０１５年9月19日。世界中のラグビーファンが驚愕する出来事が起こることになる。ロンドンから南に約80キロメートル、イングランド海峡に面したイースト・サセックス州の観光都市ブライトンで、日本代表と南アフリカ代表の対戦が行われた。

　試合会場であるブライトン・コミュニティスタジアムの最寄りファルマー駅から、ラストワンマイルと呼ばれるスタジアムまでの沿道では、イギリス名物のフィッシュアンドチップスの売店に観客が並び、マーチングバンドが盛り上げていた。

現地時間午後4時45分（日本時間午前0時45分）に開始した試合は78分を経過し、南アフリカ代表が32対29と日本代表を3点リードしていた。ラグビーの試合は前半40分、後半40分の合計80分で行われる。試合開始から80分が経過するとスタジアムにはホーン（警笛）が鳴り響くが、プレーは反則以外で止まるまで続けられるのだ。

試合時間、78分35秒、日本代表は南アフリカのゴールラインの左コーナー間際でペナルティを獲得した。

南アフリカのサバンナに生息する牛科の動物スプリングボク（Springbok）にちなんで「スプリングボクス」という愛称で呼ばれる南アフリカ代表の世界ランキングは当時、第3位だった。１９９５大会および２００７大会の優勝チームであり、２０１５イングランド大会でも優勝候補の一つであった。一方、日本代表の世界ランキングは13位、それまでのラグビーワールドカップの戦績は、１勝２分21敗、２つの引き分けをはさんで16連敗中であった。先述したように、１９９５年には17対１４５でニュージーランド代表に大敗を喫している。そのニュージーランド代表を決勝戦で15対12で破り優勝したのが、南アフリカ代表であった。

それから20年が経ち、日本代表チームは強化されたものの、誰もが南アフリカ代表の勝利を信じて疑わなかった。ちなみに、この試合のオッズで日本の勝利は80倍であった。[92]試合終了までわずかな時間を残し、日本代表が南アフリカ代表に〝3点差〟の試合を展開していたのは、それだけで大善戦で、サプライズであった。

試合終了間際、その日本代表が南アフリカ代表からペナルティを獲得し、追加得点を挙げるチャンスを得た。このとき、日本代表のオプション（選択肢）は２つあった。一つは、ゴールキックで3点を挙げ、引き分けを目指す。もう一つは、タッチラインにタッチキックを蹴り出し、そこから、自チームが攻撃権を持ったマイボールのラインアウトで再開し、トライで5点を挙げ、大逆転勝利を目指すことであった。

ブライトンから日本に届いた国際テレビ映像に、アナウンサーの声が響く。「日本は、同点を狙いません。逆転を狙います！[93]」

試合時間、78分55秒、ラインアウトからボールが入る。仲間に支えられ空中にジャンプしたリーチ マイケルが、しっかりとボールを抱え込む。日本代表は、すぐさまリーチ マイケルを中心に密集し、モールを組む。日本代表のモールが、ゴールラインに迫る。そうはさせまいと、南アフリカ代表が必死になって押し返す。

スタジアムの大観衆から声があがる。79分25秒、日本代表のモールがゴールラインを越え、そのまま倒れ込む。トライか。日本代表はボールをグラウンディング（地面につける）できたのか。主審は、TMO（テレビジョンマッチオフィシャル、ビデオ判定）を要求した。

スタジアムがどよめく。時計は79分25秒で止まった。このとき、スタジアムのコーチ席にいた日本代表ヘッドコーチのエディ・ジョーンズは、インカムでフィールドにいるウォーターボーイ（給水係）に指示を出した。「次にペナルティを獲得できたら、ゴールキックでペナルティゴールを狙え」。その指示は、ウォーターボーイからフィールドでTMOの判定を待つ日本代表に伝えられた。TMOの判定が出た。「トライならず」。ボールと地面の間に南アフリカ代表の身体が入っていた。その執念で、トライは阻止された。

ゴールライン前の5メートルのスクラムで試合が再開された。両チームのフォワードの押し合いでスクラムが動き、崩れた。南アフリカのペナルティ。ここで、80分経過を知らせるホーン（警笛）が、スタジアムに鳴り響いた。

ラストワンプレー。フィールドのほぼ中央エリア、ゴールライン直前でペナルティを得た日本代表の選択肢は、ゴールキックからペナルティゴールで3点狙いの引き分けか、スクラムからトライの5点を狙った大逆転か。「ペナルティゴールを狙え」という、ヘッドコーチの指示は日本代表に既に届いていた。

主将のリーチ マイケルを中心に円陣を組む日本代表。スクラムからトライを狙った場合、プレーの途中で一つでもミスが起これば、その時点で試合は終わり日本代表の敗戦が決定づけられる。

キックかスクラムか。ファルマー・スタジアムに集まった3万近い観客、そして、テレビ画面を通じて、世界中のラグビーファンが、固唾を呑んで日本代表の判断を待った。引き分けでも勝ち点〝2〟を得ることができるが、勝利を挙げたチームは勝ち点〝4〟を得ることができる。しかし、負ければ、勝ち点〝0〟である。

フィールドにいた日本代表の誰もが逆転勝利しか考えていなかった。リーチ マイケルは、主審にスクラムの選択を伝えた。「日本、あくまで勝利を目指します！」[94]国際テレビ映像のアナウンサーが、そう伝える。激戦を目の当たりにして感動のあまりか、涙を浮かべた観客の姿が、テレビ画像に映し出される。

　湧き上がる大歓声のなか、日本ボールのスクラムで試合再開。スクラムから出したボールをスクラムハーフの日和佐《ひわさ》篤《あつし》が左へ展開、ゴールラインを目指すが、南アフリカ代表の厚い守りを破ることができない。

　日本代表は方向を変え、大きく右に展開。マイケル・ブロードハースト、リーチ マイケル、真壁《まかべ》伸弥《しんや》、立川理《たてかわはる》道《みち》と、屈強な選手を中心にポイントを一つひとつつくり右へ右へと寄せていく。ボールを受け取った日本代表は前に突進しては、南アフリカ代表のタックルを受けて潰されるが、すぐさまサポートに入った仲間がそのボールを右へ右へと次につなぐ。ゴールラインの右コーナー直前、いったん左に展開しようとしたところを、オープンスペースに走り込んだリーチ マイケルにボールが渡り、そのまま右コーナを目指して突進した。

　トライと思われたが、ここでも押し返される。今度は左へ、日和佐から立川、そしてアマナキ・レレイ・マフイへ。このとき、日本代表には、左コーナーに向かって走る2人がいた。ボールは、カーン・ヘスケスへ渡った。並走するマレ・サウが片手をあげ、左コーナを指差す。南アフリカのＪＰ・ピーターセンがヘスケスの猛進を防ごうとタックルに飛ぶ。それよりわずかに早く、サウが指し示したコーナーへ、ヘスケスの身体が飛び込んだ。

「行け！　行け！　行った〜！」アナウンサーの声が国際テレビ映像に響き渡った。日本代表の大逆転勝利の歴史的瞬間であった。

6 プロジェクト体制の整備

ラグビーワールドカップ２０１５イングランド大会は、10月31日、トゥイッケナムスタジアムで行われた決勝戦で、オーストラリア代表に勝利したニュージーランド代表の優勝で幕を閉じた。それまでのラグビーワールドカップで、わずか1勝しかあげていなかった日本代表は、初戦で南アフリカ代表から劇的な逆転勝利（ブライトンの奇跡）をあげた後、第3戦のサモア代表と第4戦のアメリカ代表にも勝利し、一大会で3勝をあげる大躍進となった。しかし、第2戦でスコットランド代表に敗れていたため、予選の戦績では3勝1敗とスコットランド代表と並んだが、勝ち点の差で8チームが勝ち上がる決勝トーナメントへの進出は叶わなかった。

この２０１５イングランド大会の開幕約2カ月前に起こった「新国立競技場の建設計画の白紙撤回」という予想外の出来事によって、一時は、ラグビーワールドカップ２０１９の日本開催も立ち消えとなる危機に直面した。しかし、事務総長の嶋津のプランB、財務部長の内田らの奔走、そして、「ブライトンの奇跡」という追い風によって、再び、２０１９年9月の日本開催へと軌道は戻ることとなった。一度崩れかかったワールドラグビーとラグビーワールドカップ２０１９組織委員会の信頼関係も修復されつつあった。
２０１９年9月の開幕まで4年、ラグビーワールドカップ２０１９組織委員会は、「ファウンデーション（基本計画策定）・フェーズ」から「ファンクショナル・プランニング（部門別計画策定）・フェーズ」へと移行していた。

２０１５イングランド大会からの引き継ぎ、そして生じた不安

「ブライトンの奇跡」によって、国内のラグビーワールドカップ２０１９大会への関心は一気に高まった。イングランド大会で次から次へとプレースキックを決めた五郎丸《ごろうまる》歩《あゆむ》選手の独特のルーティーンが「五郎丸ポーズ」として、日本の人々の記憶に焼き付いた。日本代表の予選敗退が決まった後、10月2日から16日までラグビーワールドカップ２０１９組織委員会が、「五郎丸ポーズ」の写真投稿キャンペーンを行ったほどであった。[95]「五郎丸ポーズ」は、その年の話題になった言葉に贈られる「２０１５ユーキャン新語・流行語大賞」にもノミネートされた。[96]

一躍時の人となった五郎丸は、お茶の間のテレビ番組に引っ張りだことなり、年が明け、２０１６年になっても、「五郎丸ポーズ」の人気は冷めることはなかった。２０１５年12月から２０１６年9月にかけて、五郎丸は7社のテレビＣＭに出演した。[97]

その裏で、ラグビーワールドカップ２０１９大会に向け、組織委員会は準備を着々と進めた。２０１６年2月、ラグビーワールドカップ２０１５組織委員会の職員がイングランドから来日し、ラグビーワールドカップ２０１９組織委員会の職員へ3日間にわたる「引き継ぎ会議」が実施された。日本青年会館で行われたこの引き継ぎ会議には、２０１９組織委員会側から内田も参加した。

「結論から言うと、あの『引き継ぎ会議』は役に立たなかった」と、内田は振り返る。

この「引き継ぎ会議」はラグビーワールドカップ・リミテッド（ＲＷＣＬ）が主催し、実際にイングランド大会を準備し運営したラグビーワールドカップ２０１５組織委員会の職員を日本に招いたものであった。

それまでのラグビーワールドカップと同じように、ラグビーワールドカップ２０１５組織委員会は、「大会を支える機能・単位」であるファンクショナル・エリア（ＦＡ）をベースに組織体制が築かれていた。

彼らは、このＦＡ単位のプレゼンテーション資料を準備しフェイストゥフェイス（対面）で、３年半後に開幕を迎える日本の組織委員会のメンバーへ、各ＦＡが準備と運営で実施したこと、実施するうえでの注意点などを具体的に伝えたのであった。

チームサービスＦＡ、メディアオペレーションＦＡ、マーケティングＦＡ、試合会場運営ＦＡといった部門単位で、それぞれ約１時間の「引き継ぎ会議」が行われたのである。

内田は言う。

「あの当時、２０１９大会の組織委員会は40～50人の組織になっていました。けれども、自分を含めて大規模な国際スポーツイベントの準備や運営を経験したことのある者はほとんどいませんでした。素人の集団でした。なので、２０１５大会の組織委員会の面々が真摯に伝えてくれても、我々には、その意味するところがわからなかったのです。彼ら自身の経験を共有してくれたことに、ありがたみを感じる者も多くなかったかもしれません」

そもそも大会の性質が、ラグビーワールドカップ２０１５とラグビーワールドカップ２０１９で大きく異なったことも理由の一つであった。

「２０１５イングランド大会は、より多くの観客を集め多くの入場料を得るという、〝興行的イベント〟であったのに対して、２０１９大会は、日本全国の自治体とともに開催するという半官半民の〝行政的イベント〟でした」

当時のラグビーワールドカップ２０１９組織委員会には、札幌市、岩手県、東京都、横浜市、静岡県、豊田市、大阪府、神戸市、熊本県、といった開催都市から出向した職員もいた。そのなかには、毎年、日本国内で開催される国民体育大会の準備や運営を経験した者もいた。

この引き継ぎ会議には、東京都庁から出向していた入内島徹《いりうちじまとおる》も参加していた。

「そのときは財務の立場で引き継ぎ会議に参加していましたが、なかなか実感を持てませんでした。英語は得意ではありませんでしたが、財務の話はしっかりと聞いていました。しかし、実務レベルの話はなく、そもそも仕組みが違うと思いました。外国の方に配慮した温度設定にしたのか、とにかく部屋が寒かったのを覚えています」

入内島も、内田の言う〝興行的イベント〟と〝行政的イベント〟の違いを感じていた。

日本では、日本全国の自治体と協働して開催し、日本国内のトップ・アスリートが参加する国民体育大会が、国内最大のスポーツイベントである。だが、4年に一度開催され、世界から20の国と地域から代表チームが参戦するラグビーワールドカップとは、やはりスケールや特性が大きく異なる。

世界中のラグビーファンの期待に応えるため、代表チームが最高のプレーをできる試合会場の整備を各開催都市とともに進めねばならない。代表チームが大会期間中に練習や調整のために滞在する公認キャンプ地の選定や整備もせねばならない。公認チームキャンプ地には、代表チームとスタッフに見合った宿泊施設、練習グラウンド、トレーニングジム、プール、屋内練習場などが必要だ。代表チームが日本に到着してからの移動、空港と公認チームキャンプ地間、公認チームキャンプ地と試合会場間の移動の手配と調整もしなければならない。

大会期間中、日本全国12の開催都市で44日にわたって繰り広げられる48試合には、世界中から多くの人が観戦に訪れることが予想された。前回のラグビーワールドカップ２０１５イングランド大会では、海外から約40万人の観客が訪れ、国内の観客と合わせると、観客総動員数は約２４７万人であった。

全試合の熱戦は世界にテレビで放映され、インターネットでも配信される。そのために、世界各国から多くのメディアも訪れる。この膨大な数の観客やメディア、そして代表チームに応対できるリエゾンチームもつくらねばならない。

また、世界各国から国家元首、大統領、首相、閣僚など、国際的な要人の観戦も予想された。世界中から観客が訪れるなか、テロ対策も含めて警備体制も整えねばならない。

９６００万ポンド（約１３０億円）の大会保証料をＲＷＣＬに支払うために、主要な原資となる大会チケット販売から確実に収益を上げなければならない。そのため、ラグビー人気がそれほど高くない日本国内に向けて優れたマーケティングが不可欠であった。

ラグビーの試合では、敵味方サイドを分けて座ることがないのが慣習だ。フィールドで闘ったプレイヤー同士も、試合をスタンドで観戦した客同士も、試合終了後は敵味方関係なく「ノーサイドの精神」で互いを称え合う。また、忘れてはならないのは、ラグビーの試合では、会場でビールが驚くほど飛ぶように売れるということである。

余談ではあるが、引き継ぎ会議で来日していたワールドラグビーの統括責任者（ＣＯＯ）とラグビーワールドカップのマネジングディレクターを兼任するアラン・ギルピンは、２０１６年2月25日に行われた「運営責任者が語る、ラグビーワールドカップ２０１５イングランド大会」という講演会で、次のような〝ラグビーとビール〟にまつわるエピソードを紹介している。

「おそらく世界のスポーツファンでラグビーファンが一番のビール好きです。２０１５年大会は多くのサッカー専用競技場を使用しました。過去の経緯から、サッカーではスタジアムでビールが飲めない、というルールを作っているところがあります。ただ、ラグビーファンはビールを片手に、相手国のファンがいるのに何のトラブルもなくビールを楽しみながら試合を見ていた。これはサッカーファンにとって大変な驚きでした。ただ、それによる問題はないと感じています[98]」

ラグビーワールドカップ２０１９大会でも、世界中から観戦に訪れるビール好きのラグビーファンに、すべての試合会場で、冷たいビールが行き渡るようにせねばならない。

２０１６年2月、ラグビーワールドカップ２０１５組織委員会からの「引き継ぎ会議」を終えたとき、大会開幕までは、まだ4年以上の月日があった。だが、世界の期待に応え、この大規模な国際スポーツイベントを支えるために、ラグビーワールドカップ２０１９組織委員会は、人や資金を集め、組織をつくり、動かし、開催都市とともに準備を進めねばならない。

ラグビーワールドカップ２０１９組織委員会がやるべきことは山積みであった。繰り返しになるが、ラグビーワールドカップはラグビー伝統国以外での初めての開催、アジア初の開催となる。だからこそ、ワールドラグビーは「引き継ぎ会議」を主催し、経験や教訓の共有を促そうとした。しかし残念ながら、この引き継ぎ会議は、未経験者ばかりの２０１９組織委員会に生かされなかった。

内田は言う。

「ワールドラグビーも、この引き継ぎ会議の手応えを感じていないことがわかりました。彼らは、ラグビーワールドカップ２０１９組織委員会に対して、〝不安〟を持ち始めたのです。この組織には、任せきりにすることはできないと。したがって、ハンズオン（深い関与）で、モニタリングというプロジェクトマネジメントの機能をしっかりしないとダメという認識を持ち始めたのだと思います」

こうしてワールドラグビーやＲＷＣＬは、組織委員会への影響力を深めることとなった。うまく機能しなかった引き継ぎ会議以前にも、内田ら組織委員会の職員がロンドンに赴いて、ラグビーワールドカップ２０１５組織委員会の職員と情報共有の場をつくったことがあった。

「どうやって準備を進めればよいのか、２０１４年の夏と２０１５年の夏にロンドンにヒアリングに行きました。２０１５年は、大会開幕直前の忙しいところ申し訳ないと。しかし、僕も素人でしたし、明確な質問ができませんでした。ラグビーワールドカップ２０１５組織委員会もいろいろと説明はしてくれましたが、我々には何を聞いてよいかわからなかったのです」

そんな内田たちにとって、２０１６年2月の「引き継ぎ会議」は、改めて、ラグビーワールドカップ２０１９組織委員会が未経験者の集団であることを浮き彫りにするきっかけとなった。「ラグビーワールドカップというプロジェクトを成功させるためには、組織としてのインテグレーション（まとめること）がすべてだ！」と、会議の終了直後にアラン・ギルピンは内田に伝えた。

その一言は内田の記憶に深く刻まれた。内田は、「わかった、わかったよ」とアランに答えたが、どうやって組織委員会を一つの組織としてまとめるか、実際のところ何をどう進めていけばよいのか、そのときはまだわかっていなかった。

「あなたは、現場をわかっていない！」

引き継ぎ会議を経て「このままでは安心してラグビーワールドカップ２０１９組織委員会に任せることはできない」と不安に駆られたワールドラグビーは、２つのアクションを起こした。一つは組織委員会と四半期に１回の定期的な会議を開くこと。もう一つは、ワールドラグビー側のスタッフを日本に常駐させることであった。

この会議は「ワールドラグビートーナメントレビュー」と呼ばれ、第１回は２０１６年６月に実施された。組織委員会とこのような会議体を持つことは、ワールドラグビーにとって初めてのことであった。ワールドラグビーはラグビーワールドカップ２０１９組織委員会の進捗状況を定期的に把握することを試みたのだ。

第１回「ワールドラグビートーナメントレビュー」では、組織委員会の職員は全員、全セッションへの参加を原則とすることがワールドラグビー側から提案された。まずはこの定期報告会の目的や準備について、議論を始めることとなった。

四半期が経った２０１６年10月に実施された第２回「ワールドラグビートーナメントレビュー」では、ワールドラグビーに任命され、ラグビーワールドカップ２０１９のゼネラルマネージャーとして就任予定だったロブ・アバーネシーが参加した。また、組織委員会のメンバーの経験不足を懸念していたワールドラグビーは、リスクマネジメント、コマーシャル＆ブロードキャスト、開催都市に関してなど各種のワークショップを開いた。

その翌月、ロブ・アバーネシーがゼネラルマネージャーとして着任し、組織委員会本部の所在地に常駐することとなった。アバーネシーは、２０００年のシドニーオリンピック、２００３年のラグビーワールドカップオーストラリア大会、２０１２年のロンドンオリンピックなど、大規模な国際スポーツイベントのマネジメント経験を持つ。

アバーネシーの印象を、内田は次のように語る。

「ロブ・アバーネシーは、世界大会にも入賞したスイマーです。ロブは、オリンピックで5つの金メダルを手にしたイアン・ソープにわずかな差で負けて、オリンピックのオーストラリア代表選手にはなれませんでした。自分も水泳をやっていたのでわかりますが、ロブは、見るからに泳げば速そうでした」

ロブ・アバーネシーが着任したとき、大会開幕まで残り3年を切っていた。

「スタッフメンバーの数は増えていくが、ガバナンスも利かず、誰が何をやればいいかもわからない状態が続き、ウダウダと時を過ごしていました。一人ひとりが何をやるかをわかっていませんでした。計画を進めているようで、進んでいないような状態が続きました。ロブが着任したのは、そんなときでした」

アバーネシーは着任後、英語が堪能な内田と頻繁にコミュニケーションをとるようになった。

「ロブや、ワールドラグビーの何人かと話してわかったのは、『ラグビーワールドカップは最短で3年あれば準備はできる』という感覚が彼らのなかにあるということでした。何度もラグビーワールドカップをやってきた彼らが言うのだから、それは間違っていないと思いました。しかし、これは逆に言うと、大会開幕まで3年を切ると、遊んでいる時間はなくなるということ。3年前までは、予算管理をすることくらいで、それ以外は放っていてもいいが、3年前となると、キチンとプロジェクトを進めなければいけないというフェーズに入ってきたということでした」

アバーネシーは内田にこうも言った。

「あなたは、財務部長であるから、もちろん、ファイナンスのことはわかっている。けれども、現場のことがまったくわかっていない！」

海外から日本へ着任したばかりのアバーネシーが、組織委員会の創成期から組織基盤の整備に尽力してきた内田に、そう言い放ったのである。

さらにアバーネシーは、「ファンクショナル・エリア（ＦＡ）運営計画書」を早急に策定することを求めた。

繰り返しになるが、ＦＡとは、「大会を支える機能・単位」である。

ラグビーワールドカップ２０１９では、最終的に42のＦＡが、それぞれの機能を果たし大会の準備と運営を支えた（図表６）[99]。

例えば、２０１１大会の招致敗北の知らせを聞き、涙した宮崎は、世界各国から訪れるメディアが、各試合会場で効率的に仕事をできるように環境を準備しマネジメントを行う「メディアオペレーションＦＡ」の業務を担った。また、バーベキューを夫妻で企画し、組織委員会とワールドラグビーのコミュニケーションを深めた上村は、「マーケティングＦＡ」に所属した。内田は、プロジェクトマネジメント、テストイベントの準備と実行、保険調達、ワールドラグビーとの総合窓口等を担当する「セントラルマネジメントＦＡ」の業務を遂行し大会を支えたのだ。

「それぞれのＦＡが何を担当するのか。プロジェクトマネジメントの基本中の基本である〝役割分担の整理〟をしっかりしろと、ＦＡ運営計画書の策定の要求がドーンと来ました。それまでの組織委員会は、そんな役割分担を整理するという文化になっていない。プロジェクトを進める体制になっていませんでしたから……」

そう言いながらも、内田ら組織委員会のスタッフメンバーは、ＦＡ運営計画書を策定し、ワールドラグビーへ提出した。

２０１７年3月、第3回「ワールドラグビートーナメントレビュー」が開催され、ロブ・アバーネシーをはじめとする12名がワールドラグビーから参加した。そこで、内田が提出したＦＡ運営計画書の完成度が低いことにワールドラグビーが懸念を表した。

ロブ・アバーネシーは内田に言った。

図表6　ラグビーワールドカップ2019大会開催当時の
各ファンクショナル・エリア（FA）の業務内容

各FAの業務内容

名称	英語表記	略称	業務内容
ラグビーレガシーFA	Rugby Legacy FA	RLE	大会のレガシーを見据えた施策を推進。ラグビーの普及に取り組むにあたり、開催自治体やその他の団体との連携を支援する
サステナビリティFA	Sustainability FA	SUS	ラグビーの普及・持続性（サステナビリティ）についてRWCLと共に活動を検討し実行する
マッチマネジメントFA	Match Management FA	MMT	試合当日およびキャプテンズランの際、チームが試合会場で大会参加規則を遵守し、試合が滞りなく実施されるように運営を推進する
マッチオフィシャルFA	Match Officials FA	MOF	レフリー、アシスタントレフリー、テレビジョンマッチオフィシャル等、大会に参加するマッチオフィシャルのために必要な手配を行う
アンチ・ドーピングFA	Anti-Doping FA	DOP	大会アンチ・ドーピングプログラムの実施に際し、必要となる諸施設・人員体制の整備を行う
ジュディシャルFA	Judicial FA	JUD	RWCLが管理・運営するジュディシャルプログラムが効率的に推進されるよう、交通・宿泊・会場等の手配を行う
メディカルFA	Medical FA	MED	大会期間中にチームおよび関係者に対して、医療サービス又は医療サポート、情報を提供するために計画を立案し実施する
チームサービスFA	Team Services FA	TSV	全てのチームが大会において最高のパフォーマンスを発揮できるよう、万全の準備を整え、チームに提供する責任を負う
宿泊FA	Accommodation FA	ACO	大会関係者のための宿泊施設の客室・館内設備に関する手配調整・管理業務を行う
交通輸送FA	Transport and Travel FA	TAT	全ての会場／拠点において、大会に関わる全ての輸送対象者に安全かつ安心できる最上位のサービスを提供する
ケータリングFA	Catering FA	CAT	全ての会場／拠点における飲食物の提供サービスの計画立案、調整、契約締結、実施および管理業務を行う
ロジスティクスFA	Logistics FA	LOG	大会関連会場へのチームおよび運営に関わる物品の発送、スケジューリング、輸送を担う
トーナメントゲストプロトコルFA	Tournament Guests and Protocol FA	TGP	全ての会場／大会に関わる全てのトーナメントゲストの皆様に喜んでいただけるサービスを提供する
警備FA	Security FA	SEC	大会における安全対策、災害等を含む非常時対応、秩序維持、計画の立案、運営管理、連絡・調整を行う
アクレディテーションFA	Accreditation FA	ACR	独占使用期間、試合会場でアクセスコントロールするため、大会アクレディテーションパスシステムを提供する
開催都市業務FA	City Operations FA	CIT	開催都市において行われる、開催都市および組織委員会各部署の事業について、コーディネート・促進を担う
観客体験FA	Spectator Experience FA	SPX	観客の皆様の安心で快適な観戦をサポート。また、盛上げを演出し、ラグビーワールドカップの素晴らしい観戦体験の提供に寄与する

名称	英語表記	略称	業務内容
ベニューオペレーションFA	Venue Operations FA	VOP	試合開催会場におけるイベントリーダーの役割を担う。準備期間中は、会場における運営計画を取りまとめる
オーバーレイFA	Venue Overlay & Development FA	OVL	大会時に必要とされるスタジアム等の仮設施設・設備の整備を行う
イメージ&ルックFA	Image & Look FA	IAL	大会時のスタジアムの装飾と、誘導サインの計画。開催都市における大会雰囲気を醸成する都市装飾の計画策定、実施、管理を行う
ブロードキャストFA	Broadcasting FA	BRD	ライツホルダーの要望を取りまとめるエージェントをサポートするとともに大会の国際映像を制作する環境を整備し支援する
メディアオペレーションFA	Media Operations FA	MOP	メディアが、各試合会場において効率的に仕事ができる環境を準備し、マネジメントを行う
ラグビーニュースサービスFA	Rugby News Service FA	RNS	世界中のメディアへ向けて情報を提供するとともに、大会公式ウェブサイトやソーシャルメディアを通じても情報を発信する
セレモニー&スポーツプレゼンテーションFA	Ceremonies & Sports Presentation FA	CER	開会式、閉会式、48試合全てにおけるスポーツプレゼンテーション、エンターテインメントプログラムを計画、準備、実行を管理する
テクノロジーFA	Technology FA	TEC	ラグビーワールドカップ準備・運営をサポートするために、オフィスや会場をまたがって、信頼できるテクノロジーソリューションを提供する
マーケティングFA	Marketing FA	MKT	チケット販促、大会への機運醸成を目的とした、マーケティング戦略の立案と実施を行う
コミュニケーションFA	Communications FA	COM	プレス対応、ニュース配信（プレスリリース・ニュースレター等）、イベント等を通じたコミュニケーションを担う
デジタルメディアFA	Digital Media FA	DIG	ラグビーワールドカップ公式デジタルプラットフォーム（公式ウェブサイト、公式SNS）におけるコミュニケーション活動の実施、運用を行う
チケッティングFA	Ticketing FA	TKT	チケッティングポリシーと販売戦略を策定し、チケッティング運営全般と一般個人客へのチケット販売を担当する
コマーシャルオペレーションFA	Commercial Operations FA	COP	コマーシャルステークホルダーが大会期間中、商業権を円滑に行使することができるよう、協調して運営にあたる
セントラルマネジメントFA	Central Management FA	CMG	プロジェクトマネジメント、テストイベントの準備・実行、保険調達、RWCLの総合窓口等を担う
マッチスケジュールFA	Match Schedule FA	MAT	試合日程策定をRWCLとともに行う
オペレーションセンターFA	Operations Centres FA	OPC	大会期間中のメインオペレーションセンター（本部機能）の計画立案・運営を行う
総務FA	General Administration FA	GA	理事会・評議員会の開催や組織全体を円滑かつ効果的に運用するための規程や執務環境の整備などを担う
政府との連携FA	Government Relations FA	GOV	政府・国会等との連携を推進する役割を担う

名称	英語表記	略称	業務内容
ワークフォースFA	Workforce FA	WKF	大会に関与する正職員、コントラクター（関係する業者）、ボランティアの募集、採用、研修、配置、管理を実施する
ヒューマンリソースFA	Human Resources FA	HRM	組織委員会人員の就業・労務管理全般を担う
スペクテーターサービスFA	Spectator Services FA	SPS	観戦される全ての観客に対してラグビーワールドカップの特別な雰囲気を創り出す計画策定を担う
財務FA	Finance FA	FIN	予算策定、経理および調達等に関することを行う
リーガルライトプロテクションFA	Legal and Rights Protection FA	LRP	ラグビーワールドカップに関連する多くの権利の法的保護を支援するほか、法的サービスの提供を通じて社内の他部門を支援する
財務委員会	Financial Committee	FIC	企業寄附担当
シニアマネジメントFA	Senior Management FA	SMG	役員、事務総長、事務総長代行、事務総長代理（4名〈待遇含〉）のこと。組織委員会最高決定機関

（出所）公益財団法人ラグビーワールドカップ2019組織委員会「ラグビーワールドカップ2019日本大会大会報告書」81ページ

「組織委員会のＦＡの役割について、あなた方は、まだわかっていないだろう？」

「わかっていないと思うよ、少なくとも私はわかっていない」

と、内田は応えた。

「ラグビーワールドカップを経験したコンサルタントをつけなければダメだろう？」と、アバーネシーが続ける。

自身もコンサルタントがバックグラウンドである内田は、アバーネシーのその考えに同意した。

先述したように、コンサルタントとしての内田は、初期段階でやり方がわからず強烈に苦労しても、右往左往しながらも「こうやってやればうまくいくんだ」という本質をつかみ、それを文書化し横展開するやり方で成果を達成してきた。

内田は、本質をつかみ取る「肝」は２つあるという。１つ目は、自身の大失敗の経験から学ぶこと。そして、２つ目は、成功事例を経験したコンサルタントからアドバイスを仰ぎ、そのなかから自身で気づきを得て体系化することである。その積み重ねからつかんだ「こうやればうまくいく」という本質をさらに他の事例にも生かす。これが、内田のコンサルタントとしての仕事の流儀になっていた。

アバーネシーから、「あなたは現場をわかっていない」と言われた内田にとって、ラグビーワールドカップや、大規模な国際スポーツイベントを経験したコンサルタントからアドバイスを仰ぐことは、自身の仕事の流儀と自然と重なった。

「誰かいいコンサルタントはいるのか」

2人は対話を重ねた。

プロジェクト推進のノウハウを有するコンサルタントを入れないとこのままではうまくいかない、という危機感が内田とアバーネシーにともに芽生えた。

7

動かぬプロジェクト
——いくつもの荒波を越えて

プール組分け抽選会、全世界へテレビ中継

２０１７年5月10日、「プール組分け抽選会（Pool Allocation Draw）」が、京都迎賓館「藤の間」で行われ、全世界へテレビ中継された。この抽選会では、ラグビーワールドカップ２０１９大会に出場する20の代表チームが、当時のワールドラグビーランキングをもとに、プールA、プールB、プールC、プールDの4グループに組分けされ、対戦相手が決定される。各プール内の総当たり戦から勝ち点の多い2チームが、８チームで行われる決勝トーナメントへ進出するのである。

それまで、ラグビーワールドカップのプール組分け抽選会は、ワールドラグビーの本部があるアイルランドの首都ダブリンか、ラグビーの強豪チームの集まりやすいロンドンで行われてきた。しかし、アジア初開催、日本初開催となるラグビーワールドカップ２０１９大会では、国際的にも知名度の高い京都市で行われることとなっ

た[100]。

このプール組分けが決まると、２０１９年9月の大会開催に向けて、具体的なマッチスケジュール（試合日程）と試合会場の決定へと準備を進めることができる。各試合会場の対戦カードが決まることによって、チケット価格の決定も可能となる。

予定された抽選会の時間は、午後5時から5時半の30分間と決して長くはなかったが、全世界のラグビー関係者が注目するイベントであった。このイベントには、安倍晋三内閣総理大臣、林文子横浜市長、ビル・ボーモントワールドラグビー会長、前回大会優勝のニュージーランド代表チームのヘッドコーチや出場の決まった全チームのヘッドコーチが集まり、抽選が行われた。


ラグビーワールドカップ２０１９組織委員会の4名が、このプール組分け抽選会の事務局を務めていた。そのなかの一人が、のちに、伝説の試合と呼ばれる日本代表とスコットランド代表戦や決勝戦が行われた横浜国際総合競技場の会場統括責任者を担った河合《かわい》洋一《よういち》であった。

河合は、大学卒業後、大手広告代理店の株式会社電通に入社し、スポーツビジネスとイベント運営を経験した経歴を持つ。高校時代に三重県でラグビーをやっていた河合は、ラグビーワールドカップの日本開催を知り、自らも関わりたいという希望を社内で出した。そして２０１７年、ようやくラグビーワールドカップ２０１９組織委員会への出向の内示を受けた。

「当時の組織委員会はお金があるない以前に、計画ができていないので使うに使えない、動くに動けないという状況でした。いろいろな仕掛けを動かそうと思ってもなかなか動かない状況でした。それでもスポーツビジネスとイベント運営の2つの経験を組み合わせれば、ある程度のことは想定できるかなと、組織委員会にジョインしたときに思っていました。実際にそういった経験を下地に予習すれば、ある程度のことは想定でき、対応できました。それらが仕事をしていくうえでの基盤になりました」

組織委員会に加わった河合の最初の仕事がプール組分け抽選会であった。

「抽選会が終わってワールドラグビーは『グッド・ジョブ、大成功だったね』と言って会場を後にしました。しかし、日本の組織委員会側としてはその認識はまったくなく、大問題だらけという認識でした。

確かに数日後、改めて映像を見ると完璧なイベントでした。裏側でバタバタしている様子は、その映像からは読み取れませんでした。自分も抽選会当日は、会場のなかにいましたが、バタバタしていて、日本代表がどこと対戦することになったのか、翌朝起きた際にはそれすら覚えていませんでした。とにかく、イベントを無事に終わらせることに必死になって神経を集中させていました」

完璧で大成功に見えたイベントの裏側で、何が起こっていたのか。この組分け抽選会には、壇上で抽選をする来賓の他に、２２０名あまりのゲストが招待されていた。そのうちの半数は大会主催者であるワールドラグビーのゲストであった。会場には十分な数の席が用意され、前の半分が「指定席」で、後ろ半分が「自由席」と事前に決められていた。

もちろん、「指定席」には、どのゲストがどこに座るのかも決まっていた。指定された席をゲストに伝えるのは、主催者であるワールドラグビーが行うと事前に段取りされていた。組織委員会側は会場で起きていることの詳細を知ることができなかった。当日の抽選会場には組織委員会の職員は入れないことになっていた。

「これはかなりの確率でトラブルが起こるな」。河合はそんな不安を抱きながら抽選会当日を迎えた。

河合の不安は現実となった。ゲストに席次は伝わっていたが、会場内で仕切る人間がいなかった。そのため、席次を無視していろいろなところに勝手に座る人が出てきてしまったのである。抽選会場の外にいた河合が耳につけていたインカムのイヤホンに、ワールドラグビー担当者の声が響いた。

「この責任は組織委員会にある。あなたたちで何とかしてほしい」

ワールドラグビーとの間で事前に決めた段取りと違ったものの、会場内の混乱を組織委員会の職員が仕切ることとなった。河合のイヤホンに、再びメッセージが流れた。「安倍首相があと10分で到着しますが、安倍首相の席には違う誰かが座っています」。このとき、河合は、徒歩で来場するゲストを迎えるゲートにいた。その場所は、ワールドラグビーが対応するはずであったが、誰もいなかった。

「この混乱をどうにかしないと、この先、日本で暮らしていけなくなるのではないか」。対応したくてもその場所を離れることができない河合は、内田にインカムを通じて対処をゆだねた。内田は、会場内にいたゲストに事情を説明した。

会場内の席に座っていたワールドラグビーからのゲストの一人が、事情を察し自ら席を立って空けてくれた。彼は周囲のゲストにも声をかけ、さらに、3人のゲストが席を立って移動した。

河合は2台のインカムを装備し、それぞれ片耳ずつイヤホンを装着していた。「左のインカムから『なんとかしろ！』、右のインカムから『総理が5分で到着です‼』と聞こえてくる。本当に痺れました。『スタートした』という音声が入って、イベントが無事に始まったことを知り、安心しました」

河合の仕切りや内田の奔走によって、抽選会開始直前に会場内の混乱は何とかおさまった。

この日、組織委員会のメディアオペレーションＦＡの宮崎も、プール組分け抽選会のメディア対応を手伝っていた。抽選会場には、日本国内のメディアはもちろん、世界にテレビ放映するメディアをワールドラグビーが招いていた。

「抽選会場の正面のカメラ位置については、ワールドラグビーが招いた海外のメディアたちが互いに場所を譲り合いながら適当な時間を取って撮影をするという認識でした。ところが、日本国内のメディアは全然違って、『正面の位置は、くじ引きですか？』と聞いてきました。撮影場所について運営側で決めてほしいという感じでした。そのままでは、喧嘩になりそうだったので、その場でくじをつくって、引いてもらいました。ワールドラグビーには理解しがたかったと思いますが……」

宮崎は、撮影場所をどう決めるかについても、日本と海外メディアの考え方のギャップを改めて知り、驚いたのであった。この出来事は、宮崎に「自分の広報やメディア対応の経験は日本国内のものでしかなかった」ことを気づかせてくれるきっかけとなった。宮崎はその後、ニュージーランド大会のメディア・オペレーションのヘッドを経験した海外のコンサルタントと、ともに準備を進めていく。

「（海外のコンサルタントとの協働で）メディアオペレーションの仕事が、メディアへのおもてなしとして、ずっと受け継がれてきたものと知りました。『食べ物、交通、インターネット、電源がしっかりしていれば大会の印象がよくなる』と言われました。ですので、大会本番に向けてそこはかなり充実させていきました」

プール組分け抽選会を経て、河合も、ワールドラグビーの仕事の進め方や考え方とのギャップに改めて気づかされた。そして、新たにワールドラグビーとともに大会準備を進める術を導き出した。

「端的に言うとワールドラグビーと組織委員会の間で十分なコミュニケーションがとれていなかった結果、グチャグチャになってしまった。自分は、それまで海外との仕事の経験があまりなかったので、組織委員会の仕事には、英語が大事なんだろうと思っていました。しかし、極論を言えば英語は通訳がいればなんとかなる、やはり、実務ができないとグチャグチャになってしまうのだと、そのとき思いました。

ワールドラグビー流の仕事の進め方は、担当者が各々の責任範囲で〝点〟で仕事を進めていきます。我々と仕事のやり方が違うと思いました。ワールドラグビーから言われたことを粛々とやっていたら、逆に組織委員会が詰んでしまうとも思いました。改めて、こういったスタンスの人たちと今後やっていくんだという覚悟ができました。

同時にワールドラグビーは、組織委員会に実績がないことを不安に思っていて、組織委員会の私たちを十分に信頼していないと感じました。この部分を理解しないと『大丈夫だ、できます』と言ってもかみ合わないだけ。ワールドラグビーが何を見れば安心できるのか、それありきで考えるようになりました」

第二の大嵐、「このままでは開催できない、公認チームキャンプ地が足りない！」

ラグビーの国際統括団体のワールドラグビーは、自らが定めるラグビー憲章に、品位（Integrity）、情熱（Passion）、結束（Solidarity）、規律（Discipline）、尊重（Respect）の5つの言葉を、ラグビーに根ざす精神を表す「5つのコアバリュー（重要な価値観）」として記載している。ラグビーはフィジカルなコンタクトスポーツだ。ポジションにもよるが選手生命が他のスポーツに比べて決して長くはない。タフなコンタクトスポーツでありながらも、ラグビーの「5つのコアバリュー」を体現する選手やチームは、ワールドラグビーにとって非常に重要な存在である。

だからこそ、ワールドラグビーは4年に一度のラグビーワールドカップで最高の舞台を整え、各国の代表チームと選手らの日々の努力に報いるのだ。したがって、ワールドラグビーにとっての№１プライオリティは、〝代表チーム〟である。彼らの口癖は「チームファースト」、そして、「リスペクトプレイヤーズ」だった。

アジア初、日本初のラグビーワールドカップの準備と運営を担うラグビーワールドカップ２０１９組織委員会も、その思いはワールドラグビーと同じであった。すべての代表チームに対し、最高の準備をしたうえで、彼らを日本に迎えたい。そのために日々準備を進めていた。代表チームの選手一人ひとりが、最高のパフォーマンスを大会で発揮できるように環境整備を担った部署が、チームサービスＦＡである。

このとき、チームサービス部（チームサービスＦＡ）の部長を務めていたのが、吉村泰輔《よしむらたいすけ》である。吉村自身、中学、高校、大学とラグビーを経験したラガーマンであった。怪我のためラグビーを辞めることになった吉村は、スポーツマネジメントを学びたいとアメリカに留学した。大学卒業後、日本に帰国した吉村は知人の縁もあって、日本ラグビーフットボール協会（ＪＲＦＵ）に勤務する。ＪＲＦＵで5年働いた後、スポーツ業界から一時離れていたが、再び、ラグビー界に身を置くことになった。もともと働いていたＪＲＦＵからの誘いもあって、２０１５年6月1日、ラグビーワールドカップ２０１９組織委員会に入職したのだ。

大会期間中、日本を訪れる各国の代表チームは、31名の選手と15～20名のマネジメントスタッフから構成される。彼らが、最も長い時間滞在することになるのが、実は公認チームキャンプ地である。各チームは、初戦の10日前くらいに来日し、最後の試合の翌日まで、公認チームキャンプ地に滞在することになる。

例えば、ニュージーランド代表チームのオールブラックスは、初戦が行われた9月21日の11日前の9月10日から9月13日まで、千葉県柏市で事前キャンプを行い、その後、東京都、大分県別府市、千葉県浦安市、愛知県一宮市の公認チームキャンプ地に滞在し、4試合のプール戦（予選）を闘っている。

組織委員会は、大会の主催者であるワールドラグビーと、公認チームキャンプ地に立候補する日本全国の自治体の間に立って、公認チームキャンプ地の〝候補地〟を選定する役割を担った。候補地の選定に際し、組織委員会は宿泊施設や練習グラウンドなどの水準を示したガイドラインを策定し、全国の自治体を対象に公募を行った。

吉村は、大会に向けて52ページからなる「ラグビーワールドカップ２０１９™公認チームキャンプ地ガイドライン」を作成した。ワールドラグビーと大まかに合意したうえで、２０１６年5月24日、組織委員会は、ガイドラインとともに、公認チームキャンプ地選定プロセスの概要を発表した（図表7、図表８）。

①２０１６年8月1日から12月22日までを公認キャンプ地に立候補する自治体の応募期間とする

②２０１７年1月から4月にかけて、書類審査を通過した自治体にラグビーワールドカップ２０１９組織委員会が実地審査を行う

③２０１７年夏頃、書類審査および実地審査を通過した自治体を、組織委員会が公認チームキャンプ〝候補地〟として選定し、ワールドラグビーへ提出する

④２０１７年秋頃には、ワールドラグビーが承認した公認チームキャンプ〝候補地〟の情報が、組織委員会から代表チームへと提供され、各代表チームによる実地視察を経て、公認チームキャンプ地が決定される

図表7　公認チームキャンプ地の選定プロセス

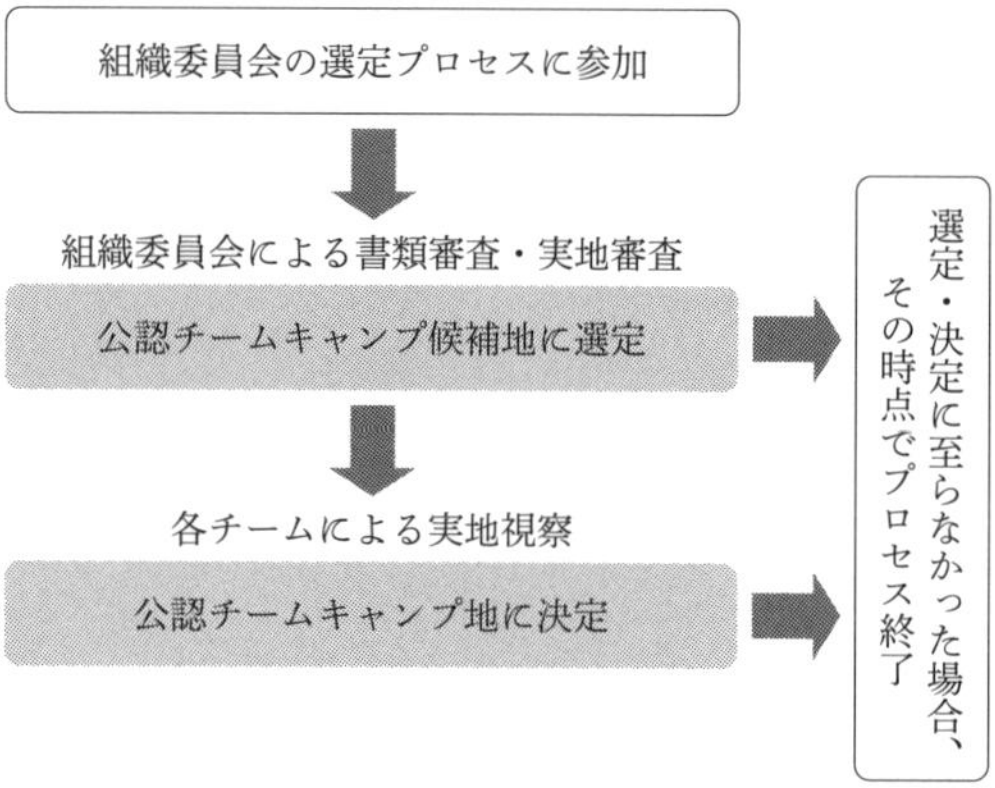

（出所）公益財団法人ラグビーワールドカップ2019 組織委員会「ラグビーワールドカップ2019™ 公認チームキャンプ地ガイドライン」5ページ

図表8　応募条件

1. ラグビーワールドカップ2019の大会成功に向けて組織委員会やチーム等と良好なパートナーシップを構築できる自治体

2. すべてのチームを公平かつ平等に扱い、チームが最高のコンディションで大会に臨むことができるように支援できる自治体

3. チームの受け入れや地域におけるスポーツの振興に向けて、各都道府県ラグビーフットボール協会と相互に連携を図ることができる自治体

4. 行政区域内に1つ以上のトレーニング施設が所在する自治体

（出所）公益財団法人ラグビーワールドカップ2019 組織委員会「ラグビーワールドカップ2019™ 公認チームキャンプ地ガイドライン」13ページ

この公認チームキャンプ地の選定プロセスは、すべて組織委員会が一元管理することになった。

加えて、ガイドラインには、公認チームキャンプ地が提供する施設は、宿泊施設および、練習グラウンド、屋内練習場、ジム、プールの4種類のトレーニング施設で構成されるとあり、宿泊施設や練習グラウンドについては、細かな基準が明示されていた（図表9、10参照）。公認キャンプ地の宿泊費、移動費、食費等は、原則として組織委員会が負担するとあった。

２０１６年8月から12月までの約4カ月半の募集期間で、日本全国から76件（90自治体）の応募があった。最終的に代表チームがどのキャンプ地に滞在するかは、試合日程と会場を踏まえたうえで、代表チーム自らが決定する。組織委員会としては、それぞれ12の試合会場の周辺に、できるだけ多くの公認チームキャンプ地の〝候補地〟を代表チームに提示したかった。

ちなみに、前回の２０１５年イングランド大会では、13の試合開催会場に対して61カ所の公認チームキャンプ〝候補地〟が示され、そのなかから、各国からの代表チームが41カ所を公認チームキャンプ地として選んだ。[101] 76件の応募数というのは、吉村たちにとって想定を超える応募数であった。

ラグビーワールドカップ２０１９組織委員会では、応募があった76カ所、90自治体について、定められたプロセスに則って、チームサービスＦＡの吉村と彼の2人の部下が中心になって書類審査を行った。書類審査を通過した自治体に対して、２０１７年1月から実地審査を進めた。吉村は、十分な数の公認チームキャンプ候補地を代表チームに提示できる手応えを感じ始めていた。

だが、ここで〝思わぬ落とし穴〟が吉村を待っていた。吉村ら組織委員会が書類や現地の確認を経てよしとした候補地について、特に宿泊施設と練習グラウンド・ジムとの移動距離や宿泊施設の設備という点で、ワールドラグビーが強い懸念を示したのである。例えば、代表チームが滞在するホテルと練習グラウンド・ジムが近接していない、大柄な選手にとってホテルのベッドサイズが小さいといった具合である。

仮設でもトレーニングジムがグラウンドに隣接していることを、各国代表チームは一番に求めていた。フォワ

図表10　練習グラウンドの必須条件と推奨条件

項目		必須条件	推奨条件
立地		宿泊施設から30分以内で移動可（高速道路使用可）	宿泊施設や各トレーニング施設が同じ敷地又は徒歩圏内
グラウンド	芝種	FoPが全て天然芝	—
	寸法等	組織委員会が指定する寸法とフィールドマーク	—
	スクラム練習	FoPとは別にスクラム練習ができるスペース	天然芝のスペース
	ゴールポスト	高さが13m以上	—
	照明設備	—	500ルクス以上
	非公開練習	目隠し用バナーが設置できるセキュリティーフェンス等の設備（仮設可）	—
	設備	テント2張（目安として3間×2間、天幕・横幕を含む）	—
チームルーム	広さ	チームメンバー全員が収容可（目安として100㎡）	—
	備品	長机10本、椅子60脚、ホワイトボード2台	—
		スクリーン（100インチ以上）、 液晶プロジェクター1台（接続ケーブル等含む）	—
	冷蔵庫	150L以上の冷蔵ショーケース1台（大型冷蔵庫可）	—
	設備	電源	空調
更衣室	更衣設備	選手31名分の更衣設備 （目安として80㎡、複数の部屋で分散使用可）	人数分の独立型ロッカー
	シャワー	温水シャワー8基以上（複数のシャワールームで分散使用可）	—
	トイレ	更衣室内あるいは更衣室近くに洋式大便器2基、小便器2基以上 （練習グラウンドに隣接していない場合は、仮設可）	—
	設備	電源	空調
マッサージスペース		マッサージベッド2台が設置できるスペース （目安として20㎡）	—
アイスバススペース		水源（ホースを含む。）と排水口の近くにアイスバス（最低3台）を設置できるスペース（目安として10㎡）	製氷機
ストレージ（倉庫）		2tの荷物が収納できるスペース（目安として20㎡）	—
医務室	広さ	診察台2台に対して応急処置等ができる広さ （目安として20㎡）	—
	場所	練習グラウンド・救急車両の駐車位置からストレッチャーでアクセス可	—
	診察台	2台以上	—
	設備	診察用ライト、パーテーション、水源（シンク）、キャビネット、電源	—
メディアルーム	広さ	公開練習時や記者会見時等にメディアが収容可 （目安として30名）	—
	場所	非公開練習時にメディアが待機できる場所	—
	トイレ	非公開練習時もアクセス可能なトイレ （男女いずれも必要、洋式大便器は必須）	—
	設備等	電源	Wi-Fiが無料で接続できる環境
駐車場等	駐車台数	チームがトレーニング中、大型バス1台、4tトラック1台及び関係者車両10台が無料で駐車可	—
	乗降場所	選手及びスタッフが安全に乗降可	施設の玄関前で乗降可 （大型バスが停車可）
通信環境		主要通信キャリアが提供するモバイルデータ通信サービス（4G以上）の使用可能エリア内	—
清掃		毎日のごみ回収と清掃サービス	—

（出所）公益財団法人ラグビーワールドカップ2019 組織委員会「ラグビーワールドカップ2019™ 公認チームキャンプ地ガイドライン」24〜25ページ

図表 9 宿泊施設の必須条件と推奨条件

項目		必須条件	推奨条件
立地		練習グラウンドから30分以内で移動可（高速道路使用可）	各トレーニング施設が同じ敷地又は徒歩圏内
付帯施設		—	館内又は敷地内に宿泊客として使用できるジムやプール等の施設
客室	ツインルーム（2名利用）	17部屋以上確保可	広さが30㎡以上
客室	シングル・ダブルルーム（1名利用）	30部屋以上確保可	広さが20㎡以上
客室	禁煙・喫煙の別	禁煙	—
客室	トイレ及びシャワー	洋式トイレ及びシャワー設備（ユニットバス可）	—
チームルーム		チームが滞在中、同室を使用可	広さが300㎡以上
スタッフミーティングルーム		チームが滞在中、同室を使用可	広さが100㎡以上
マッサージルーム		チームが滞在中、同室を使用可	広さが50㎡以上（複数のマッサージベッドを設置可）
			水源とシンク設備
ストレージ（倉庫）		チームが滞在中、同室を使用可	広さが20㎡以上
メディアルーム		広さが目安として100㎡ 音響照明設備	—
通信環境	客室	Wi-Fiが無料で接続できる環境	—
通信環境	チームルーム	100Mbps以上の有線LAN接続ポート及びWi-Fiが無料で接続できる環境	—
通信環境	スタッフミーティングルーム	Wi-Fiが無料で接続できる環境	—
通信環境	メディアルーム	Wi-Fiが無料で接続できる環境	—
駐車場等	駐車台数	チームが滞在中、大型バス1台、4tトラック1台及び関係者車両10台が無料で駐車可	—
駐車場等	乗降場所	選手及びスタッフが安全に乗降可	施設の玄関前で乗降可（大型バスが停車可）
設備		（チーム及びメディアが使用する全ての部屋について）電源	—
清掃		毎日のごみ回収と清掃サービスの提供（客室のリネン類交換含む）	—

（出所）公益財団法人ラグビーワールドカップ2019 組織委員会「ラグビーワールドカップ2019™ 公認チームキャンプ地ガイドライン」17〜18ページ

ード陣とバックス陣の練習メニューを分け、フォワード陣がグラウンドで練習している間、バックス陣が隣のジムで筋力トレーニングを行い、その後、入れ替わることで、効率よくトレーニングすることができるからだ。既存のジムがない場合、グラウンドの隣に仮設することも強く求められた。

しかし公認チームキャンプ地に応募した自治体のなかには、財政事情などからもあって練習グラウンドに隣接する仮設のトレーニングジムを確保することが難しく、車で10分の距離にある体育館にトレーニング機器を設置準備するというところもあった。

そのような状況に対して危機感を持ったワールドラグビーは、「本当に大会で提供するサービスレベルが求める基準に達しているのかどうか、組織委員会のスタッフの目だけでは信用ができない。我々が直接雇用するコンサルタントに現地視察をさせる」と、組織委員会に伝えてきた。

吉村は言う。

「ワールドラグビーと双方で合意して定めたはずのガイドラインの捉え方に大きな違いがあることが少しずつ見え始めてきました。ワールドラグビーの求める、大会で提供すべきサービスレベルの主張についてですが、当初からそうだったのか、あとで付け足したかは定かではありません。しかし、ワールドラグビーから強い要望があった以上、引き上げられるサービスレベルはすべて引き上げねばなりませんでした。一方、日本の自治体は、ガイドラインに定める最低限のレベルの施設や設備を提供すればいいのであろうと考えていました。ここに想像以上のギャップがありました」

公認チームキャンプ地の選定プロセスは、組織委員会がすべて一元管理することになっていた。チームサービスＦＡが、ワールドラグビーと自治体との間に入り、双方が納得できるように調整せねばならない。

「我々も正直、ワールドラグビーが求めるサービスレベルが少し見えないまま走っていたというところもありました」

そう吉村は振り返る。ワールドラグビーと組織委員会の間で十分なコミュニケーションが図れていなかったのである。

「ワールドラグビーとの合意をするうえで、言葉以上に意識の部分で大きな差がありました。ガイドラインを策定するまでに彼らと向き合う時間が足りませんでした。日本で開催された国際試合でのサービスレベルを参考に組み立てていたものの、大会で提供すべきサービスレベルとの違いや具体的にどのレベルを求めているのか、会話だけでは共通認識を十分に図ることができていませんでした。ベッドサイズなども含め、徹底的にサービスレベル水準を可視化する意識が欠けていました。最初のガイドラインを設計する段階で、もっと可能な範囲で書面やビジュアルを用いて表現をし合ってコミュニケーションを図るということができていたら、ここまで大きな問題にならなかったと思います」


ワールドラグビーから派遣され、独自に現地視察を行ったコンサルタントは、組織委員会のスタッフによる書類や現地の確認では見逃された、チームが滞在するうえで課題となる、公認チームキャンプ地として不具合な数々のポイントを提示した。

例えば、あるホテルにはＷｉ－Ｆｉ（無線ＬＡＮ）が設置されているものの、回線の接続が不安定であること、代表チームの選手やスタッフが使用する会議室の椅子や机が、大柄な選手の身体に見合うものではないこと、そして、食事会場における代表チームの動線が一般宿泊客の動線と重なってしまうことなどが指摘された。

「公認チームキャンプ候補地の数が足りなくなる」。２０１７年4月から5月にかけて、危機感に迫られた吉村は、何度も組織委員会の役員に報告していた。

「このままでは、大会が開催できない。公認チームキャンプ候補地を追加で確保しなければ、絶対に問題になります」

ワールドラグビーから派遣されたコンサルタントによるキャンプ候補地の視察の結果は、想像以上に厳しいものだった。応募があった76件のうち、およそ３分の１を候補地から外すよう、ワールドラグビーは勧告してきたのである。結果として、12の試合会場のなかから、代表チームに対して、十分な数の要件を満たす公認チームキャンプ候補地を提示できないところも出てきてしまった。

公認チームキャンプ候補地の絶対数が足りない。吉村は窮地に立たされた。２０１７年7月のことであった。

吉村は、ワールドラグビーが公認チームキャンプ候補地の水準に満たないと判断した自治体と、サービスレベルを引き上げるための交渉を開始した。

吉村は言う。

「自治体が所有している陸上競技場などについて水準を満たしていない理由であれば、自治体さんも調整可能な部分もあっただろうなと思います。しかし、公認チームキャンプ候補地の3分の1が水準に満たないとワールドラグビーが判断した理由の大半はホテルに起因するものでした。ホテルと練習グラウンドとの距離を物理的に近づけることは困難ですし、ホテルは民間事業者なので、設備を改修したり調度品を変えたりする場合に、自治体から公金を注入することはできません。サービスレベルを引き上げることは、困難を極めました」

さらに吉村らを窮地に追いやる重要課題が判明する。「公認チームキャンプ候補地の選定」と、試合日程と試合会場を決める「マッチスケジュール（試合日程）の策定」が密接に関わっているという認識が、経験不足がゆえに組織委員会内で完全に抜け落ちてしまっていたのである。

いつ、どの試合会場で、どのチームとどのチームが対戦するのか、「マッチスケジュール」を確定し、発表した後、組織委員会は代表チームに対して、公認チームキャンプ候補地の情報を提示する。組織委員会からの情報をもとに、代表チームは現地視察を行い、組織委員会と調整のうえ、自チームが滞在する〝公認チームキャンプ地〟を決定するのが、あるべき段取りであった。

つまり、マッチスケジュールが決まらないと、公認チームキャンプ地も決まらないということがはっきりした。マッチスケジュールの公式発表は、大会開催2年前となる２０１７年9月20日が目処とされた。ワールドラグビーと組織委員会の限られたメンバーによって策定が進められた。

当時、財務部長であった内田もこのメンバーの一人であった。マッチスケジュール策定がスタートしたのは、２０１６年の10月である。そこから、２０１７年５月に京都迎賓館で行われたプール組分け抽選会を経て、６月にはマッチスケジュールの最終案ができあがりつつあった。

そのタイミングで、ワールドラグビーのディレクターの一人が内田に問いかけた。「公認チームキャンプ候補地の選定も、当然うまくいっていますよね？」

ラグビーワールドカップでは、２日連続同じ試合会場で試合が行われることをダブルヘッダーという。その時点のマッチスケジュールでは、愛知県豊田市の「豊田スタジアム」で、このダブルヘッダーが予定されていた。その豊田スタジアム周辺の公認チームキャンプ候補地を目にしたワールドラグビーのディレクターの表情が曇り始めた。

豊田スタジアム周辺に練習グラウンドはあるが、ホテルが１つしかない。

「ダブルヘッダーをやるということは、４チームの宿泊先が、スタジアム周辺に必要です。ホテルが１つしかありませんが、他の３つはどこにあるのでしょうか？」

「名古屋にあります」と内田は答えた。

「名古屋のホテルから豊田スタジアムまで、道が混んだら何時間かかりますか？」

「１時間です」

「それは認められません。ホテルから試合会場まではバスで30分以内と言ったはずです。豊田ではダブルヘッダーはできません」

豊田の他にも、釜石、熊谷、東大阪、福岡、そして、熊本の試合会場周辺でも、要件を満たす公認チームキャンプ候補地がないことが次々と浮き彫りになった。

これらの試合会場でのダブルヘッダーを前提としていたマッチスケジュールの策定作業は一時中断され、当初９月20日に予定されていたマッチスケジュールの公式発表は、延期されることとなった。矛先は、部長であった吉村へと向かった。

「今、どうなっているんだ⁉」

吉村は、役員に状況を説明するための説明資料の作成に追われた。同時に、公認チームキャンプ候補地の追加確保もしなければならない。ワールドラグビーに対しても、状況のアップデートを24時間単位で伝えねばならない。２０１７年夏、吉村はとてつもなく大きな荒波の渦中にいた。

ラグビーワールドカップ２０１９組織委員会は、当初のガイドラインのプロセスに沿って、応募があった76件から公認チームキャンプ候補地を選定すべきであると主張した。一方のワールドラグビー側は、まずは水準を満たす施設を候補地に入れるべきだと主張した。それらの施設には、ジャパンラグビートップリーグの所属チームの施設も含まれていた。組織委員会とワールドラグビーの主張は一度大きく分かれた。しかし、プロセスよりも水準を満たすことを優先し、公認チームキャンプ候補地を追加するという合意に至った。

チームサービスＦＡの吉村は、開催都市との調整を担う組織委員会内の開催都市業務ＦＡ、大会関係者の宿泊施設の手配・調整を行う宿泊ＦＡ、そして、ＪＲＦＵに支援を仰いだ。

「公認チームキャンプ候補地の追加対象に、新たな自治体を巻き込むのは時間的に不可能でした。加えて、試合会場に近いキャンプ候補地がどうしても足りなくなっていたので、これまで関係を構築してきた開催都市の自治体に追加でキャンプ候補地を挙げていただくよう協力を求めました。また、ＪＲＦＵを通じて、トップリーグチームに対しても要請しました」

不十分なコミュニケーションと経験不足から端を発した公認チームキャンプ候補地が不足するという問題は、それでもまだ解決しなかった。２０１７年8月末時点で、２カ所の試合会場で、ワールドラグビーが求める水準を満たす公認チームキャンプ候補地を確保できていなかった。

２０１７年9月に開催された四半期ごとの定期会議である第5回「ワールドラグビートーナメントレビュー」

は紛糾した。それら2カ所の試合会場で、「試合を開催することはできない。（水準を満たさない）試合会場を除外する」と、ワールドラグビーが組織委員会に強く主張してきたのである。

２０１７年9月末、事務総長の嶋津は事務総長代行とともに、ロンドンに向かった。公認チームキャンプ地問題について、ワールドラグビー幹部に直接会って説明するためであった。

嶋津は、ワールドラグビーの幹部たちに向かい、英語でこう伝えた。

「Don't throw the baby out with the bathwater!」

それは英語のイディオム（熟語）で、直訳すれば、「赤ん坊を湯水と一緒に流すな」であり、「細事にこだわり大事を逸する」[102]という意味がある。

「みなさん、このイディオム知っていますか？」と、嶋津は幹部たちに聞いた。

「知っています」と、幹部たちは頷いた。

「水準を満たすキャンプ地が不足しているからといって、試合会場を除外してはいけない。1つでも2つでも、試合会場が欠けてしまえば大会は成功しない。12の試合会場が全部揃って、２０１９大会は日本全国の大会として成功するのです」

嶋津は、その思いを英語のイディオムを通じて、ワールドラグビーの幹部たちに伝えたのであった。

嶋津らのロンドン訪問の後、公認チームキャンプ地問題は、ホテルの改修、そしてトレーニング施設の確保と整備を条件に解決の方向に向かった。組織委員会は、公認チームキャンプ地の整備状況をモニタリングするチームを設立すると同時に、ワールドラグビーの水準をよく理解する過去大会の経験者を採用することとなった。

いったんは中断されたマッチスケジュールの策定作業も再開され、２０１７年11月2日に発表された。それは、決勝戦の2年前のことであった。

２０１７年12月から２０１８年3月にかけて、大会に出場が決まった代表チームによる公認チームキャンプ地候補地の視察が行われ、最終的に55件（61自治体）が公認チームキャンプ地に決定した（図表11）。

図表11　公認チームキャンプ地一覧

所在地	自治体（55件61自治体）
北海道	北海道・江別市、札幌市（3）、網走市
岩手県	岩手県・釜石市、岩手県・宮古市、盛岡市、北上市
山形県	山形県・山形市・天童市
福島県	福島県
埼玉県	埼玉県・熊谷市（2）、さいたま市
千葉県	市原市、◎浦安市
東京都	◎東京都（3）*うち2件を決勝トーナメントで使用、武蔵野市、◎府中市、町田市
神奈川県	横浜市、海老名市、小田原市
山梨県	富士吉田市・富士河口湖町
静岡県	静岡市、浜松市、掛川市・磐田市、御前崎市
愛知県	名古屋市、一宮市、豊田市
滋賀県	大津市
大阪府	大阪府・東大阪市、堺市
兵庫県	神戸市・兵庫県、神戸市、淡路市・兵庫県
和歌山県	和歌山県・上富田町
山口県	長門市
福岡県	福岡県・福岡市、北九州市、春日市
長崎県	長崎県・長崎市、長崎県・島原市
熊本県	熊本県・熊本市（2）
大分県	◎大分県・別府市、◎大分市、◎別府市、◎大分県・大分市
宮崎県	宮崎県・宮崎市
鹿児島県	鹿児島市
沖縄県	読谷村

（注）◎は決勝トーナメントでも使用するもの。「大分県・大分市」は決勝トーナメントのみ使用
（出所）公益財団法人ラグビーワールドカップ2019組織委員会「ラグビーワールドカップ2019日本大会報告書」45ページ

公認チームキャンプ候補地の問題は、組織委員会に副産物をもたらした。それは、組織委員会内での「ＦＡ」という概念の浸透である。公認チームキャンプ地問題にあたって、ワールドラグビー側がＦＡ単位で担当を送ってくるため、組織委員会側の担当もワールドラグビーに合わせてＦＡ単位で対峙するようになっていった。内田も「それまでわかりづらかったファンクショナル・エリア（ＦＡ）という概念も、そうこうしているうちにジワジワと組織委員会に浸透していきました」と語る。

２０１７年8月28日、公認チームキャンプ候補地問

題に揺れる最中、ラグビーワールドカップ２０１９組織委員会は、日本青年館・日本スポーツ振興センタービルへと事務所を移転した。

２人のエキスパート（専門家）の着任と新たな意思決定体制

先述したように、ワールドラグビーに任命され、ラグビーワールドカップ２０１９大会ゼネラルマネージャーとして日本に常駐することになったロブ・アバーネシーと内田の間では、大会準備と運営を担う組織委員会の現場においても、過去大会を経験しプロジェクトを推進するノウハウを持った専門家を採用しようと合意に至っていた。

ところが、組織委員会内では、その話は一向に進んでいなかった。内田は言う。

「ラグビーワールドカップを経験した専門家というと、日本にはいないので、外国人を雇うことになるのです。そうすると、住居を提供せねばならない。通訳をつけねばならない。しかし、組織委員会は資金的にそんな余裕はない。会議資料も全部英語で用意するのか、そんなことできるわけがない」

そのような状況から、外国人の専門家を雇う件は頓挫していた。しかし、公認チームキャンプ候補地問題が起こり、改めてワールドラグビーの求める水準を理解している、過去大会の経験を持つ専門家の必要性が認識され、風向きは大きく変わった。

２カ月後、２０１７年11月、ラグビーワールドカップ２０１１ニュージーランド大会の経験者でありワールドラグビーとも継続的な業務関係を持つクリス・スタンレーと、ラグビーワールドカップ２０１５イングランド大会経験者のミック・ライトの２人が事務総長代理待遇として採用された。この後、大会直前まで15人の外国人が組織委員会に直接雇用されることになる。

２０１７年３月に開催された第３回「ワールドラグビートーナメントレビュー」で、内田はファンクショナル・

エリア運営計画書の完成度が低いと、ワールドラグビーから懸念を示されていた。内田は、組織委員会に着任したクリス・スタンレーとともに、改めて「大会を支える機能・単位」であるファンクショナル・エリア（ＦＡ）の役割分担を整理していくこととなった。

内田は言う。

「あの当時、確かに組織図はグチャグチャでした。組織のつくり方、役割分担の整理の仕方をクリス・スタンレーが明確に教えてくれました」

ラグビーワールドカップ２０１１ニュージーランド大会を経験し、プロジェクトマネジメントのエキスパートであるクリス・スタンレーは内田に次のように伝えた。

「このプロジェクトにおいて、ラグビーワールドカップ２０１９組織委員会には大きく４つの機能がある。経営の機能、バックオフィスの機能、収益を上げるビジネスの機能、そして、最後に大会を運営する機能である。その４つの機能が、今の組織委員会では整理されていない。まずはそこから整理しないといけない」

内田は、クリス・スタンレーのアドバイスに従って、組織委員会をこの４つの機能ごとに整理することを試みた。①経営、②バックオフィス、③ビジネス、④イベントデリバリーの４つの機能が、組織委員会の局単位で整理されているか、改めて見直したのである。内田は語る。

「プロジェクト全体の管理体制としての経営は機能しているか。バックオフィスは企画や予算管理ができているのか。ビジネスはどんな事業モデルでどんな機能があってどのように収益を上げるのか。実際に大会当日を運営するイベントデリバリーには、どんな役割があるのか。バックオフィスで組織を支えなければならない企画局は、当時、まだ組織の横串となるような権限をまったく持たされておらず、企画局としての体をなしていませんでした。そういう能力を持った人間も正直いなかったかもしれない。私はバックオフィスで、財政基盤をつくり予算を管理していたが、現場のことはわかっていなかった。現場とはビジネスとイベントデリバリーであるが、特にこの２つがグチャグチャで整理されていませんでした」

２０１６年11月、内田は企画局長へとポジションを変えた。同じ時期、海外でプラント建設事業を展開する企業を退職した者が、企画局長となった内田の部下として、組織委員会に飛び込んできた。２０１７年8月、のちに、企画局経営企画部副部長となって、組織全体に横串を通し組織をまとめることに大きく貢献する藤《ふじ》居《い》陽《あきら》だ。

藤居は前職でプロジェクトマネジメントを一貫して経験してきた。そして、決してラグビーに強い関心があったわけでも、過去にラグビーをやっていたわけでもなかった。ただ、「今まで培ったプロジェクトマネジメントの知見は、世界規模のスポーツ大会という業界でも付加価値を発揮できるのではないか。そして業界の垣根を越えた経験は自分のキャリアにとっても大きなプラスになるのではないか」と組織委員会に入ったのであった。

藤居は、前職の海外プラント建設事業で、プロジェクトが遅れた場合の遅延損害金を億円単位で支払わなくてはならない、まさに胃が痛くなるようなプレッシャーのもとでプロジェクトを推進する経験を蓄積していた。

「ときには逃げ出したくなるような苦しい場面もあった。しかし、志を同じくする同僚とともにプロジェクトは必ず最後までやり抜いてきました」

そんな藤居の前職でのプロジェクトマネジメント経験は、ラグビーワールドカップ２０１９組織委員会でも大いに生かされていく。藤居は、内田の部下として企画局に着任した当時の状況を次のように振り返る。

「当時の組織委員会は、クライアントであるＲＷＣＬのニーズを十分に汲み取ってコミュニケーションをとることができていなかった。かつプロジェクトマネジメントの要である課題の見える化も十分ではなくＲＷＣＬの不信感は増す一方でした。内部では各担当部門が自身の業務を遂行することに集中しており、間接業務を増やす緻密なプロジェクトマネジメントを行う余裕はなかった。したがって最低限必要な部分は何かを考え、それを実践するためにまずは自身で担当者へ直接話を聞きに足を運び、状況を把握することから始めました」

組織委員会の企画局長となった内田もまたプロジェクトマネジメントの重要性を痛感していた。

「日本国内のスポーツイベント経験者の多くは、『現場は生き物だから、現場で〝あうんの呼吸〟で合わせて進めましょう』という雰囲気があった。それらのスポーツイベントは、日本国内で毎年開催される大会であって、開催の主催団体と関係企業の組み合わせは、ほぼ毎年同じです。彼らは何度も顔を合わせてイベントを開催するなかで、そのような〝あうんの呼吸〟の関係性を築いたのかもしれません。しかし、ラグビーワールドカップは、日本で初めての開催であり、世界から経験やバックグラウンドが大きく異なる人々によって開催されるイベントです。これまで、日本国内で開催されてきたイベントと違い、〝あうんの呼吸〟は通用しないのです」

内田は、プロジェクトマネジメントの基本である「計画－実績＝課題」という考え方を組織委員会内に浸透することを試みていた。これは、実際の〝計画〟に対して、実態としてどの程度進んでいるかを示す〝実績〟を引き算すると、進んでいない状況があぶり出され、何が〝課題〟になっているかわかるというプロジェクトマネジメントの基本的な考え方であった。

クリス・スタンレーのアドバイスも踏まえ、内田は藤居とともに、「組織図および意思決定メカニズムの変更」に着手したのであった。

これまで組織委員会の幹部層に様々な意思決定をゆだねてきたが、現場のオペレーションが多岐にわたるなか、トップの幹部層レベルで適切な判断を下すのは難しい、むしろ幹部層の業務を分担するべきだと2人は考えた。

２０１７年11月から日本常駐となったミック・ライト、基本は遠隔ベースで月に1週間日本に滞在するクリス・スタンレーという2人の事務総長代理待遇と、電通出身の鶴田事務総長代理と文部科学省出身の西阪事務総長代理の4名の組織委員会幹部による新たな「意思決定体制」が築かれることとなった。

この4名の幹部による意思決定の会議体は、「4 Executive Directors 会議」通称「４ＥＤ会議」と呼ばれ、以降、大会が終了するまで、大会準備および運営の意思決定と実務統括を担当することとなった。4名はそれぞれの業務を分担し、プロジェクトの進捗と、「計画－実績＝課題」によってあぶり出された課題を共有し、それらの課題解決案を事務総長の嶋津に報告したのであった（図表12）。

２０１７年12月に立ち上がった「４ＥＤ会議」は、内田と藤居が期待した通り機能した。

図表12　4ED体制

西阪事務総長代理	管理担当	管理局、財務・法務局、人材戦略局
鶴田事務総長代理	事業担当	チケッティング・広報マーケティング局コマーシャル局、会場運営局、ICT統合推進局
ライト事務総長代理待遇	イベント デリバリー担当	ラグビー業務局、トーナメントサービス局、警備局、宿泊輸送局、開催都市業務局
スタンレー事務総長代理待遇	企画担当	企画局

（出所）大会報告書42ページより筆者作成

「これが当たった、組織委員会においては大発明と言っても過言ではない」と、内田が言うほどであった。

ラグビーワールドカップ２０１９大会の開幕まで2年を切り、組織委員会の各ＦＡが担う業務が濃密化し、スタッフのおしりに火がついてきたなか、的確に判断を下すために、それぞれ「管理・事業（ビジネス）・イベントデリバリー（大会運営）・企画」の長である４ＥＤが議論し、解決案を導いていったのだ。

藤居は各ＦＡの担当と密なコミュニケーションをとって課題を浮き彫りにし、それらの課題を内田が４ＥＤ会議に伝えた。あらゆる課題が４ＥＤに持ち込まれ、物事が決まり動き始めた。

観客へのサービスレベルを向上するという課題一つをとっても、いくつものＦＡが関係する。現場担当者同士では意見が対立し堂々巡りになりそうになる。そのような課題を４ＥＤ会議に上げることによって、大局的な見地から解決案が導かれ、現場もスムーズに動けるようになったのだ。

例えば、スタジアムに到着した観客が自分の席をすぐに見つけられるようにすれば、観客のストレスは減り、観客へのサービスレベルは向上できる。この場合、チケット券面の表記をわかりやすくするのは、チケッティングＦＡの仕事であり、スタジアム内の案内看板を増設するのは、スタジアムの仮設の施設や整備を担うオーバーレイＦＡである。さらに、その案内看板をわかりやすくするのは、イメージ&ルックＦＡの担当であり、また、その案内役を警備員が担うのか、ボランティアが担うのかは、警備ＦＡとスペクテーター（観客）サービスＦＡの実務的な整理が必要となってくる。

現場から「この議題を４ＥＤ会議に上げたい」というリクエストが相次ぎ、すぐに議題リストが埋まり、優先度が低いものは翌週以降に回さざるを得ないほどの状況になった。「来週じゃ困る」といった現場の声が上がるようになったとき、内田も藤居も「これは機能している」と確信した。

「４ＥＤ会議」の立ち上げによって、新たな「意思決定メカニズム」が整備されたのみならず、組織委員会内に「チームでやろうぜ！」という気運が高まることとなった。組織委員会はいくつもの荒波を乗り越えながら、大会の開幕に向けてようやく組織としての「帆」を上げることができた。

8

挑戦

——一生に一度に懸ける闘士たち

「4年に一度じゃない。一生に一度だ。 —ONCE IN A LIFETIME—」

これは、大会開幕まであと2年と迫った２０１７年10月、ラグビーワールドカップ２０１９組織委員会が掲げた大会キャッチコピーだ。アジア初、日本初の開催となる、この〝初めて〟づくしの経験は二度とない「一生に一度」の経験であって、その熱狂と興奮をスタジアムで感じてほしいという思いが、このキャッチコピーに込められていた。[103]

２０１７年3月末に82名であった組織委員会の職員数は、２０１８年3月末には１３８人へと増え、１年間で56名が新メンバーとして加わったことになる。

この56名のなかには、「この一生に一度の仕事に携わりたい」と前職を辞めて自ら組織委員会に転職した者、「この一生に一度の仕事を任せられる人は他にいない」と要請され、職業人としてのプライドを胸に開催都市や関係各社から組織委員会へ派遣された者などが混在していた。

ボランティアによる「一生に一度」の価値創造

のちに、ラグビーワールドカップ２０１９組織委員会の一員となりボランティアのトレーニングプログラムをリードした佐藤洋平《さとうようへい》は、もともと生粋のラガーマンであった。

２０１５年９月、佐藤は有給休暇をとり、自費でラグビーワールドカップイングランド大会を訪れ、ラグビーの聖地であるトゥイッケナムスタジアムで開催されたイングランド代表vsウェールズ代表の試合を観戦した。試合開始数時間前にスタジアムを訪れた佐藤は、国内のスポーツイベントとはまったく異なる風景を、身をもって味わったのであった。

トゥイッケナムスタジアムの最寄駅からスタジアムまでの沿道は、ラグビーワールドカップ仕様のデザインで華やかに装飾され、バンドの生演奏が鳴り響いていた。ビールやスナックの売店が切れ目なく並び、ラグビープレイヤーがスクラム練習で使うスクラムマシンの体験会も催されており、歩を進めるだけで気持ちが高まっていく。

スタジアムの外には、パブリックビューイングの巨大ビジョンが設置されていた。スタジアムに入場するまでの時間、熱気を帯びた人々が大会スポンサーであるハイネケンビールを片手に巨大ビジョンに映し出された他会場の試合を観戦していた。

ビール売り場は見たことのない広さであった。約１００メートルの幅でビールの売店が並び、その前には、ビールを求める人々の列が50レーンほどできていた。クラブシーンで流れるような大音量の音楽が四方八方から流れ、さながら野外音楽フェスティバルのような雰囲気のなか、すさまじい勢いでビールが売れていた。

佐藤は、満面の笑顔の大会ボランティアスタッフに歓迎された。ボランティアの弾けるような笑顔が佐藤の脳裏に焼き付いた。

写真１　トゥイッケナムスタジアム周辺の観客体験創出①

写真２　トゥイッケナムスタジアム周辺の観客体験創出②

（いずれも 2015 年 9 月、佐藤洋平撮影）

ビールを買い求める顧客の列から目を移せば、MC（Master of Ceremony：司会進行者）と思われる人間が、眼前に集まった千を超える人々を煽《あお》るように盛り上げていた。対戦するイングランド代表とウェールズ代表のサポーターは、それぞれのナショナルアンセム（国歌）を合唱し合い、どちらが盛り上がっているかを競っていた。大会ボランティアはともに声を合わせて唄っていた。その盛り上がりが最高潮を迎えようとするなか、両チームの選手を乗せたバスが到着した。

地響きのような大歓声が上がり、再び、両チームのサポーターがナショナルアンセムを唄い合う。

佐藤は、日本国内でも数々のラグビーの試合を観戦していた。しかし、試合の数時間前から、トゥイッケナムのようにスタジアムの外でも観客が盛り上がる光景を見たことはなかった。国内の試合では、観客は早々にスタジアムに入場し、各々が準備した飲食物を口にしながらラグビー談議をして静かに時間を過ごすのがお決まりであった。

トゥイッケナムスタジアムの雰囲気、選手だけでなく観客やボランティアが、ありったけの力で試合が始まる前から、思い思いに楽しむ姿に、佐藤は感動を覚えた。この忘れられない思い出となった感動体験は、実は、ラグビーワールドカップ２０１５イングランド大会の組織委員会が準備を重ねて意図的に創出した観客体験（Spectator Experience）であった。

イングランド大会の「世紀の祭典」とも言える空気感を、現地で自らが顧客として体験した佐藤は、帰国後、異なる感情を抱き始めた。「4年後の日本大会でこの盛り上がりを再現できるのであろうか、２０１９大会でもあのような観客体験を創出できるのだろうか……」。佐藤は、深い感動とともに強い危機感を抱いたのである。

さかのぼること6年、２００９年7月、ラグビーワールドカップ２０１９大会の日本開催が公式に発表された。佐藤が社会人となって1年目の夏であった。そのことを知った瞬間、佐藤は「ラグビーワールドカップ２０１９日本大会の仕事に必ず携わる」という強い覚悟を決めた。

佐藤は、小学校1年から大学4年までラグビーをプレーした。大学の体育会ラグビー部でフランカーとして活躍した佐藤は、社会人選手としてプレーを続ける選択肢もあった。しかし、大学の授業を通じてスポーツビジネスにも興味を持ち始めるようになった。ラグビーワールドカップ日本開催のニュースは、「将来は、好きなスポーツとビジネスの両方に関わるスポーツビジネスをやろう」と、佐藤が社会に出た矢先の知らせであった。

「日本開催のラグビーワールドカップの仕事を何が何でもやってみたい。10年後には33歳になる、この10年一区切りで目標を立ててやり抜いたら、その思いは実現できるのではないか。この10年間、ビジネスパーソンとして成長して日本大会に必ず貢献する」

そう決意を固めた佐藤は、先輩、上司や同僚、そして営業先にも機会があるたびにその目標と決意を伝えた。

「２０１９年に日本でラグビーワールドカップが開催されるってご存じですか。自分はずっとラグビーをしてきたので、何かしらの形でその大会に必ず携わりたいんです」

就職した東京の経営コンサルティング会社では、３カ月に１度の目標設定と面談があり、定期的に自身の行動を振り返る機会があった。「10年間で成長しラグビーワールドカップ日本大会に必ず貢献する。そのためには、まずは社内でＭＶＰを取れるくらいに成長しなければ話にならない」と社内の短期目標も設定した。

そんななか、２０１７年になると仕事でしっかりと成果を出し、佐藤は名古屋の拠点を任されるようになった。プロジェクト責任者として全案件、営業からトレーニング企画と実施、トラブルシューティングも含めて、最初から最後まで拠点業務のすべてを一人で対応した。

そんな２０１７年の春、「佐藤さん、こんな求人のサイトが出ているけれども見た？　これ応募しないとダメなんじゃないの」と、以前よりラグビー談議に花を咲かせていた顧客からラグビーワールドカップ２０１９組織委員会の人材募集を知らされた。組織委員会が初めて公式に外部から人材を公募したタイミングだった。

「ついに来た！」

すぐに佐藤は、マーケティングのポジションに応募した。しかし、残念ながら、佐藤は大会運営やマーケティングの専門性が足りないと評価され、結果は「不合格」であった。そんな折、営業を終えて駅前の雑踏を歩いている佐藤の携帯が鳴った。ラグビーワールドカップ２０１９組織委員会の採用責任者からの連絡であった。

「公募には出ていなかったが、ワークフォース・トレーニングマネージャーという、ボランティアなどのトレーニングを行うポジションがある。佐藤さんにぴったりだと思いますが、どうですか」という打診であった。

何が採用責任者を動かしたのか。当時行っていた仕事内容に近しいという点だけでなく、佐藤には一つ思い当たることがあった。組織委員会の職員募集説明会の際、最前列の真ん中に座り、説明に立ったその採用責任者の真正面で熱心に聞いていたのが佐藤であった。

２０１８年４月16日、佐藤は、ラグビーワールドカップ２０１９組織委員会人材戦略局人事企画部の主任としてワークフォースFAのトレーニングマネージャーに着任した。ワークフォースFAの業務内容は、大会に関する正職員やコントラクター（外部の委託業者）、大会ボランティアの募集、採用、研修、配置、管理である。そのなかで佐藤の職務は、ボランティアスタッフが大会の顔として付加価値を生む存在として活動できるようなトレーニングプログラムを設計し実行することであった。

２００９年7月にラグビーワールドカップ日本開催の知らせを聞き、「10年間で成長し、ラグビーワールドカップ日本大会に必ず貢献する」、と心に決めた佐藤の夢はようやく実現した。組織委員会に着任したのは、大会ボランティア募集開始の1週間前であった。

「来週からボランティア募集が始まります。ボランティアのトレーニングをよろしくお願いします」と、着任早々の佐藤に伝えられた。その時点で決まっていたのは、ボランティアスタッフを1万人募集することのみで、トレーニングについては何も決まっていないに等しかった。念願の組織委員会の一員となったものの佐藤は、心のなかでこうつぶやいた。

「何も決まっていない、どうすればいいんだ」

企業向けに採用や研修を設計した経験はあるものの、1万人規模のボランティアスタッフをトレーニングすることは、佐藤にとって初めての経験である。最初にとったアクションは、スポーツイベントのボランティアについて徹底的に情報を集めることであった。まず、ラグビーの国際大会の一つ「スーパーラグビー」に参加したサンウルブズのボランティアチームを立ち上げたサイバートラスト株式会社（当時）社長の眞柄《まがら》泰利《やすとし》に会って話を聞いた。

「ボランティアチームを立ち上げたときに何を大事にしたのでしょうか」。佐藤は眞柄にそう尋ねた。

「ボランティアチームは、結局、企業経営と一緒です」と、眞柄は佐藤に伝えた。

「顧客に提供したい付加価値を定めて、その実現に向けてどのようなマインドセットが必要で、どのような行動を起こすべきなのかを定義する。そのコンセプトを理念として軸に置きながら、その理念に共感する人を採用する。その理念を実現するための意識づけやスキルを付与するトレーニングを行う。これはボランティアの立ち上げも企業における組織づくりとまったく同じです」

そう眞柄は佐藤に語った。眞柄の話に耳を傾けながら、佐藤は勇気が湧いてくるのを感じた。「ボランティアスタッフのトレーニングも自分がリンクアンドモチベーションでやってきた仕事とほぼイコールだ」と確信したからである。眞柄が語ったことは、佐藤が前職で培った採用や研修の設計プロセスとほぼ同義だった。

その後も情報収集を進め、佐藤はいくつかの企業をベンチマークした。ディズニーリゾートを運営する株式会社オリエンタルランドや、スターバックス コーヒー ジャパン株式会社の人事担当を訪ね、直接会って話を聞いた。佐藤は、両社が企業理念をベースとした行動指針をアルバイトを含めた全スタッフに共有し、行動指針を業務で体現したスタッフを評価していることに改めて感銘を受けた。

また、「7分間の奇跡」「世界一の現場力」と国内外からそのサービス品質を絶賛される「新幹線お掃除チーム」の株式会社ＪＲ東日本テクノハートＴＥＳＳＥＩ[104]もベンチマークした。『新幹線お掃除の天使たち――「世界一の現場力」はどう生まれたか？』（遠藤功著、あさ出版）を読み、実際に東京駅のホームに足を運んだ。佐藤は、互いにチームメンバーをリスペクトし、みながプライドを持って清掃に取り組む「お掃除の天使たち」の行動を目の当りにした。

「一部の飛び抜けて優秀な人材がリードするのではなく、チームとして協力し合いながら、それぞれの持ち場のなかで一人ひとりが『主役』となって精一杯努力し、自己表現する」[105]。これが、彼らが高いサービス品質を提供できている理由だ。佐藤は、ラグビーワールドカップ２０１９大会のボランティアも同じだと考えた。

一方、わかってきたのは、これまで日本国内の各種スポーツイベントのボランティアは、価値を創造する存在というよりは、無償で仕事をしてくれるコストダウン要員であるケースが多かった、ということだ。

試合前のスタンドの椅子拭き、広告などの配布物の準備、試合当日の待機列整理、入場ゲートでのチケットもぎり、手荷物チェック、配布物の配布、そして、スタジアム内に缶・瓶が持込不可であるために入口での飲料の紙コップへの移し替えなど、いずれもボランティアが無償で行っていた。佐藤が調べてみると、ボランティアの活動内容は実に幅が広いものの、運営側の思いや一貫したコンセプトは希薄であり、コストダウンのために何でもかんでもボランティアに任せるというケースが多く見られた。

運営側が意思を持って、ボランティアの役割とは何か、何をやるのか、何をやらないのかを明確にしないと、ボランティアの仕事は際限なく広がってしまうと、佐藤は感じた。

プログラムの設計イメージや重要なポイント、注意点などはおぼろげながらつかみつつある一方で、多くの共感を募るコンセプトを描くためには何かが足りない。そのように感じていたときに、新たな視点がもたらされた。ボランティアプログラムの設計には、町田市役所から転職してきた神野《じんの》幹也《みきなり》が関わっていた。南アフリカのスーパーラグビーに所属するプロチームを日本に招聘した経験があり、自治体が行うイベントなどを通じてボランティアに精通していた神野には明確なポリシーがあった。それは「ボランティア活動は楽しいものである」という考え方であった。主体的に活動することこそがボランティアの本質なのである、と佐藤は神野から学んだのであった。

また過去のラグビーワールドカップの関連資料を読み込んだり、これまでラグビーワールドカップに携わった経験のある外国人スタッフと情報交換するなかで、受け継がれてきたキーワードが存在していることがわかってきた。それは「The face of the tournament（大会の顔）」という考え方であった。試合会場を訪れた際、観客であれ、メディア関係者、ゲストであれ、最初の接点を担うのが、ほとんどのケースでボランティアであり、そのボランティアの立ち振る舞いが大会の第一印象を決めてしまう、よってボランティアは大会の顔であるという意識を持つべきである、という考え方であった。

佐藤はこれらの話を踏まえて、ボランティアをコストダウン要員としてではなく、価値を生む存在としての新たなボランティア像を描くようになった。まずは、理念をベースとした行動指針を示そう、そして、ボランティア活動は無償の労働力ではなく、大会の顔であり、ラグビーワールドカップの特別な雰囲気を創り出す一員であること、一人ひとりが主役となって自律的に行動することが大事であることを徹底するトレーニングプログラムにしようと考え、設計に取り組んだ。

２０１８年4月23日、予定通り、大会ボランティア・スタッフの公募がスタートした。募集期間は、7月18日までの87日間。募集人数は１万人であったが、佐藤は不安を抱えていた。

「日本ではラグビー人気はまだまだ高くない。一体、何人が応募してくれるのだろうか」

公募スタートから2カ月近く経った6月19日、佐藤はワークフォースＦＡの同僚と、上智大学四谷キャンパスにいた。「ボランティア募集説明会」開催のためである。それに先立ち、組織委員会のサイトからダウンロードできる案内も作成した。

「会場定員８００名先着順、事前申し込み不要、会場へ直接お越しください。ラグビーワールドカップの魅力やボランティアの募集概要等について組織委員会の職員が説明致します！」

折しも、その日はロシアで開催されたＦＩＦＡワールドカップの日本初戦の夜であった。日本代表対コロンビア代表戦のＴＶ放送は午後9時開始、佐藤たちのボランティア募集説明会は午後7時から8時半を予定していた。そんなこともあって、会場への来場者数が懸念された。

「誰も来ないんじゃないか、２００人くらい集まればいいかな」。佐藤は同僚とそう話していた。ところが、佐藤の予想に大きく反して、２０００人が来場した。会場内は立ち見の人々であふれ、５００を超える人が中に入ることができない。

「組織委員会の人が説明しなければ事態は収まりません」と、大学関係者が佐藤を呼んだ。怒号が飛び交うなか、佐藤はメガホンを片手にひたすら謝罪をするしかなかった。このとき、佐藤は、ボランティアに対する人々の関心の高さ、そして熱量を見誤っていたことを痛感した。

２０１８年4月から7月のボランティア募集期間に３万８０００人の応募があった。応募者はランダムな抽選

図表13　ボランティアのトレーニングプログラム詳細と目的

	プログラム	目的
1	インタビュー・ロードショー	ラグビーワールドカップの世界観を理解する
2	オリエンテーション	TEAM NO-SIDEの目指す姿（基準）を共有する
3	Eラーニング	ラグビーワールドカップやTEAM NO-SIDEの文脈を理解する
4	リーダートレーニング	チームリーダーの役割を理解する
5	ロールトレーニング	活動内容の全体像（誰に何を）を理解する
6	ベニュートレーニング	活動内容の詳細（いつ、どこで、誰が、何を、どのように）を理解する

（出所）ラグビーワールドカップ2019組織委員会ボランティアプログラム資料

によって1万5000人のボランティア候補者に絞られた。

次のステップは、採用選考を兼ねたインタビュー・ロードショーである。トレーニングプログラムは、未だ全体像が見えていなかったが、「ボランティアさんには大会の顔として付加価値を生んでほしい、同時にボランティアさん自身にも一生に一度のこの機会を楽しんでもらいたい」。佐藤は、その思いをボランティアのトレーニングプログラムの設計に落とし込んだ。それは、明確な目的を持った6つのプログラムになった。

佐藤は、応募者にインタビューをし、2つのことに気づいた。一つは、予想外であったが、応募者の多くがボランティアの未経験者だった。「彼らは変な前提を持っておらず、こちらが伝えたい世界観、価値観とかを伝えていけばしっかり浸透するのではないか」。佐藤は、チャンスだと感じた。

もう一つの気づきは、ボランティアの経験者に話を聞いていたときのことであった。ボランティア経験者は、「こういうことが起きたらどうするんですか？」「Jリーグではこうであったが、今回はどう対応しますか」と、具体的な細かいケースの対応を佐藤に問いかけた。「出場国ごとに会話集とか作った方がいいんじゃないですか」などの要望も出た。「詳細なマニュアルを作成して対応することもできるが、一対一の個別対応になり、分厚いマニュアルができあがるだけになってしまう。各論に入りすぎずに、まずは総論から始めよう。総論の部分で共感をつのり、方向性をにぎることができれば、各論に入ったときにも逆の方向性に行くことはないだろう」

まずは、「各論」より「総論」を徹底すること。佐藤は、ボランティア経験者からの各論の個別ケースを想定した質問から、かえって総論の重要性に気づいたのであった。
①世界観を理解し、②目指す姿を共有し、③文脈を理解し、④役割を理解し、⑤活動内容の全体像を理解し、⑥活動の詳細を理解する。これが、佐藤が描いたボランティアのトレーニングプログラムの道筋であった。
大会開幕まで、いよいよ1年を切っていた。

コストダウン要員から、付加価値を生む存在へ

人材戦略局人事企画部副部長を務めた真鍋卓也《まなべたくや》も、佐藤と同じくラガーマンであり、佐藤と同じくラグビーワールドカップ２０１９組織委員会の人材募集サイトを見て転職を決意した。真鍋は、日本の大学を卒業後、イギリスの大学院に留学した経験がある。２００９年に留学先で、日本開催決定の知らせを聞いたときも、「ラグビーワールドカップが日本に来るなんて。自分が見るときは32歳くらいかな、遠い先だな」と思っただけで、佐藤のような強い思い入れはなかった。留学を終えた真鍋は、国際協力機構（ＪＩＣＡ）に就職した。４年間の本部勤務を終え、赴任した先はスリランカであった。

そんな真鍋が、ラグビーワールドカップ２０１９組織委員会の公募を知ることとなったのは、新婚旅行中のことだった。募集期間中ではあったものの、既に説明会は終わっており、応募締め切り間近のタイミングであった。

公募を知った真鍋は、チャレンジしたい気持ちが沸々と湧き起こり、妻が背中を押してくれたことから、旅行先からすぐに応募した。アメリカで新婚旅行中であった真鍋に組織委員会から連絡があり、急遽オンラインで面接を受けることになった。ラフな服装しか持ち合わせがなかった真鍋は、シャツだけ買いに走り、オレゴン州ポートランドの宿でオンライン面接を受けた。面接の際に、「応募した企画局のポジションは既に埋まってしまった。

人材戦略局の採用マネージャーは空いている」と言われたが、真鍋自身にとってまったく経験のない職種であった。

真鍋は、日本へ帰国するとすぐに担当者と会い、内定受諾の意思を伝えた。ＪＩＣＡのスリランカ事務所にいったん戻った真鍋は、3カ月ほどスリランカで引継業務を行うと、２０１７年10月末に帰国した。そして、佐藤より5カ月早く、11月7日から正式に組織委員会で働き始めた。

真鍋と佐藤の初対面は、２０１７年11月の最初の週末、外苑前のカフェである。当時、名古屋在住だった佐藤が上京するタイミングに合わせ、対面の場が設けられた。

佐藤の真鍋に対する第一印象はこうだ。

「えらくバシッとした、スマートな感じの人。こういう人がいるっていいんじゃないか」

対する真鍋は、「えらい圧が強い意気込んだ人。自分とはまったくタイプが違う。『燃えますね』と盛り上がっている佐藤さんを見て、正直少し引いていた。自分は、リアリスト、現実路線なので」と、佐藤との出会いを振り返る。

こうして出会ったタイプの異なる2人に、一生に一度に惹かれ、安定した公務員の地位を捨て転職してきた神野を加え、ボランティアプログラムの準備は進められることとなった。三名は当時31歳で同い年だった。

２０１８年夏、ボランティアスタッフ（「TEAM NO-SIDE」と名づけられた）のオンライン登録受付が終了した頃であった。予想を大きく超える3万８０００の応募がわかった頃のことである。その時点では、ラグビーワールドカップ２０１９組織委員会において、警備ＦＡがボランティアスタッフを統括するとされていた。

日本では、過去開催されたスポーツイベントにおける慣習から、警備員がボランティアをマネジメントするという考えがあった。「警備会社が担う仕事のなかで、安心・安全を担保したうえでボランティアにお願いできることは何か」という発想であった。チケットを見て座席を案内するとか、チケットもぎりとかは、ボランティアにもお願いできるだろう、だから、警備ＦＡの下にボランティアが紐づく、という考えであった。

一方で、「多くの観客と接することになるボランティアスタッフを統括する部署が、警備ＦＡのままで本当にいいのだろうか」という意識が組織委員会のなかでも生まれていた。

ラグビーワールドカップ２０１５イングランド大会のトゥイッケナムスタジアムのファンゾーンで、ボランティアスタッフの満面の笑顔が佐藤の脳裏に焼きついたように、ボランティアは、１９８７年の初開催以降、ラグビーワールドカップにとって伝統的に「大会の顔」であったからである。

ボランティアの重要な役割の一つは、トゥイッケナムのように、ラグビーワールドカップの特別な雰囲気を創り出し、観戦するすべての観客に充実したサービスを提供することであった。しかし、この重要な活動をどの部署が統括するのか、議論は大きく分かれた。

「警備員は事故がないように観客に厳しく接するのが業務だ。一方、ボランティアさんは楽しく特別な雰囲気をつくり観客にサービスを提供する。それは相反することだ。警備ＦＡがボランティアスタッフを統括するなど、絶対にありえない」

日本の慣習を背景とした考えに対して、歴代の大会を知る組織委員会の海外からの専門家は、大きく異を唱えた。

「日本の前例を踏襲した今の方法でいい」という日本人と、「ボランティアについての発想が根本的に違っている」という海外からの専門家の間に意見の相違が生まれた。

ここで、警備ＦＡのサービスの一部に紐づくことになっていたボランティアプログラムを、独立したサービスとして提供できるよう、スペクテーターサービスＦＡという新たな「観客サービスを専門で担当する部署」の立ち上げに動いたのが、真鍋であった。それは、人材戦略局で組織委員会内の人員計画の作成や職員の採用・進捗管理を担当していた真鍋が本来携わる業務ではなかった。

佐藤は真鍋のことを「火中の栗拾い人」と呼ぶ。火中の栗を拾う人とは、他人の利益のために危険を冒す人のことである。

「これをやるとよくなるよね、とわかっていても、普通は誰もやらない、やりたがらない。そんなときに、やってくれたのが真鍋さん。この栗を拾えばよくなるのに誰も拾わない、そこでその火中の栗を拾ってくれたのが真鍋さんです」と、佐藤は言う。

実は、ボランティアプログラムの最初のフェーズである、インタビュー・ロードショーやオリエンテーションに海外からのエグゼクティブたちのオブザーブをアレンジしたのは、真鍋であった。オブザーブの反応は上々だった。歴代の大会を知るグローバルなエキスパートたちからのポジティブなフィードバックは、「このまま突っ走っていい」と、未体験のボランティアプログラムを進める佐藤の背中を強く押した。

佐藤と違って、前回の２０１５イングランド大会の試合風景を映像でしか見ていない真鍋にとって、ボランティアによる観客誘導というのが何かは、正直実感がわかなかった。ただ、真鍋には確信めいたものがあった。

その背景には、上司のデボラ・ジョーンズとの信頼関係があった。デボラは、２０１１ニュージーランド大会で人材戦略局長を経験し、２０１９大会のために家族を連れて日本に渡ってきた人物だ。ジェンダーバランスの悪い組織委員会のなかで、数少ない女性管理職でもあった。彼女は大学卒業後にＪＥＴプログラム（外国青年招致事業）で北海道東藻琴村（現大空町）に派遣され、日本文化にも精通していた。

２０１１大会で局長職を経験していながら、「自分は実務的にナレッジを伝える役割。自分が前面に出るよりはサポートに回った方がよいだろう」と局長直下の次長職で力を発揮することにした。その彼女が、「大会を素晴らしいものにするためには、絶対にスペクテーターサービスは必要だから、必ずやり切ってほしい」と真鍋に強く依頼した。デボラがそこまで強く要望したことはこれまでになかったことだった。

「組織内の調整がうまくいけば、佐藤さんや神野さんをはじめとした実務力に長けた仲間がやり切ってくれる信頼もありました。人材戦略局長で総務省から出向していた清水隆教《しみずたかのり》さんからも『彼女がそこまで言うことだから正しいんだろう。全面的にサポートしよう』と言われていたことも後押ししました」と真鍋は語る。

だからこそ、真鍋は、４ＥＤ（Executive Directors）の一人、ミック・ライトにプレゼンを依頼した。

「ミックが話してくれないと、スペクテーターサービスＦＡの立ち上げは一歩も前に動かない」

ミック・ライトは自身の過去大会の実体験談も含めて組織委員会のキーパーソンたちに語りかけた。

「観客の動線はしっかりと確保しながらも、道案内など観客のサービスはフレンドリーにする。そのために、警備とは独立した部署が必要である」

真鍋らは、観客に提供する体験の基準レベルをつくるためのワークショップを何回も開催し、スペクテーターサービスＦＡを立ち上げる必要性を組織内で説得し続けた。しかし、思い通りに事は進まない。警備会社がボランティアを統括するという、今のままの体制で行けると、強く主張する日本人のキーパーソンを動かすことが依然できなかった。「残された時間も限られており、本当に胃が痛くなった」と真鍋は言う。

組織委員会内のキーパーソンの考えは変わらずにいた。一方、現場で警備に携わる関係者の考えは少しずつ変わり始めていた。会場に訪れる観客に対して、〝大会の顔〟としてラグビーワールドカップの特別な雰囲気を創り出し提供することは、ボランティアの重要な活動の一つであることを、警備側も理解していたからである。会場内の観客サービスまで警備が統括していると、警備側の業務フローの負担がかえって大変になるのではないかとも感じ始めていた。

「いい大会にしたい」。現場で警備に携わる人々の思いもまた同じであった。警備ＦＡの主要メンバーからも、観客サービスを専門に行う部門を設置した方がいいのではないかという意見が出始めた。

こうして、２０１９年４月、ボランティアが中心となってすべての観客に「一生に一度」の特別な雰囲気を創り出す、新たな部署としてスペクテーターサービスＦＡが立ち上がり、動き始めた。大会の開催まで残りわずか５カ月と迫っていた。

真鍋らが中心となって立ち上げたスペクテーターサービスＦＡの設置は大きな転換点となり、ラグビーワールドカップ２０１９日本大会のボランティアが、大会の顔として、一人ひとりが自分にとって、また相手にとっての「一生に一度」を創出していくことを促進する契機となった。

「一生に一度」の観客体験を創出する——スタジアムの中と外をつなぐ

先述した、トゥイッケナムスタジアムへと続く沿道の華やかな装飾、生バンドの演奏、１００メートルにわたるビールの売店など、佐藤が感動を覚えた体験は、ラグビーワールドカップ２０１５イングランド大会の組織委員会が意図的に創出した観客体験（Spactator Experience）であった。

4年に一度ではない、「一生に一度」の熱狂と興奮の体験を、日本全国12の試合会場を訪れる観客に提供する。ラグビーワールドカップ２０１９組織委員会は、観客体験を創出する部署を設けていた。それが、「観客体験ＦＡ」である。

観客体験ＦＡは、ボランティアを統括するスペクテーターサービスＦＡが立ち上がる1年前の２０１８年4月に設立された。観客体験とは、海外のスポーツイベントではよく知られた概念であるが、ラグビーワールドカップ２０１９日本大会開幕以前の日本では、未だ馴染みの浅い概念であった。

ラグビーワールドカップ２０１９大会で、「一生に一度」の観客体験の創出に挑むことになったのは、組織委員会の観客体験ＦＡを所管する開催都市業務局開催都市部で副部長を務めた吉岡光晶《よしおかみつあき》である。札幌、釜石、熊谷、東京、横浜、静岡、豊田、東大阪、神戸、福岡、大分、熊本、12のすべての試合会場で、「一生に一度」の観客体験を創出するチャレンジは、各開催都市の自治体と組織委員会の関係性を築くことから始まった。

吉岡は、組織委員会に入職する以前は、イベント会社に勤めていた。そこで、特にラグビーと深く関係のある仕事に携わったわけではなかった。１９８０年代から続く「まつりインハワイ〜Pan-Pacific Festival」という、日本各地のお祭りをハワイで紹介するというイベントなどを企画し、現地で運営に携わっていた。

「まつりインハワイ」は、日系人が数多くいることから、毎年、何千人もの人が参加する人気のイベントであった。準備のプロセスは、まず日本全国各地にある自治体と調整し、その地のお祭りをハワイで紹介する段取りをする。そのうえで、ハワイ現地と連携しながら、当日のイベント実施に向けて調整し、運営する。

やりがいを感じていた吉岡ではあったが、毎年の恒例行事となった「まつりインハワイ」はルーティン化した仕事となっていた。「何か、新しいチャレンジをしてみたい」という思いを抱き始めた頃、吉岡は妻から思いがけないニュースを聞いた。

ラグビーの大ファンである妻が、吉岡にこう知らせたのである。

「ラグビーワールドカップ２０１９組織委員会の求人が出ているよ」

「えっ」と心が動いた吉岡に妻が言った。

「絶対に受けた方がいいよ！」

妻がそのような話を吉岡にすることは初めてであった。何よりもラグビーワールドカップというスケールの大きい世界規模のチャレンジに魅力を感じた吉岡は決断した。イベント会社を辞め、２０１７年６月、吉岡はラグビーワールドカップ２０１９組織委員会の一員となった。吉岡は、「どんな新しいチャレンジが待っているのか」と希望に胸を膨らませていた。

吉岡が組織委員会に転職したこの頃、ラグビーワールドカップ・リミテッド（ＲＷＣＬ）と組織委員会の第４回「ワールドラグビートーナメントレビュー」が開催され、過去にラグビーワールドカップなど世界規模のスポーツイベントの準備に携わった経験を持つ専門家の採用が必要だとして、ファンクショナル・エリア（ＦＡ）別に協議が行われた[106]。

公認チームキャンプ候補地調達につき、ＲＷＣＬからサービスレベルが基準を満たしていないとコメントを受けたのも、このワールドラグビートーナメントレビューの場であった。さらに、「光ファイバー」「放送用バックアップ電源」「スタジアム照明」「チーム用バス」等、組織委員会は、多額の費用がかかる資材などの要件、そしてＲＷＣＬとの費用分担について協議していた。[107] ＲＷＣＬと組織委員会の協議は紛糾していた。

このタイミングで組織委員会の職員となった吉岡の仕事は、彼の期待から大きく外れた。「やりがいのある新しいチャレンジ」を期待して転職した吉岡だったが、実際は「暇」を持て余したのである。

組織委員会で開催都市部に配属され、主に開催都市の自治体が中心となって企画するファンゾーン（試合会場の外に設置されるパブリックビューイングを行うイベント会場、主要駅の近くや公園などに設置された）の計画を精査する役割を担うことになった。しかし、吉岡が参画した当時の組織委員会には、イベントの企画や運営の専門家が少なかったこともあり、自ら動いて働きかけるというよりは、基本的には「自治体から提案を待つ」受け身の姿勢であった。

大会開催まで2年と時は迫っていたが、組織委員会内にはまだまだ時間があると捉える者も多かった。組織委員会からファンゾーンの計画について一定のガイドラインを自治体へ提示するものの、それ以降は積極的に開催都市の計画に介入することはなく、組織委員会側は「待ちの状態」が長く続いたのであった。

停滞した状況ではあったものの、吉岡は、各開催都市のファンゾーン関連の計画を詳しく読み解き、関連する組織委員会内の部署とのコミュニケーションを図ることにした。

例えば、多くの観客が集まるファンゾーンには、そこにアクセスする観客の交通輸送計画が密接に関連する。交通輸送計画は、吉岡が所属する開催都市部ではなく、「交通輸送部」が司っていた。したがって、トゥイッケナムスタジアムのファンゾーンのような、顧客にとって「一生に一度」の体験をスムーズに提供するには、関連部署である開催都市部と交通輸送部が何度も綿密にコミュニケーションをとる必要があることに気がついた。

ところが、吉岡が開催都市部に配属された当時、開催都市部のみならず、他部門も関連部門を横断して積極的にコミュニケーションをとることが「よし」とはされていない雰囲気があった。

本来、ファンゾーン計画で開催都市部と連動する交通輸送部であれば、その試合会場の開場時間、試合のキックオフ、それにともなう警備の計画など、警備部、大会運営部、交通輸送部など様々な他部門と連動し、部門を横断して準備を進めねばならない。

しかし、組織委員会内の各部署は他部門と横断してコミュニケーションをとるよりも基本的には縦割りで大会準備を進めていた。当時、各部の計画の詳細はまだまだ定まっておらず、ある意味、余計な情報提供や要望をすると、玉突きで変更やリスクが顕在化して、しかも詳細が固まり切っていないので意思決定もできない、といったような状態だったのである。

例えば、試合当日のゲートオープンの時間について、それぞれの関連部署が互いに主張し合っていた。交通輸送部が「ゲートオープンの時間が決まらないと、その時間に間に合わせるための臨時バス等の計画を立てられない」、警備部が「ゲートオープンの時間が決まっていないのに、何時から警備員を配置したらいいのかなんて決められない」と主張すれば、大会運営部は「当日の観客数の見込み、チームのスケジュール、ゲストの到着時間、いろいろな要素が決まらないとゲートオープンの時間なんて決められない」と強弁するなど、三者三様で議論が進まない状況だった。

部門ごとにサイロ化し、内向き思考になっていた組織のなかで、他部署の計画をヒアリングしにいく、コミュニケーションをとるという行為には、繊細なニュアンス、バランス感覚が求められた。吉岡は、前職の経験と持ち前のコミュニケーション能力を生かし、各部署との信頼関係を構築していく。吉岡が心がけたのは、他部門と話をする際、とにかく相手の話を最後まで聞くことである。途中で話をさえぎることはなかった。

ちょうどこの頃、先述した、企画局の内田や藤居が中心となって築いた、新たな意思決定メカニズム、４人の幹部で経営判断を下す「４ＥＤ会議」が機能し始めていた。

吉岡にも転機が訪れた。開催都市部は、12の開催都市の自治体と向き合い、開催都市の計画をフォローしていく部署である。組織委員会と開催都市の役割分担ははっきりしており、スタジアムの中は組織委員会、スタジアムの外は開催都市と、責任の所在は明確だった。

とはいうものの、互いの計画は十分に共有されていなかった。双方が互いの計画を知らないまま大会本番を迎えるわけにはいかない。役割分担が明確でも、観客にとっては地続きの話である。双方の計画の前提条件がずれていたり、内容が矛盾したり、スタジアムの外から内、あるいは内から外と連続で考えると辻褄が合っていないことも十分あり得る。

しかし当時、開催都市の計画と、組織委員会の関連部署の計画の「調整役」を果たす人材がいなかった。そこで、吉岡に白羽の矢が立った。スタジアムの〝外〟のファンゾーンの計画に加えて、スタジアムの〝中と外〟の計画の調整を吉岡が担うことになったのだ。

既に、組織委員会内の開催都市部以外ともコミュニケーションをとることが多かった吉岡であれば適任ではないか、というわけである。「まつりインハワイ」に向けて日本各地の自治体との調整を担った経験も生かされた。

吉岡は言う。「もう一段大きな〝スタジアムの中と外をつなげる傘〟を見るようになりました」

ここから、吉岡の苦闘の日々が始まる。吉岡の前に、組織委員会内の縦割り組織の風潮が立ちはだかった。

例えば、観客輸送であれば、東京会場のように試合会場近くに駅がある場合は、計画が整理しやすい。一方、大分のように会場までのアクセスに公共交通機関があまり整っていない場所については、通常時とは異なり臨時のシャトルバスによる観客輸送が必要となる。試合会場と最寄り駅間の臨時シャトルバスの輸送計画は、開催都市が主体となって立て、その計画を組織委員会の交通輸送部が受ける。しかし、提出された観客輸送の計画は、組織委員会内に広く共有されずに、交通輸送部が手元に持ったまま開催都市と打ち合わせして終わっていたのだ。

そこで吉岡は考え、動いた。組織委員会内の交通輸送部に提出される計画は、即座に開催都市部にも共有してもらい、それを組織委員会内に広く共有することにした。そのうえで、組織委員会の計画と合致しているのかを関連部署にも見てもらい、問題がないかをチェックすることを促した。開催都市側の観客輸送だけでなく、大いに関連する警備計画なども組織委員会内でしっかりと共有し、確認し合うことを徹底したのである。

必ず、フルスタジアム（満席）にする！

ラグビーワールドカップ２０１９組織委員会は、日本ラグビーフットボール協会（ＪＲＦＵ）がＲＷＣＬと交わした開催協会合意書（ＨＵＡ）にもとづいて、ラグビーワールドカップ２０１９日本大会の準備と運営を担う組織である。

先述した通り、大会の運営と準備を担う組織委員会が、ＨＵＡによって許された収益源は「大会チケット販売からの売上」であった。それ以外の放映権やオフィシャルグッズの販売、そしてスポンサー料は、ワールドラグビーの事業会社であるＲＷＣＬの収益となり組織委員会の収益には一切ならない。さらに、ラグビーワールドカップ２０１９組織委員会は、ＨＵＡにもとづいて大会保証料の９６００万ポンド（約１３０億円[108]）を、ＪＲＦＵを経てＲＷＣＬに支払わねばならないのだ。その高額な大会保証料の主要な源泉は、チケット販売からの売上である。

一方で、これまでのラグビーワールドカップや日本国内大会の実績をベースに組織委員会が２０１５年に公表した大会予算によると、チケット販売からの売上は２３０億円[109]という試算であった。しかし、この数字が正しいかどうか、試算通りの売上を得ることができるかどうかは、実際に大会が始まってみるまでわからなかった。

大会が開幕しチケットが売れてから初めて、組織委員会はキャッシュ（現金）を得ることができる。日本スポーツ振興センター助成金、協賛くじ収益金、開催都市分担金といった公的資金はあるものの、どれだけ売れるかわからないチケットの売上予測を頼りに、大会準備のため、銀行からの借り入れ等、資金を調達せねばならなかった。

「この予算で本当に大丈夫なのか」。大会準備期間中は、内田をはじめ組織委員会の職員の誰もが確信を持てず、ひたすら暗中模索の状況だった。万が一にも大会保証料を支払えなくなった場合は、ＪＲＦＵが債務を負うことになり、日本ラグビー界は終わってしまう、といった噂さえあった。

チケットを売らなければならない。これが、ラグビーワールドカップ２０１９組織委員会の至上命題となった。日本全国12試合会場で開催される試合数は、予選から決勝まで含めて、全48試合であった。それら48試合の総観客席数は約１８０万席である。これら１８０万席分のチケットをどのような価格帯で販売するか。仮に、１席１万円ですべてのチケットを販売できた場合、１８０万席×１万円＝１８０億円で、試算した２３０億円には届かない。１枚平均で１万２８００円を超える価格でチケットを売らねばならない。他スポーツイベントのチケット価格と比較しても決して安くはない。

例えば、２０２３年１月に新国立競技場で行われた「第59回全国大学ラグビーフットボール選手権大会」のチケットは、ＳＳ指定席の前売り券が５０００円、当日券が６０００円で販売された。[110] また、２０２２年10月に明治神宮野球場で行われたプロ野球ＳＭＢＣ日本シリーズのＳＳ指定席は１万５０００円で販売されていた。[111]

２０１７年春、大会開幕まで2年半と迫ったラグビーワールドカップは、メディア等でほとんど話題になっていなかった。ラグビーワールドカップ２０１９組織委員会が、２０１５年9月から開始した第三者調査機関による大会認知度調査によると、２０１５大会で南アフリカ代表に逆転勝ちしたブライトンの奇跡によってラグビー人気が高まり、日本国内の大会認知度は63・3％に上がった。しかし、２０１７年3月には51・0％であった（図表14）。２０１５大会で活躍した五郎丸選手は知られていたが、日本でラグビーワールドカップが開催されることを多くの国民は知らなかった。大会の開催が2年半と迫るなか、日本国内の2人に１人は自国で世界三大スポーツイベントと称されるラグビーワールドカップが開催されることを知らずにいた。

それでも、組織委員会はチケットを売り上げ、確実に利益を得ねばならない。日本大会終了後に大会保証料をワールドラグビーに支払うことができなければ、ワールドラグビーは4年後となる次の大会開催へ向けた活動原資を得ることができない。何より、日本で初開催となるラグビーワールドカップが、利益を上げて商業的にも成功しなければ、日本、そしてアジアで二度とラグビーワールドカップが開催されない可能性さえあった。大会収

図表14　ラグビーワールドカップ2019日本大会の開催認知度の推移

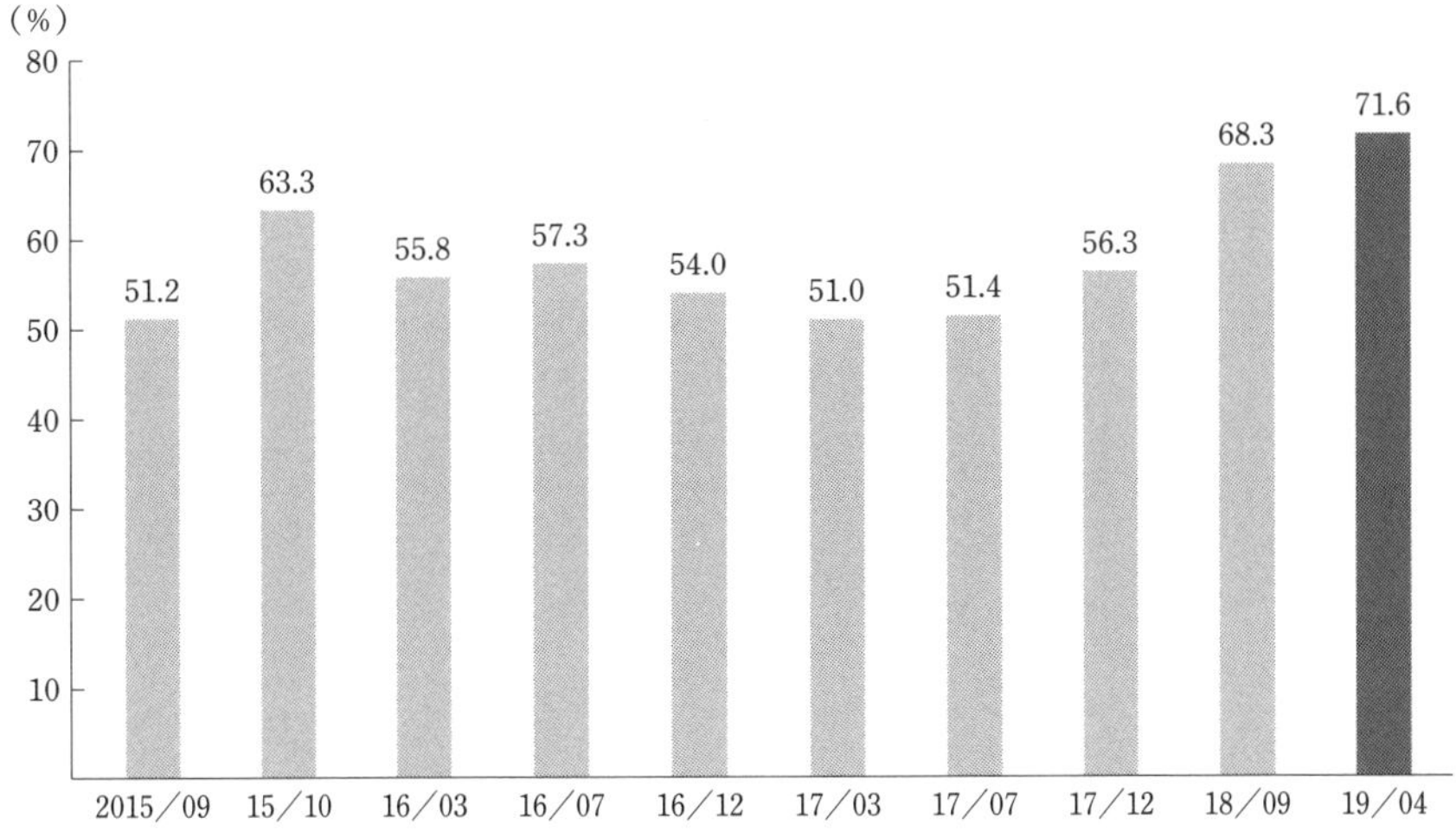

（出所）World Rugbyウェブサイト、2019年5月9日付ニュース、「ラグビーワールドカップ2019™日本大会　認知度調査を実施 大会認知度の全国平均は過去最高の71.6%」https://www.rugbyworldcup.com/news/420422をもとに筆者が作成

支の赤字は決して許されるものではなかった。

全12会場、48試合、総数約１８０万席のチケットを販売するだけではなく、チケットを購入した一人ひとりの顧客が、気持ちよく座席につけるようにしなくてはならない。顧客は、4年に一度の祭典であるラグビーワールドカップの観戦を「一生に一度」の人生イベントと考え、決して安くはないチケットを購入する。だから、「チケットを買ったけれども席がない」ということは決してあってはならないことだった。

顧客は、インターネットから公式チケットサイトにアクセスし、チケットIDを登録する。観戦したい試合のチケットを選び、クレジットカードで紙チケットか電子チケットを購入する。試合当日、スタジアムを訪れ、チケットゲートを通過して、チケットに表示された座席に着席する。

チケットを購入するために、世界中のラグビーファンが公式チケットサイトへ一斉にアクセスするだろう。座席のダブルブッキングや視野制限のある席の誤った販売、偽造チケットの流通といった様々なトラブルが起きないように万全の準備を進める必要があった。

また、赤字を出すことが許されないため、組織委員会の主要な収益源となるチケット売上の予算必達を求められた。そして、チケットを購入した顧客一人ひとりに、安心・安全な観戦機会、チケットサービスを提供する、という文字通りの「超難問」に挑んだ2人がいた。チケッティングＦＡを所管するチケッティング・マーケティング局チケッティング部で、主任を務めた田中啓太《たなかけいた》と、副部長を務めた大内悠資《おおうちゆうすけ》である。

大会開幕まであと2年、まだ組織委員会の誰もがラグビーワールドカップ２０１９日本大会の成功に自信が持てないでいるなか、田中と大内の2人は「必ずフルスタジアム（満席）にする！」と意思を強くしていた。

ラグビーワールドカップ２０１９組織委員会に勤めていた職員のなかで、チケッティングＦＡの田中を知らない人はいなかった。相手が経営層だろうと誰だろうと気にしない、歯に衣着せぬ物言いと、飄々とした態度、ラグビーへの愛情、そしてチケットマンとしてのプロ意識から、田中は組織委員会の一部の職員から「世界のＴＫ」と呼ばれていた。田中は、音楽・スポーツ・演劇・映画・各種イベント等のチケット販売事業を主に営む、ぴあ株式会社からの出向者であった。

２０１７年9月、ぴあは、ラグビーワールドカップ２０１９日本大会の「チケッティングサプライヤー」として、組織委員会より国内外のチケッティング業務を受託した。[112] 田中は２０１７年3月から常駐を開始し、同年11月に出向者として組織委員会の職員となった。

福岡県の強豪校の一つである修猷館《しゅうゆうかん》高等学校でラグビーに励んだ過去を持つ田中は、いつかラグビーに恩返しをしたいと思っていた。東京の大学に進学した田中は、就職はやはり九州に戻りたいと考え、チケットぴあ九州株式会社に就職した。そこで、スポーツチームやライブのチケッティングを経験し、チケットマンとしてのキャリアを積んだ。

ぴあはラグビーワールドカップ２０１９大会の「チケッティングサプライヤー」業務を受託するべく、２０１６年12月、コンペに参加した。業務を受託したぴあは、当時、ぴあ九州にいた田中に白羽の矢を立てた。

「ラグビーワールドカップは、会社にとって初めての仕事。そんな初めての仕事でも、田中なら、体力があって、激動のなかでも周囲の人間との接点をどうにか築いていけると、会社が考えたのではないかと思っています」

田中は自らが選ばれた理由について語る。

組織委員会への常駐が始まってからすぐ、田中は、3月から5月にかけて、12の試合会場をすべて視察し、チケット売上のシミュレーションを行った。

それまでは、各試合会場の公称の席数をもとにチケット収入が算出されていた。しかし、実際にどこからどこまでの座席が使えるのか、どこからどこまでの座席がA席で、どこからどこまでがA席より安値のB席なのか、その内訳は存在しなかった。公称で観客席とカウントされていても、試合当日にテレビ放映用のカメラがその位置に入った場合は、その座席では観戦できなくなる。それぞれの試合会場で、A席が何席で、B席が何席あるかを具体的に算出しなければ、実態に沿ったチケット売上を算出することはできない。

田中は、自らの足で12の試合会場を訪れ、すべての座席情報を集めた。ぴあが蓄積してきた座席情報データも活用し、どの席が使えて、どの席が使えないのか大枠で捉え、そこにチケット価格を掛け合わせ、48試合のチケット売上予測を算出したのであった。

チケッティングとはどのような仕事なのか。プロのチケットマンの田中は言う。

「実は、チケッティングには、ユニバーサル・ランゲージ（世界共通言語）がある。どの国に行っても、基本はエクセルの小さいマス目を列番と席番で並べる。スタジアムであればグルッと円形で表し、色分けする。例えば黒色であればキルシートと言って、使えない座席を表します。ブロードキャスト（放送）用の席は何色でカメラが入るというのは、全世界、サッカーのプレミアリーグであろうが、何だろうが一緒です。今回のラグビーワールドカップも一緒です。なので、同じエクセルを見れば、海外のチケットマンとも話が簡単にできるほどなのです」

田中は、国際大会ではどのような仮設物がどのあたりに建つのか、ビールが飛ぶように売れるラグビーの試合状況を鑑みてどのあたりにビールの売店が設置されるか、観客の待機列はどう並ぶか、といったラグビーワールドカップならではのフィルターをいくつもかけて、全48試合のチケット売上予測をより現実的なものにしていったのであった。

「チケッティングには、ユニバーサル・ランゲージ（世界共通言語）がある」と田中は言ったが、当時、その共通言語がわかる人間は組織委員会内で田中だけであった。田中は、組織委員会に常駐してからの2カ月間、この気の遠くなるような48試合１８０万席の座席のマネジメントを出向元のぴあのメンバーの手を借りながら、すべて一人で行ったのであった。

田中が12開催都市の各試合会場の視察を終えてから3カ月が過ぎた頃、２０１７年8月、大内がラグビーワールドカップ２０１９組織委員会のメンバーとなった。２０１７年5月のプール組分け抽選会を経て、公認チームキャンプ候補地の不足という問題で紛糾している最中のことであった。

茨城県出身で、地元・鹿島アントラーズで活躍したジーコに憧れたサッカー少年の大内は、「スポーツの仕事がしたい」という一心で、スポーツ事業を傘下に持つ楽天グループ株式会社に新卒入社した。プログラミングやシステム開発の仕事を3年経験した後、プロ野球球団の東北楽天ゴールデンイーグルスに出向することになった。その3年後、プロサッカークラブのヴィッセル神戸にも出向した。大内は、プロ野球とプロサッカーのチームで、チケット販売、ファンクラブ運営といった仕事に携わった。

「どうやったらチケットの売上が上がるのか、どうやったらファンの方が増えるのか、といったマーケティングの仕事を担当していた。スポーツチームは様々なサービス、事業領域があるなか、専門性を持ちながら、できる仕事の幅は広げていかなければならないと思っていました」

そう、大内は当時を振り返る。そんななか、「ラグビーワールドカップ２０１９組織委員会でチケットの仕事ができる人を探している、人事の人に会ってみないか」という話が、大内のもとに入ってきた。楽天イーグルス出向時代にお世話になった先輩からであった。

「ラグビーワールドカップが日本で開催されたときに、スタジアムは満員になっていて、チケット売上目標も達成している。それが実現できれば、また次の日本開催の可能性もある。そういった未来を実現できたらいいなという思いがありました。ラグビーワールドカップの日本開催は、その魅力を伝えるところから始めていくので、よりチャレンジングな仕事だと思っていました」

ラグビーワールドカップの魅力を伝え、１８０万枚のチケットを売り切り、黒字を達成する。そして、再び日本でラグビーワールドカップが開催される可能性を未来に残す。大内は、自らの新しい挑戦としてラグビーワールドカップ２０１９組織委員会に飛び込むことを決意したのであった。

当時の組織委員会は、大会開幕の２年前である２０１７年９月20日にマッチスケジュール（試合日程）とチケット販売概要を発表するというマイルストーンを設定し、計画を進めていた。しかし、公認チームキャンプ候補地が不足するという事態もあって準備が間に合わず、結局見送りになった。当時の組織委員会は業務量に対して、人数がまったく足りていなかった。そして、もちろんチケットの専門家も不足していた。

マッチスケジュールとチケット販売概要の発表は２０１７年11月２日に先送りとなったが、組織委員会は、２０１７年９月20日、大会開催２年前に際して、同日18時に公式チケットサイトを公開し、チケットＩＤ登録の受付を先行してスタートさせた。

２０１７年11月２日のチケット販売概要の発表には、チケット価格や各会場の座席割などの発表が含まれていた。その発表に向けて、１００通り以上のモデルを組んで、価格設定・収益のシミュレーションを繰り返し行った。価格が決まり、売れる席も概ねシミュレーションでき、あとは、実際の販売をスタートするための準備段階まで進んでいった。

田中と大内の思いは同じであった。「必ずチケットを完売し、フルスタジアムにする！」

その後、２０１７年11月２日のマッチスケジュールとチケット販売概要の発表を経て、翌18年１月19日、組織委員会は、公式チケットサイトから、国内ラグビーファミリーを対象に大会チケットおよびセット券（チームパックおよびスタジアムパック）の抽選受付を開始した。

同時期に組織委員会では、「一生に一度」に懸け、様々な壁にぶつかりながらも、着実にラグビーワールドカップ２０１９日本大会を支えた者たちが他にも奮闘していた。

ラグビーの高校日本代表でキャプテンを務め、早稲田大学で五郎丸歩とともにラグビーをプレーした寺廻《てらまわり》健太《けんた》は、ジャパンラグビートップリーグからも声をかけられたが、怪我のためラグビーの第一線から退き、日本マイクロソフト株式会社に就職した。10年間営業職として経験を積んだ後、やはり、スポーツビジネスに携わりたいと、２０１８年4月に組織委員会に転職した。

ＪＲＦＵ連携・レガシー局に所属し、大会のレガシー（遺産）を見据えて、ラグビーの普及に取り組み、また開催都市の自治体などとの連携をサポートした。寺廻は、日本全国のラグビースクールと連携し、子ども向けのラグビー体験教室を開催した。また、ＪＲＦＵやアジアラグビーと共同で、アジアラグビー所属の26の国と地域から74名の子どもを大会開会式と開幕戦に招待することに奔走した。

ラグビーワールドカップ２０１９組織委員会の広報コミュニケーション部長を務めた楠本淳《くすもとじゅん》は、２００１年に大学卒業後、ＰＲ会社の株式会社サニーサイドアップに入社し10年間勤務した後、プロ野球の横浜ＤｅＮＡベイスターズの広報部長として5年間働いた。いったん独立した楠本であったが、もともと、ラガーマンでもあり、ラグビーワールドカップに関われることは興味深いと、２０１７年7月に組織委員会に参画した。

長く広報の仕事に携わってきた楠本には、一つのポリシーがあった。それは「チームや選手を好きになりすぎない」ということである。「何も知らない、何も興味がなかった人をいかに振り向かせるのか、興味を持たせるのか、そういった視点を持ち続けることは広報として欠かすことができない」と楠本は言う。

後述するが、大会期間中に巨大台風が日本列島を縦断し、試合を中止するか開催するかの会議の記録映像をカメラに収めることができたのは、楠本の確たる信念と執念によるものであった。

9

ついに、大会開幕！

日本全国12カ所　44日間開催
海外からの観戦客　約40万人
観客総動員数　約２４７万人

そこには、人種の壁は、ない。国の壁も、ない。世代の壁も、ない。争いの壁も、ない。

そこには、絆と敬意が、ある。

TEAM NO-SIDE RUGBY WORLD CUP 2019™ VOLUNTEERS

じぶんの街の祭典だ。じぶんたちが支える。

世界中の人に笑顔をあげる。世界中の人に笑顔をもらう。

新しいコトバと出会う。新しいトモダチと出会う。

この時間は、一生、忘れない。この興奮は、一生、忘れない。

これは、大会開始まで1年半と迫るなか、ラグビーワールドカップ２０１９組織委員会のウェブサイトに掲載されたボランティア募集動画[113]のテキストメッセージである。この1分30秒のボランティア募集動画は、過去大会のハイライト・シーンを背景に、ゆっくりと前記のテキストメッセージが流れる。そして動画の残り時間35秒になると、静かであるが力強いボイスメッセージが流れる。

「大きな人も、小さな人も、強い人も、優しい人も、人種と国籍を超えて、世代も性別も超えて、一つになり、一緒に大会を創ってくれる仲間を募集しています[114]」

そして、再びテキストメッセージが流れる。

一万人で創ろう。
一生に一度を創ろう。

この体験は、一生に一度だ

■「TEAM NO-SIDE Principles（行動規範）」

ラグビーワールドカップ２０１５イングランド大会のボランティア総数は６０００人であり、そのなかのほとんどは、地域のラグビーチームの推薦によって集められた者たちであり、公募によって集まったのは、約１０００人にすぎなかった。

一方、ラグビーワールドカップ２０１９日本大会のボランティア募集は、すべて公募で行った。ボランティアの応募資格は、以下の５つ。

①２０１９年３月31日時点で満18歳に達していること
②日本語の読み書き、日常会話が可能なこと
③１日あたり最長８時間の活動に参加できること（未成年者は保護者同意書の提出が必要）
④インタビュー（面接）および研修に参加できること
⑤ラグビーワールドカップ２０１９公式ボランティアプログラムの趣旨に賛同すること

以上だ。

これまでのボランティア経験、ラグビー経験、語学力の有無などは一切問われていない。「TEAM NO-SIDE（チーム・ノーサイド）」と名づけられたボランティアのオンラインによる公募は、２０１８年４月23日から７月18日まで行われた。

本章冒頭のボランティア募集動画のメッセージの世界観に惹かれた人々、この世界的なイベントに参加したい人々など、多くの人が応募した。３万８０００人を超える人々から、抽選を経て、１万５０００人のボランティア候補者に絞られた。

２０１８年８月から12月にかけて、その１万５０００人のボランティア候補者と顔を合わせ採用選考する「インタビュー・ロードショー」が実施されたことは先に述べた。各論ではなく、総論を重視した佐藤洋平は、インタビュー・ロードショー全体のコンセプトづくりと、体感型のワークショップを主に担当した。

インタビュー・ロードショーは、12の開催都市でそれぞれ３～４日の日程が設けられた。１日５～６回行い、１回の参加者は１００人程度である。ボランティア候補者は、受付後、説明会や自己紹介などのオリエンテーシ

写真３　インタビュー・ロードショー受付の様子

（佐藤洋平撮影）

ヨンに参加した後、グループワークを行った。その後は記念撮影やユニフォーム試着などのスペシャルコンテンツを体験し、最後に質疑応答という順にブースをめぐる形で行われた。会場には、人工芝を敷いてラグビーフィールドを模した装飾を行い、ボール回しを行うことができるようにするなど、参加者の気持ちを高める仕掛けもあった。

会場の一つ、横浜文化体育館では、２０１８年11月30日から12月２日にかけて大会ボランティア候補者約１７００人を対象に、インタビュー（面接）の実施と自己紹介やグループワークが行われた。結果を踏まえ、翌月に約１５００人の大会ボランティアスタッフが正式に採用されることとなった。[115]

佐藤は、インタビュー・ロードショーの目的について、次のように語る。

「ラグビーワールドカップの観戦には、海外からは数十万人規模の観客が来場することが見込まれていました。ところが、日本国内ではラグビーワールドカップの世界観や規模感は、まったくと言っていいほど認知されていませんでした。なので、インタビュー・ロードショーの目的は、単なるボランティアスタッフ選考の場ではありませんでした。本当の目的は、ラグビーワールドカップの世界観や大会のスケール感をボランティアの皆さんと共有することでした」

加えて、ボランティアの役割と選考要件について、佐藤はこう続ける。

「ボランティアの７割程度は、スタジアムの内外で観客と直接コミュニケーションをとることになります。彼らこそ、真の大会の顔であり、付加価値を出せる接点だということです。また、残りの3割も機械やコンピュータ相手ではなく各国から集まるジャーナリストやメディア、VIPを相手にします。要するに、観客やメディア、VIPなど〝人〟と接するところに大会ボランティアが配置されるということです。そのため、ボランティア候補者の選考要件は、『明るく、前向き、元気で、気持ちのいいコミュニケーションがとれる』こととしました。受付やグループワーク、質疑応答などでの候補者の言動に注目し、ボランティア活動の役割を決定する材料の一つとしました」

日本全国を行脚し、インタビュー・ロードショーが着々と進むなか、佐藤はボランティア候補者から、圧倒されるほどの熱量と高いモチベーションを感じ取っていた。同時に、佐藤は、元気で前向きなボランティアグループを「チームとして、どのような方向に動機づけ」するのか、総論の言語化に深く悩み始めていた。

そんな佐藤にヒントをくれたのは、前回のラグビーワールドカップ2015イングランド大会で作成されていた「THE PLAY BOOK -A GUIDE FOR THE PACK」[116]という小冊子だ。

ラグビーワールドカップ2015のボランティアグループは、「THE PACK」と名づけられていた。PACKを直訳すれば〝群れ〟もしくは〝塊《かたまり》〟となるが、そこには「ラグビーファミリーの結束を示そう」という意図が込められていた。THE PACKは、イングランドの各地域のラグビーチームから推薦を募り集まった約6000人のボランティアスタッフで組織された。

小冊子には、THE PACKのボランティア・スタッフ一人ひとりが実践すべき行動指針として、「PEP(Personal/Engagement/Proactive:一人ひとりが、積極的にそして主体的にボランティア活動へ従事すること)」と表されていた。この行動指針にもとづいて、一人ひとりのボランティアがどのように振る舞うかを事前のワークショップで共有していたのである。

佐藤は、2019日本大会のボランティアグループ「TEAM NO-SIDE」にも、「THE PLAY BOOK -A GUIDE FOR THE PACK」のような行動指針を表した小冊子の作成が必要であると考えるようになった。4カ月にわたったインタビュー・ロードショーが終了するとすぐに、佐藤は「TEAM NO-SIDE」が、チームとして目指す「ボランティアの在り方」を示す、一人ひとりが主役となって自律的に行動できるような行動指針の作成に取り掛かったのだ。佐藤は、2018年末から年明けに集中して、原稿を練り上げた。

前回大会を参考にしつつ、オリエンタルランドやスターバックスからのヒアリング結果からも味付けした。同じ人材戦略局の同僚である真鍋や神野、上司のデボラと日常的に対話し、蓄積してきたエッセンスを注ぎ込んだ。

神野やデボラは佐藤と同じように、ラグビーワールドカップ大会を実際に体感している。「ワールドカップって『実は凄いイベント』だとピンときている人は少ない。何といってもボランティアは、大会の顔。笑顔が大事。ボランティアは、受動的に参加するもの、楽しくないもの、という概念を変えたい」という思いを共有した佐藤は、対話を重ねるなかで、2019大会のボランティアが「大会の顔として付加価値を生む」という存在意義、同時にボランティア自身に「参加して楽しかった」と思ってもらいたいという実現したい展望を明確にしていった。実現したい展望に向けて、彼らにどのようなマインドでどのような行動をとってもらうのか、指針となるエッセンスを行動規範として顕在化し、言語化したのである。

佐藤は言う。

「あえて、〝おもてなし〟という言葉は使わないことにしました。日本全国、北海道から九州まで12の開催都市があるので、東京だけではなくて地方都市のおじいちゃん、おばあちゃんでも何となくイメージできる、『Smile』『Do』、そして『Enjoy』といった行動でイメージできる言葉にこだわりました。それらを一人ひとりのボランティアが体現することで、その集積が結果的に〝おもてなし〟になるのではないかと考えました」

大会が開幕すると1万3000人からなる「TEAM NO-SIDE」のボランティア活動は、「日本流のおもてなし」と世界各国から評されたが、実際は、行動規範に「日本流」も「おもてなし」という言葉も使われていなかった。

ボランティアスタッフ一人ひとりの自律的行動を促す行動規範として言語化を追求した佐藤は、リンクアンドモチベーションの上司である水田道男《みずたみちお》や先輩コンサルタントの谷原拓也《たにはらたくや》、光成洋二《みつなりようじ》にも助けを求めた。ラグビー

図表 15　TEAM NO-SIDE Principles（行動規範）

TEAM NO-SIDEで創ろう。一生に一度を創ろう。

Now or Never	今こそ好機：この瞬間は二度とやってこない、今を大切にしよう
Open Mind	開かれた心：多様な価値観、個性を受け入れよう
Smile	笑顔で活動しよう：温かで、前向きな空気で出迎えよう
Imagine	想像しよう：独りよがりにならず、相手が求めていることを想像しよう
Do	行動しよう：勇気を持って一歩踏み出そう、行動しなければ何も始まらない
Enjoy	楽しもう：何よりも、自分自身が楽しもう

好きでもあるこの３人の力を借りながら、佐藤は言語化した行動指針のブラッシュアップに努めた（この３人はTEAM NO-SIDEの一員としても活動した）。ボランティア募集の動画に出てくるメッセージも、ボランティアスタッフにとっては一連の物語りなので、「TEAM NO-SIDEで創ろう。一生に一度を創ろう。」というゴールを掲げて同じ世界観を感じてもらえるように行動規範と一貫性を持たせた。

こうして"NO-SIDE"から一文字ずつを取った６つのメッセージからなる「TEAM NO-SIDE Principles（行動規範）」が完成したのであった（図表15）。

２０１９年1月15日、大会開始まで8カ月と迫るなか、インタビュー・ロードショーに参加したボランティア候補者に採否通知のメールが送られた。最終的に約1万３０００人が、ボランティアとして正式に採用されることとなった。採用者には新たなボランティアのポータルサイト[117]が案内された。

オリエンテーションは、TEAM NO-SIDEの目指す姿を共有することを目的に２０１９年2月から3月にかけて行われた。インタビュー・ロードショー後、採用したボランティアが任意で参加する決起集会のようなものであり、延べ５０００人が参加した。会場すべては十分な音響設備を備えた市民ホールが選ばれた。冒頭では、過去のラグビーワールドカップの映像を編集したオリジナルの動画が流された。ボランティア一人ひとりが、大会の一員であることを強く印象づけた。

最初のオリエンテーションの会場となったのは、東大阪だった。佐藤が作成した「TEAM NO-SIDE Principles」が初めてお披露目されるイベントである。プリンシプルを紹介し、コンセプト映像が流され、会場が明るくなったときの雰囲気で

「これはいけるな」と、佐藤は大きな手応えを感じた。

プリンシプルを説明したとき、眼前の約２００人の目が輝くのを見て、彼らの心をつかめているのが感じられた。プリンシプルに込められたメッセージが、ボランティアスタッフの共感を得ていることを肌で感じることができた。

続く神戸のオリエンテーション会場では、隣の方とハイタッチしてみようと来場者に働きかけてみた。すると、みんな満面の笑顔でやり始めた。嫌々やっている人は一人もいなかった。ボランティアたちの大きなエネルギーを感じることができた。インタビュー・ロードショーのときには、「選考」という場面であるためにお互いが競い合う甲乙的な関係にあったかもしれない。しかし、プリンシプルを共有したオリエンテーションでは、ボランティア同士一緒にやって行こうという一体感や大会を盛り上げようというエネルギーが生まれた。

オリエンテーションのプログラムでも、具体的な話はなかった。ずっと抽象度の高い話や映像が続く3時間である。しかし、オリエンテーションの回を重ねるたびに、手応えは強くなっていった。小手先の具体論ではなく、抽象的でも深い部分での共感が醸成でき、この先、多少ぶれても大丈夫だろう、とまで思えるようになっていった。

佐藤は、「TEAM NO-SIDEP Principles」を使い、会場に集まったボランティアにこう繰り返し訴えた。

「TEAM NO-SIDE でつくろう、一生に一度をつくろう。これがプログラムのゴールです」

そして、問いかけた。

「皆さんにとって、相手にとって、一生に一度とは何でしょうか。何を成し遂げたいですか。何を提供したいですか。どのように行動しますか」

会場の一人ひとりが、自分自身に問いかけ、自分がボランティア活動に参加する意味を再認識する瞬間だった。

ラグビーワールドカップ初の試み
——組織委員会地域支部（ＬＯＣ）の設立

２０１８年４月、佐藤が組織委員会に入職したのと同時期、ラグビーワールドカップ２０１９組織委員会は、12の開催都市にそれぞれ地域支部（Local Organizing Committee：ＬＯＣ）を立ち上げた。組織委員会地域支部（ＬＯＣ）のオフィスは、自治体が保有している建物や施設内に置かれた。札幌、豊田、神戸、福岡、大分、熊本では、それぞれの県庁・市役所内に地域支部のオフィスが設置された。

各開催都市のＬＯＣは、警備担当は警察からの出向者であるが、それ以外は原則、自治体からの出向者で構成され、下記の９つの業務を担当した。神奈川県と横浜市のように県と市が共催の場合は、県と市の両方からの出向者がいた。①から⑥が自治体からそれぞれ１名の出向者、⑦が開催都市の警察から１名、⑧と⑨は外部コントラクター（業務委託）それぞれ１名の合計９名の人員で、組織委員会と開催都市の橋渡しとなって準備を進めた。例えば、チケッティング・マーケティング担当者は、その地における販促や地方紙への働きかけ、そして、大会マスコットのレンジーが現地を訪れるイベントを担当した。

①地域支部長
②開催都市運営・会場運営担当
③会場増改築担当
④ボランティア担当
⑤チケッティング・マーケティング担当
⑥競技運営・医事・チームサービス担当
⑦警備担当

⑧宿泊・輸送担当（業務委託）
⑨会場運営担当（業務委託）
この時期、12開催都市×9名の１０８名がＬＯＣの職員となったため、組織委員会の職員数は２０１８年3月末の１３８名から一気に２４６名となった。

組織委員会がＬＯＣを設置した理由は、２００２年のＦＩＦＡワールドカップを参考にして、大会準備は開催時期が近づくにつれ、試合会場がある現地での調整が必要であると見込まれたからであった。

ラグビー伝統国で開催されていたラグビーワールドカップのスタジアムは、ほとんどが独立した民間施設であったため、大会組織委員会と地方自治体が協働することは多くはなかった。しかし、日本の場合、スタジアムの所有者が地方自治体であるために、この日本特有の事情から、ＬＯＣが置かれることになった。

ＬＯＣのミッションは、各々のファンクショナル・エリア（ＦＡ）が個別に策定した計画を、試合会場単位で、一つのチームとしてどのように遂行するかについて、組織委員会と開催都市の間に立ち、関係者同士が現地で細かく調整することを促すことだった。

例えば、組織委員会警備局傘下の「警備ＦＡ」は、他のＦＡと協議しつつ大会における安全対策や災害等を含む非常時対応、そして、秩序維持についての警備計画を立案する。一方、ＬＯＣの警備担当は、全員が開催都市の県警から出向した警官であるが、彼らが組織委員会と開催都市の橋渡しとなって、試合会場内外の警備計画の遂行を調整するのである。

２０１８年4月、第4章でも少し触れたが、熊坂は横浜市役所から出向し、神奈川・横浜会場のＬＯＣ地域支部長に着任した。それ以前、熊坂は横浜市民局ラグビーワールドカップ推進課担当課長として、２０１７年から大会の開催準備に関わっていた。熊坂は、開催都市側の職員として、試合会場となる横浜国際総合競技場周りの計画策定や横浜市の費用負担の把握など主に総務・財務系の業務を担っていた。

２０１７年11月4日には、横浜国際総合競技場で初めてのラグビー国際試合となった「リポビタンDチャレンジカップ２０１７日本代表対オーストラリア代表戦」が開催された。熊坂は、このラグビー国際試合に向けて、日本ラグビーフットボール協会（ＪＲＦＵ）やぴあと仕事をともにした。熊坂は、開催都市側の人間として、ラグビーの国際試合の運営に関わる会場周りから各部署の業務まで、一通り経験することとなった。

熊坂は、２００２年のＦＩＦＡワールドカップにも開催都市自治体である横浜市の職員として大会の準備・運営に携わった国際スポーツイベントの経験者であった。

２０１８年4月、ラグビーワールドカップ２０１９組織委員会がＬＯＣを立ち上げると、熊坂は横浜市から神奈川・横浜会場ＬＯＣ支部長として組織委員会に出向することになった。それまで開催都市の横浜市側の職員として大会組織委員会に向き合っていた熊坂は、突如、組織委員会側の職員として、開催都市自治体である神奈川県や横浜市と向き合うことになったのだ。

「やっぱり自治体と相対するのであれば、組織委員会内に自治体の職員を溶け込ませることが大事。私も自治体側の上司から『誰から給料もらっているんだ』とか『どっちを向いて仕事しているのか』と言われることもありました。そんなときは『組織委員会の人間です』と言っていました」

２０１８年6月、第8回「ワールドラグビートーナメントレビュー」が開かれた。ＦＡ間の連携づくりのため、ベニュー（試合会場）単位でコミュニケーションを図る「ベニュー化」体制について協議を始めた。

ラグビーワールドカップ２０１９組織委員会は、各ＦＡの役割分担を明確にして調整する「ファンクショナル・プランニング・フェーズ」を経て、試合会場単位で大会運営を遂行するチームをつくる「ベニュー・プランニング・フェーズ」へと進んだ。いよいよ開催都市と議論を進めるフェーズに入っていったのだ。

熊坂は、ベニュー化とＬＯＣの役割について次のように言及している。

「組織委員会側の視点でいうと、ＬＯＣがなかったらベニュー化できなかったと思います。各ＦＡが縦割りでやっていることを現場レベルに落として、横串を通し、試合会場ごとに一つのチームとして、自分事として考えることが絶対必要になります。さらに、開催都市との連携や調整も必要になります。ＬＯＣは、基本的に開催自治体の職員や県警からの出向者で構成されています。役人は役人の立場と言葉がわかります。開催都市と組織委員会の各ＦＡの間にＬＯＣが入ることによって、双方をつなげることができます」

しかし当初は、思うように進まなかった。熊坂は振り返る。

「ＬＯＣが立ち上がってしばらくは、まったく仕事が下りてこなかった。なぜなら、各ＦＡの方で計画が決まらないのです。ボランティアプログラムは順調でしたが、他は順調に進みませんでした。支部長という立場では、代表権も決裁権もなく、試合会場単位で、関連ＦＡに横串を通そうとしましたが、うまくいきませんでした」

スペクテーターサービスＦＡを立ち上げた真鍋は、設立当初、ＬＯＣが直面した壁を次のように推察している。

「そもそもＬＯＣという概念は、それまでのラグビーワールドカップにはなく、主催者であるワールドラグビーも懸念を示していたと聞いています。組織委員会内でも、期待されたＬＯＣの役割に懐疑的な人も少なくなかった。加えて、２０１８年4月にＬＯＣが立ち上がった時点では、ＦＡ側の計画が進んでおらず、ベニュー化といっても実務的な業務ができる状態にありませんでした。また、開催都市からの出向者であるＬＯＣのメンバーは、大会準備の各分野において未経験者が大半だったため、各試合会場単位でチームとなって大会準備を進めるという期待された役割を担うことは大変だったと思います」

ＬＯＣ設立当初、熊坂は、組織委員会の各ＦＡと開催都市の間に立ちながらも苦戦を強いられていたが、この後、期待された役割を果たすことになる。「プール組分け抽選会」の業務にあたった河合が、横浜国際総合競技場の会場統括責任者となって、熊坂と二人三脚で大会運営を見事に進めていったのである。

ブリリアント・ベーシックとマジック・タッチ

ＬＯＣの設置は、観客体験ＦＡを率いていた開催都市部の吉岡に再び大きな転機をもたらすこととなった。

組織委員会の担当は〝スタジアム内〟、開催都市の担当は〝スタジアム外〟と、その役割分担は明確であり、開催都市部に配属された吉岡の当初の業務は、いわば、開催都市と組織委員会の調整役であったことは先述した通りである。

ＬＯＣが立ち上がったタイミングで、吉岡のいる開催都市部にも開催都市の自治体から6名の出向者が着任した。すると吉岡は試合観戦に訪れる顧客に〝スタジアム内外〟で観客体験を創出する、観客体験ＦＡの業務に軸足を置くこととなった。

当時、日本では馴染みのない「観客体験の創出（Spectator Experience：ＳＰＸ）」という概念に吉岡は戸惑った。実際にトゥイッケナムを体験した佐藤と違い、吉岡は「ＳＰＸ」とは何なのかをまったく知らない。「そもそもＳＰＸとは何なのか？」と吉岡は自問自答を繰り返すことになる。

試合観戦に訪れた観客の立場から見れば、スタジアムの中と外という線引きは一切関係ない。試合会場単位で、組織委員会の各ＦＡと開催都市の関連部署が互いにコミュニケーションを図り、ともに「一生に一度」となる観客体験を創出せねばならない。各ＦＡと開催都市の関連部署の接点となり、関係各部署をスタジアム内外問わずにつなげることは必須だった。

吉岡のミッションは、組織委員会の各ＦＡの計画と、開催都市の計画をすり合わせ、「スタジアム内外」で、質の高い観客体験の実現を促すことであった。だが「何をもって、質の高い観客体験とするか」という基準がなかった。

吉岡は、過去の大会からの教訓を整理したＳＰＸのドキュメントも参照したが、「ＳＰＸのミッションは、観客がストレスなく試合会場に来場できて、楽しんで帰れること、これらを実現する、そして、それを実現するために抜け漏れがないかを確認すること」と、そこには当たり前と思えることしか書かれていなかった。どのような観点で、どの程度の基準を達成すべきなのか、吉岡はまったくわからなかった。

「ＳＰＸとは何なのか、よくわからない。自分自身もまったくつかみ切れていない状態からのスタートでした。さらに言えば、ＳＰＸという概念を関係者に伝えることがしんどかった。また、計画を確認するにしても修正を指摘するにしても、何をもってそれを言うのか、お願いするのかが不確かでした」

２０１７年12月の第6回「ワールドラグビートーナメントレビュー」以降、日本国外から過去大会の経験者を組織委員会に採用することが促進された。業務委託の専門家として来日したポール・スミスもそのなかの一人である。ポール・スミスは、ラグビーワールドカップ２０１５イングランド大会で、吉岡と同じ観客体験ＦＡの経験者であった

２０１８年6月、ポール・スミスは、組織委員会の全ＦＡ参加のワークショップを開いた。それは、スペクテーター・ジャーニー（観客目線の仮説検証）のワークショップであった。それぞれの試合会場に訪れる一人ひとりの観客の目線になって、観客の行動を仮説検証することが重要なことを改めてポール・スミスは説いたのであった。

例えば、スタジアム近くの駅に到着した観客が最初に目にするのは何なのか。おそらくサイネージ（標識、看板）だ。では、その観客に向けたサイネージは、組織委員会のどのＦＡの誰がつくるのか。海外から訪れた観客がスタジアムに向かう途中で道に迷った場合は、誰がどのように対応するのか。観客目線で徹底的に考え、解決策を考えるワークショップをポール・スミスは発案し、自らがファシリテーターの役割を担ったのだ。

ポール・スミスのワークショップに、「ＳＰＸとは何か」と悶々としていた吉岡も参加していた。観客一人ひと

りの体験をその立場になって仮説検証することで、ＦＡ間の連携の漏れが課題となって見え始めた。「どちらのＦＡがその課題を担当するのか」といったＦＡ間に落ちている課題や、曖昧であった責任の所在が垣間見えてきたのである。

開催都市部での業務を通じ、各ＦＡと繰り返しコミュニケーションをとり築いてきた関係性が、ここにきて生かされ始めた。各試合会場で質の高い観客体験を創出すべく、吉岡は浮き彫りになった一つひとつの課題を、関連ＦＡとコミュニケーションを図って解決していったのだ。

ポール・スミスの日本滞在期間は、3カ月に1度、1～2週間と限られていたが、吉岡は、彼とメールやオンラインでやり取りしながら進捗を共有した。厚い雲に覆われていた吉岡の心情は、ポール・スミスとの出会いによって、一気に晴れていった。彼が「観客体験ＦＡがやるべきこと」を吉岡に明確に伝えたからである。吉岡は言う。

「ポール・スミスは、ＳＰＸの優先順位を教えてくれた。それは、とてもシンプルで明快です。彼は、みんなが楽しむことができる世界最高峰のラグビーワールドカップの観客サービスは2つあることを示してくれました。それは、『ブリリアント・ベーシック（Brilliant Basic：華麗なる基本）』と呼ばれる基本的なサービスと、これがあれば、観客の満足度がより高まるといった『マジック・タッチ（Magic Touch：魔法の手触り）』と呼ばれるサービスです」

吉岡は続ける。

「『ブリリアント・ベーシック』のサービスとは何なのか。ポール・スミスから言われていたのが、Booze《ブーズ》, Loos《ルーズ》, Queues《キューズ》の3つでした。Booze とは、英語のスラングでお酒です。ラグビー観戦に特有ですが、冷たいビールを切らすなということです。観客の目が届くようなところでビールが買えて、それを絶対に切らしてはいけない。Loos とは、お手洗いのことです。観客はビールを飲めば、お手洗いに行きたくなります。そして、Queues とは観客が並ぶ列のこと。つまり、Booze, Loos, Queues（ＢＬＱｓ）とは、冷たいビールを切らさず、観客がビールを買うために並ぶ待機列と、お手洗いに並ぶ待機列をしっかりと管理するのが、ＳＰＸの基本的なサービスであると言われました」

これは、スタジアム内に限られることではない。スタジアム外でも同様だ。試合観戦前後に観客は、どこのコンビニエンス・ストアを訪れてビールを購入し、どの場所にあるお手洗いを利用するのか、そしてコンビニエンス・ストアやお手洗いに観客はどのような待機列をつくるのか。

試合会場ごとに異なる環境のなか、ＢＬＱｓを求める一人ひとりの観客の立場に立って、それら3つのサービスが提供される状態が計画されているかを仮説検証する必要があることを、ポール・スミスは吉岡に繰り返し説いたのであった。

ポール・スミスは、吉岡にはっきりとこう伝えた。「ＢＬＱｓの3つのサービスの提供が、スタジアム内外のＳＰＸの基本中の基本である。まずは、しっかりとＢＬＱｓを見ろ。それ以外のことは焦らなくていい」

そして、ポール・スミスは、ＳＰＸの優先順位を吉岡に次のように示した。

「ブリリアント・ベーシックであるＢＬＱｓの3つのサービスの計画が、各試合会場で完璧ではないにしてもある程度の見通しが立った状態で、ＳＰＸにとってプラスアルファとなるサービス、マジック・タッチの提供を計画すればいい」

第一に、ブリリアント・ベーシックであるＢＬＱｓの提供。そして、第二に、観客向けのフォトスポットや、バンド演奏、他会場の試合観戦用大型ビジョンなど、あれば顧客満足度がより高まるマジック・タッチの提供という2つの柱が明らかになった。

吉岡は言う。

「マジック・タッチのサービスは可能な限り多くの場所で提供したい。だが、１００％できるものではない。試合会場の環境、組織委員会や開催都市の予算にもよるが、可能な限り実現しようというサービスであった。ＢＬＱｓのブリリアント・ベーシックとマジック・タッチの線引き、優先順位と判断基準が明らかになった」

吉岡とポール・スミスは二人三脚で歩を進めた。各試合会場のブリリアント・ベーシックの見通しが立ち、いよいよマジック・タッチの計画に取り掛かった２０１９年4月、時を同じくしてようやくスペクテーターサービスFAが立ち上がった。大会開幕まで5カ月と迫っていた。

チケッティング部が直面した修羅場

ラグビーワールドカップ２０１９組織委員会は、２０１８年1月19日、公式チケットサイトから、ラグビーファミリーを対象にチームパックおよびスタジアムパックというセット券の抽選販売を開始した。この日、田中らチケッティング部の5名のメンバーは、日本青年館・日本スポーツ振興センタービル6階のオフィスに集まっていた。

「どのくらいの抽選申し込みがあるだろうか」

「今日一日で8万枚の申し込みがあると思う」

そう田中が言うと、

「私は、10万枚の申し込みがあると思う」

そう予想するメンバーもいた。

ところが、その日だけで、田中たちの予想を大きく上回る40万枚の申し込みがあった。

「この大会はいけるぞ！」

田中は手応えを感じた。

セット券販売開始に続いて、1カ月後の２０１８年2月19日から、ラグビーファミリーを対象に通常チケットの販売がスタートした。チケット販売価格は、東京スタジアムで行われた大会開幕戦の日本代表対ロシア代表のチケットが、A席5万円、B席3万５０００円、C席2万５０００円（子ども５０００円）、D席1万５０００

円（子ども２５００円）であった。伝説の試合となった横浜国際総合競技場で行われた日本代表対スコットランド代表の試合のチケットは、A席4万円、B席3万円、C席2万円（子ども５０００円）、D席1万円（子ども２５００円）。決勝戦はA席10万円、B席7万円、C席4万５０００円、D席2万５０００円であった。

ラグビーワールドカップ２０１９の通常チケットの販売対象は、２０１８年6月26日まで、国内ラグビーファミリー、開催都市住民、国内ラグビーフレンズ、大会公式サポーターズクラブに限られていた。それでも、公式チケットサイトを通じた抽選販売で、セット券21万枚、通常チケット39万枚と、合わせて60万枚のチケットが売れた。

２０１８年9月19日、大会開幕まであと1年となって、いよいよ国内のすべて、そして世界中の誰もが対象となる第１次販売がスタートした。

この抽選対象を世界に向けて開いたとき、驚くほどのアクセスが公式チケットサイトに集中した。組織委員会の公式チケットサイトには、アクセスが混み合った場合に何人が待機しているかわかるシステムが入れてある。そのシステムが、公式チケットサイトへのアクセス待機列に10万人が並んでおり、サイトへアクセスできるまで、「3日」もかかること示していたのであった。

このとき、田中らチケッティング部は、海外からの申し込みが増える時間に合わせて、日本時間の夕方から夜中まで泊まり込みで申し込み状況を追っていた。そのチケッティング部に「公式チケットサイトにアクセスできない、どうしたらいいのか」という問い合わせメールが殺到した。

田中らが激増した抽選申し込みデータを調べたところ「これは、おかしい」というデータがいくつも見つかった。例えばラグビーファンがそう多くはない地域から、圧倒的な数のラグビーファンのいるイングランドと同等の抽選申し込み数があったのだ。作業を自動化したアプリケーションやプログラムであるＢｏｔ（ボット）を悪用した不正流通業者による公式チケットサイトへのアクセスによるものと思われた。

ボットによる不正アクセスは、チケット抽選販売に申し込む正規の顧客のアクセスを妨げてしまう。さらに転売目的でボットを悪用した不正流通業者から、驚くほど高額なチケットを購入してしまう顧客もいるかもしれない。10万人が並んだ待機列はシステムが示したように3日後には解消されたが、田中らチケッティング部は、ボットによる不正アクセスという事態に次のように対応した。[118]

第一に、大会ホームページやSNS等のメディアを通じ、消費者への規約の周知徹底を図った。第二に、定期的にインターネット上のサイトをモニタリングし、大会チケットの転売事業者や出品者への取り下げ要請を継続した。そして、第三に、二次流通事業者（転売事業者・出品者）側での払い戻しが実現できるように、被害にあった購入者からの要請に応じて、当該チケットが無効であることの証明書を発行した。[119]

２０１８年11月26日、チケット第１次一般販売（抽選）が終了した。全世界２３６の国と地域から総数２００万枚以上の申し込みがあった。この日、組織委員会の大会公式ホームページに次のメッセージが掲載された。

「ラグビーワールドカップ２０１９組織委員会では、２０１８年のチケット抽選販売期間を終え、いよいよ２０１９年１月19日（土）より、全世界を対象とした先着販売をスタートいたします[120]」

合わせて、多発する不正ボットのアクセスに対応するため、次のメッセージも掲載された。

「なお、ラグビーワールドカップでは、公式リセールサービス以外での転売はチケット規約で禁止しています。公式チケットサイト以外のウェブサイトで転売されたチケットは無効となり、使用できませんのでご注意ください[121]」

チケッティングのプロフェッショナルとしての田中と大内の目標は、あくまで、フルスタジアム（全スタジアム満席）である。それは、12開催都市、48試合、１８０万席すべてのチケットを売り切ることである。

田中がボットによる公式チケットサイトへの不正アクセスの対応に追われるなか、大内は、チケット完売かつチケット売上最大化の販売戦略の策定に取り組んでいた。販売戦略の策定にあたって、「どの試合を観戦に行きたいか」という48試合の試合ごとの需要調査を実施した。

大内は、抽選販売申し込み開始後、この調査の生データを取得し、抽選販売の申し込みデータと突合しながら販売戦略の精度を高めていった。それまで大内がスポーツチームでやってきた経験が生きた。

「ここで必要なアウトプットは、48試合の需要グラデーションだ。その需要の大きさに応じて、どんなアクションをとればいいか、決めていく」と、大内は48試合のチケットを大きく3つのカテゴリーに分けた。①何もしなくても満員、②プロモーションを行えば満員に近づけられる、③大規模な集客施策をしなくては満員にはならない、というようにだ。例えば、①に当てはまる好カードを揃えた横浜国際総合競技場での試合は、積極的なプロモーションをする必要がない、というわけだ。

　地理的に分析すると、静岡や熊本はチケットの売れ行きは厳しく、さらにラグビーが盛んな福岡でも苦戦を強いられていることが明らかになった。チケットの売れ行きが厳しいマッチに関してどう対応したか。「そこには魔法のようなものはなく、地道な活動しかない」と大内は語る。静岡では行政が中心になって、ラグビー教本を県内の小中学生に配布するなど地道なプロモーションを行い、徐々にそれらが売上につながっていった。観戦できる席が一席増えれば、その分の売上がそのまま増える。しかし、その一方で決して過販売は起こしてはならない。観戦できない席を顧客に売ってはいけないのだ。

　田中は言う。「売上を増やしたいけど、席はむやみに増やせない。相反する。だから、保守的にならなければならない」

　徐々にチケットが売れていくことで、オペレーションを担当する田中の双肩にかかる重圧は日に日に増していった。なぜなら「売れたチケットをどの席に割り付けていくのか」という膨大な作業が待っていたからであった。

　抽選申し込みのチケットは、売れた瞬間に席が割り当てられるわけではない。なぜなら大会運営側の組織委員会としては最後の一席まで売りたい。一方で、同時並行で進んでいるスタジアムの運営オペレーションで、席が増減する可能性が直前まである。例えば、カメラポジションによっては、一部の席からフィールドが見えなくなるケースもある。売れた瞬間に席を割り付けると万が一その席が使えなくなった場合に、また割り付け直す、という二度手間が発生してしまう。よって最後まで現場で調整し、あるタイミングから席の割付を開始し、最後まで売れる席を確認しながら売り続け、割り当て続け、万が一、直前にチケットが余ったら会場で売る。最後の最後までチケット販売とそれに伴うオペレーションは続くのである。

チケットに関しては、タイムラインが他の部署に比べ、先に進まざるを得ない。田中たちは販売申し込みや抽選結果の席割付のために、急いで他ＦＡと調整しなくてはいけなかった。ただ、他部署はチケットの重要性はわかりつつも、自分たちの計画が進捗していないため、「その席は売ってしまっていいですよ」「割り付けてもらっていいですよ」と安易には言えない。

田中はこの困難な事態を「現場主義」で乗り越えた。

「一見、非効率に見えるけれど、全員での現場視察が絶対に効率がいいんです。課題は数珠つなぎだから、そこで担当者と話し合うのが一番いい。視察が終わった後には、課題をまとめて、すぐに関係ＦＡに送る。その繰り返しで、詰めていくしかない。だって、みんなチケットを一席でも多く売りたいのは変わらないんだから」

田中は、現場の職員にとにかく情報を発信し続けた。実際にどのカテゴリーがどのくらいのスピードで売れているかなどの情報を発信し、他部署の人々にとっても、チケッティングを〝自分事化〟させていったのである。

そのような地道な作業が徐々に実を結び、大内と田中の販売戦略とオペレーションの両輪がうまく噛み合っていった。

日本らしさを世界へ、そして、甘かった認識

ラグビーワールドカップ２０１９日本大会は、開会式とその直後に行われる開幕戦によってスタートする。大会の開幕が近づくにつれて、窮地に追い込まれていた者がいた。ラグビーワールドカップ２０１９組織委員会の会場運営局セレモニー部長で開会式の演出進行を担った熊谷《くまがい》聡《さとし》である。

２０１７年４月、熊谷は田中や大内が所属するチケッティング・マーケティング局に着任して以降、開会式の

準備を進めていた。熊谷は、サッカーやラグビーの日本代表戦、バレエ団の公演といったスポーツや文化イベントの企画・進行を手がける企業からの出向であったが、国際スポーツイベントの開会式の演出進行は未経験であった。

まず、熊谷は自身の着任１カ月前に策定された新・大会ビジョン（図表16）をもとに、開会式のテーマ案を作成することから始めた。

２０１８年に入り、事務総長の提案によって立ち上がった「セレモニー検討会議」で、熊谷は開会式のテーマ案を説明した。この会議では、開催都市や関連団体から人選された委員が出席し、熊谷が説明した複数のテーマ案から開会式のコンセプト案が策定された。続いて、熊谷はこのコンセプト案を実現する開会式をともに創り上げ進行する委託業者を企画競争入札によって公募した。結果、海外と日本の委託業者をジョイントベンチャーとして、発注することとなった。そして、海外から見た視点と日本から見た視点が融合された具体的な演出プランが出来上がった。

２０１８年4月、開会式や閉会式、そして48試合すべてを担当するセレモニー＆スポーツプレゼンテーションＦＡは、チケッティング・マーケティング局から会場運営局傘下へと移行した。このタイミングで熊谷も会場運営局へと配属替えとなった。

２０１９年4月、大会開幕まで残り5カ月を切り、開会式の準備は順調に進んでいるように見えた。ところが、ここで熊谷は思いがけない事態に遭遇する。

熊谷は開会式と開幕戦が行われる東京スタジアムを訪れた。東京スタジアムの芝生を管理するグラウンドキーパーに会い、熊谷は委託業者とともに立案した開会式の演出プランの説明に臨んだ。

そのプランのなかに、スタジアムのグラウンド中央の芝生を養生し富士山のオブジェを組み上げ、そこにプロジェクションマッピングを映し出す演出があった。芝生の上に養生はするが重量物が載ることになる。

図表 16　ラグビーワールドカップ 2019 新・大会ビジョン

新・大会ビジョンの制定

「絆 協創 そして前へ」

日本と世界の人々を強い絆で結び、
誰も経験したことのない、
ラグビーと仲間たちの祭典を協創しよう。
すべての人の輝く未来へ、進もう心ひとつに。

◆ **英語版** ◆

「Connect Create Go Forward」

Connecting people in Japan, Asia, and around the world to
create a groundbreaking and inclusive celebration of
Rugby and Community.
We will go forward as one, to build a better future for all.

（出所）公益財団法人ラグビーワールドカップ2019組織委員会「ラグビーワールドカップ2019日本大会大会報告書」36ページ

グラウンドキーパーは、熊谷そしてプロデューサー、演出チームが「僕らはこうしたいんです」と用意した、開会式の演出プランが細かく書かれた分厚い説明資料を手に取り、静かに一枚一枚ページをめくっていった。その様子を熊谷が固唾を飲んで見守る静けさのなかで、ペラペラと紙がめくられる音だけがその場に漂っていた。

グラウンドキーパーのページをめくる手が止まった。

「それで？」

その一言に、熊谷は慌てて答えた。

「試合直前の開会式で、芝生に重量物を載せたいのです。過去の大会でも芝生の上に養生して実施した同様の事例があります。だから、我々がしたいことを認めてくれませんか」

「あなたたちが、この芝生を管理し、その責任を持ってすべて行うのであれば、どうぞ」

ラグビーワールドカップという舞台で、各国の代表チームが最高のプレーをする。そのために、東京スタジアムのみならず、12試合会場のすべてのグラウンドキーパーは、最高のグラウンドを用意しようと、葉が多く根が強い、そして弾力のある芝生を丹念に育ててきたのであった。プレー環境づくりへの真摯な姿勢とプライドを持ったグラウンドキーパーの思いと熊谷からの提案には、大きなギャップが存在していた。

　熊谷は言う。

「本当に今でも忘れられないです。芝生の影響への認識の甘さを本当に痛感しました。あのとき、私たちの話を聞いたグラウンドキーパーさんは、『何を考えているんだ』って言いたかったと思います」

　この事態が発生したのは２０１９年5月のことであった。開幕まで残された時間は少ない。この窮地で熊谷はどうしたのか。

「とにかく、私たちの認識の甘さを、まず認めてお詫びをし、なんとか協力していただけないかという思いをグラウンドキーパーさんに伝えました。私たちのアプローチの仕方が誤っていて、『私たちはこうしたい、こういったものを世界に見せたい』という一方的な説明をしてしまったのです。それでは、誰も聞いてくれないですよね」

　熊谷は自らの過ちを認めつつ、グラウンドキーパーに協力を求め続けた。

　芝生1平米あたり、加重何キロ、何分まで、何を敷いたら、芝生への影響が許容されるのか、熊谷はグラウンドキーパーに粘り強く問い続け、そして、複数の方法を打診してみた。熊谷の真摯な姿勢を見て、グラウンドキーパーも徐々に態度を軟化させていった。そもそもラグビーワールドカップ日本大会を成功させたいという思いは、熊谷もグラウンドキーパーも同じであった。

「後からわかったことですけど、こういうものを使えばなんとかなるかもしれない、というところまで、グラウンドキーパーさんは、ある程度の予想と想像をして、待っていてくださったんですよ。あるタイミングで、『わかった』と返事をいただくことができました」

　ついに、グラウンドキーパーから、ゴーサインが出たのであった。それは大会開幕が間近に迫った２０１９年9月初旬のことであった。

大会開幕へ、カウントダウン！

大会開幕まで55日と迫った２０１９年7月27日、岩手県釜石市の鵜住居復興スタジアムでは、テストイベントとして日本代表対フィジー代表戦が実施された。続いて、8月3日に東大阪市の花園ラグビー場で日本代表対トンガ代表戦が行われ、ラグビーワールドカップ２０１９組織委員会メンバーも大会本番へ向けて手応えをつかみ、自信を深めていった。

大会開幕１カ月前の8月20日になると、12の開催都市ではバナーやのぼりなどによる都市装飾が開始された。そして、開幕まで2週間となった9月6日には、埼玉県熊谷市の熊谷ラグビー場で、最終のテストイベントとして、日本代表対南アフリカ代表戦が実施された。

「I love risk!（私はリスクが大好きです）」

これは、組織委員会人材戦略局次長のデボラ・ジョーンズの言葉である。大会開幕まで残りわずかとなって、「言った」「言わない」から始まる連携ミスや、マンパワーが不足していることで起こった抜け漏れ等の細かいミスが多数発生していた。だが、デボラは問題が起こった理由を追及することもなく、問題を起こした者を責めることもなかった。

デボラのその言葉には、「リスクがわかれば対応できる。トラブル、失敗はどんどん言ってほしい。リスクを把握していることは称賛されるべきことである」という思いが込められていた。

人材戦略局でデボラの部下であった真鍋はあるエピソードを思い起こす。

「大会開幕１カ月前となって、観客体験創出（ＳＰＸ）の企画の目玉の一つであった東京スタジアムと横浜国際競技場に設置するはずのビッグスクリーンが、間に合わない可能性があるリスクに直面しました。予算は確保されていたのですが、なぜか承認プロセスや発注業務がなされていませんでした。設置スペースの問題や建築確認申請も済ませねばならない状況で時間もなく、大会本番に間に合わせるのは不可能ではないかとなりました。しかし、そこで、『なんでここまで手を付けていなかったのか』と責任の所在を追及するのではなく、『大会を盛り上げるためにビッグスクリーンはＳＰＸに必要だ。我々に今から何ができるか』というスタンスで臨みました」

デボラの言葉にあったように、真鍋は考えられる限りのリスクを把握した。そのうえで、組織委員会のＦＡや委託業者関係なく、大会に間に合わせるために知恵を絞り合った。意見の違いから互いに激しく衝突することもあった。結果、ＬＥＤスクリーン搭載型の車両を手配するなどして、大会開幕に間に合わせることができた。

真鍋は言う。

「何とか無事に『世界基準』のＳＰＸに貢献できたと思います。そもそもスペクテーターサービスＦＡの立ち上げも、このＳＰＸの対応も本来の自分の業務範囲を超えている。でも、そんな細かいことは大会を前に関係ありません。私の当時の日記には、『イライラしがちだし、余裕がない。ただ、今やっていることは本当に一生に一度。悔いがないように大会を迎えたい。できる準備をとにかくやり切る。仲間同士、ぶつかってもいいじゃないか。〝ミスしても拾っていくフェーズ〟というマインドセット』と書いていました」

大会開幕まで1週間となった9月13日からは、代表チームが来日後最初に滞在する公認チームキャンプ地で実施される、「チームウェルカムセレモニー」がスタートした。

9月14日に北九州空港に到着したウェールズ代表は、翌日は非公開で練習を行い、9月16日はスタジアムで公開練習を行う予定だった。東京都から組織委員会の開催都市部に出向し、チームウェルカムセレモニーを担当していた入内島は、ウェールズ代表がいる北九州市の小倉駅に向かった。

「小倉駅に降りた瞬間、ウェールズの国歌が聞こえてきたのは感動しました。駅前の公園を見ると、ウェールズカラーの赤を身にまとった人々で真っ赤に染まっているんです。スタジアムの周りも真っ赤なんです。子どもから大人まで、そこに集まった人々がウェールズの国歌を大合唱していたんです。改めて、ラグビーワールドカップは自治体も地元の人も一緒になったイベントだと感じました」

大会開幕前の約1時間半の公開練習であったが、立ち見を含めて約1万５０００人[122]が観戦に訪れた。この日の夜、北九州国際会議場で行われたラグビーワールドカップ２０１９組織委員会主催「ウェールズ代表チームウェルカムセレモニー」では、ウェールズ代表が国歌を歌った。

日本全国、20の公認チームキャンプ地では、このようにして、チームウェルカムセレモニーが組織委員会主催で行われた。大会開幕の機運が一気に高まっていった。

大会開幕2日前の9月18日、真鍋は東京会場でボランティアプログラムのベニュートレーニングに参加していた。スタジアム内で実施するベニュートレーニングは、各開催都市の会場の初戦の2日前に行った。ボランティアが実際に活動する場所で、本番を想定して活動内容の最終確認を行うのである。

ベニュートレーニングの冒頭では、スタジアムの観客席にボランティアを集め、「いよいよラグビーワールドカップ開幕です！」と気持ちを高めた。その時点では、装飾や設営がほぼ全部できあがっているため、本番さながらのトレーニングになるだけでなくモチベーションを高めるインセンティブにもなる。大会当日は、ボランティア活動の場所は限定され、他の場所には立ち入れないが、ベニュートレーニングで一般には開放されない選手のロッカールームなどを見学できるスタジアムツアーを行ったことで、ボランティアスタッフの士気は一気に高まった。真鍋はこう振り返る。

「正直、ふわふわしていました。会場の装飾を見るといよいよ大会が始まる感じがしました。ベニュートレーニングに参加したボランティアの方も会場の装飾を見ると、歓声を上げていました」

大会開幕の当日、9月20日午前8時過ぎ、佐藤洋平は開会式と開幕戦が行われる東京スタジアムの最寄駅である京王線飛田給駅前にいた。急ぎ朝食を済ませたファストフード店の前に広がる光景を、佐藤は感慨深く見つめていた。飛田給駅から東京スタジアムまでの道沿いは、ラグビーワールドカップ２０１９仕様に華やかに装飾されていた。

「企画書だったものが実現し、図面だったものが目の前に現物として現れた」。佐藤は心のなかでそう呟きつつ、ラグビーワールドカップ２０１５イングランド大会で自身が目の当たりにしたトゥイッケナムの光景を思い起こしていた。

「いよいよ、ここまで準備は整った。だが、本当に開幕するのか、本当に観客は来場するのだろうか」。一瞬そんな不安も頭をよぎったが、スマートフォンから大会サイトを見るとオフィシャルタイムキーパーを務める時計ブランドのカウントダウンが目に入った。

「０００日11時間22分」。それは、開幕戦のキックオフ時間、午後7時45分までの残り時間を示していた。

佐藤は、東京スタジアムに隣接するワークフォースセンターに向かった。外では警備会社から派遣された警備員が配置につき始めていた。準備が着々と進んでいた。ボランティアTEAM NO-SIDEの面々も徐々に集まってきている。

ボランティアは、ラグビーワールドカップ２０１９大会のボランティアであることを証明するアクレディテーションカードを首から掛けているが、そのうちの何人かのカードに不具合があった。

「このままでは所定の活動場所にたどり着けません」。アクレディテーションカードには会場内のどの地域に入ることが許可されているか明示されているはずであった。しかし、何人かのボランティアに、その許可が適切に付与されていなかったのである。このトラブルの対応に佐藤が追われることになった。

「東京スタジアムに隣接する国際放送センター（International Broadcast Center：ＩＢＣ）はメディアゾーンへのアクセス番号の〝4番〟が必要だったのですが、それが東京会場で活動するボランティアには振り分けられていませんでした。他会場の警備関係のボランティアはメディアゾーンに入ることはないので、4番が入ってないことは正しいのですが、ＩＢＣで活動するボランティアには必要でした。それが付与されておらず、やむなく、メディアオペレーションＦＡのアップグレードパスをボランティアに渡して急場をしのぎました」

その頃、チケッティングＦＡの田中は、まだ誰も入場していない東京スタジアムの入場ゲートの奥にいた。入場前のゲートの奥に立つ。チケッティングの仕事に長く携わってきた田中のルーティンであった。

ゲートがオープンする開場時間まで残りわずか。ゲート前にはチケットを片手にゲートのオープンを心待ちにする観客の長蛇の列が伸びていた。列に並ぶ人のほとんどが、「兜（ＫＡＢＵＴＯ）」をコンセプトにした日本代表チームのユニフォームを着ていた。

「残り1分」。無線から聞き慣れた会場責任者の声が田中のインカムに届いた。

２０１９年9月20日午後3時ちょうど、警備担当者の声が聞こえた。

「ゲートオープンします」

1人目の観客が大事そうに持っていたチケットを担当者に見せ、そしてチケット読み取り機にかざす。「ピッ」と小さい音がした。

遠くの田中には聞こえるはずがなかったが、この瞬間、田中の不安が少しだけ安心に変わった。

刻々と時間は経ち、アクレディテーションカードの不具合に対応していた佐藤にも少し余裕が出てきた。気がつけば、ゲートオープンの時間を過ぎていた。佐藤は、飛田給駅方向に足を向けた。そこには、人、人、人の大群。そのほとんどが、お揃いの日本代表ユニフォームを着用していた。

「本当にラグビーワールドカップが始まった!!」

そう佐藤は実感した。

同時に、自らがトレーニングに携わってきたTEAM NO-SIDE のボランティアが、少しぎこちないながらも楽しそうに生き生きと活動している様子も目に映った。「２０１５年のトゥイッケナムで見たあの『特別な雰囲気』の大会を今、ここで実現できつつある」。佐藤は確信したのであった。

ラグビーワールドカップ２０１９日本大会が、ついに幕を開けた。

10

天災

——「中止か、決行か」極限の決断

日本時間、２０１９年9月20日午後6時15分、東京都調布市の東京スタジアムから、世界中のラグビーファンに向けた国際テレビ映像の中継が開始された。

４万５０００を超える観客で満員となった東京スタジアムがテレビ画面に映ると、間もなくして、英語のナレーションが流れた。

「Welcome to Japan, Welcome to Tokyo Stadium which tonight becomes the center of the sporting world. The Rugby World Cup has come to Asia for the very first time breaking new ground with the aim of winning new friends and new fans across the globe. Twenty teams will battle it out attention to the news in the next six weeks for the right to lift the Webb Ellis Trophy, and it all gets underway here tonight with an opening ceremony that leans on Japanese rituals and festivals to celebrate the start of 2019 Rugby World Cup.[123]

（日本へ、ようこそ、今夜、スポーツ界の中心となる東京スタジアムへ、ようこそ。ラグビーワールドカップは、新天地を切り拓き、世界中の新しい友人と新しいファンを得るため、ついに初めてアジアにやって来ました。

20の代表チームは、ウェブ・エリス・トロフィーを掲げる権利を得るため、これから6週間、最後まで戦い抜きます。そして、ラグビーワールドカップ２０１９大会の開幕を祝う、日本の儀式やお祭りで彩られた開会式によって、今夜、そのすべてがここから始まります)」

そのナレーションが終わると、東京スタジアムのメインスクリーンに〝60〟という数字が映し出された。開会式スタートまでのカウントダウンの始まりである。

カウントダウンは進み、残り5秒。スタジアムの観衆が一体となってともに声を上げた。

「…ファイブ、フォー、スリー、ツー、ワン！」

そして、開会式が始まった。ラグビーワールドカップ２０１９組織委員会セレモニー部長を務めた熊谷らが、「〝日本らしさ〟を出して、日本の文化という風景をつくりたい」と思い描いた20分間の一大イベントが始まったのである。

「私は２０１７年から関わり始めましたが、それ以前から汗をかいてきた人たちがいます。開会式が始まる前のカウントダウンの時間を、それまで、築き上げて創り上げて準備して汗をかいて、涙してやってきた人たちが、あのカウントダウンをどのような気持ちで迎えるのか。みんながそこで、うなずける、『やったぜ』って思ってもらえるものを創りたかった」

事前にネタバレをすることはできない。徹底して秘匿性を保ち準備した開会式を、組織委員会の仲間が見るのは、本番が初めてであった。

「そこには仲間の期待を裏切れないという強い思いがありました。さらに言えば、世界中の何万人、何十万人、いや何億人かもしれない人々が、開会式を見ている。そういったプレッシャーもありました。ただ同時に、プロデュースチーム、演出チームの皆さんがつくりあげた開会式は、きっと素晴らしい風景を見せてくれると信じていました」

開会式が終わったとき、熊谷は、東京スタジアムのフィールドの片隅にいた。

「素晴らしいオープニングセレモニーだ」。辺りにいた誰かのコメントが熊谷の耳に届いた。熊谷は自然と目頭が熱くなるのを感じていた。

開幕戦のトラブルと即断即決

ラグビーワールドカップ２０１９日本大会の開幕戦は、日本代表対ロシア代表であった。試合開始早々にロシア代表にトライを決められ０対７とリードを許した日本代表であったが、その後、逆転し30対10で勝利を収めた。

試合終了後の東京スタジアムの一室では、40数名が集まり、その日の〝振り返りミーティング〟が開かれた。Jリーグの試合のときは選手のウォーミングスペースとして使われる場所に、イベントデリバリーマネージャー他、ラグビーワールドカップ２０１９組織委員会の各ＦＡからマネージャーが集まっていた。イベントデリバリーマネージャーが各ＦＡマネージャーから振り返り談を聞いて、その結果を総括した。

「みなさん、本日はラグビーワールドカップ２０１９開幕戦、お疲れ様でした。４万５７４５という数字を今回入場者数としてオープニングセレモニー含めて達することができました。日本が勝利してスタートしたということで、これからの盛り上がりにつながると思っております」[124]

東京会場のイベントデリバリーマネージャーから挨拶があった。

一方で、ラグビーワールドカップ２０１９組織委員会会場運営局長の髙野《たかの》努《つとむ》からは、一つの課題が示された。

「いろいろと課題は出ていますので、東京の2試合目以降をどうするのかということと、そこから続く他のベニュー（会場）がどうなるか、直さないとまずいですよね。やっぱり難しいんですけど、売店の話というのはずっと続くんですよね」[125]

髙野が言う課題とは何なのか、「売店の話」とは何なのか。実は、試合開始前、東京スタジアム内の飲食売店には長蛇の列ができていた。ほとんどの売店では弁当などの食べ物が売り切れてしまい、試合開始前には実質的に会場内で食べ物を手に入れることが困難になっていたのだ。

「せっかく並んだのに売り切ればかりじゃないか」

「持込禁止にしているなら、きちんと必要量準備すべきだ」

売店前の列の管理をしていたボランティアは、クレームの対応に追われた。クレームは、会場の飲食物の提供サービスを調整、管理していたケータリングＦＡマネージャーにも届いた。

「ＳＮＳ上は大炎上しています。食べ物を買うのに1時間半列に並んだと……」

知らせは、企画局長の内田のもとにも入った。「これは、どうにかしなければいかんぞ……」。内田は対応に迫られた。

ラグビーワールドカップ２０１９大会では、試合会場内やファンゾーンへの食べ物の持込禁止というルールを定めていた。その多くはセキュリティ上の理由や、スポンサーの権利を守るためであった。ラグビーワールドカップ２０１５大会を知る事務総長代理待遇のミック・ライトは言う。

「実は（大会直前に開催されたフィジー戦、トンガ戦、南アフリカ戦の状況を見て）観客向けのケータリング（食事を提供するサービス）の店舗数を２００％増やしたのです。一番のミッションは冷たいビールを切らさないことでした。しかし、日本の観客が食べ物を買うことに（想定以上に）関心があることがわかったのです」[126]

東京スタジアムで起こったスタジアム内の売店に並ぶ長蛇の列は、翌日の9月21日と、翌々日の9月22日の試合会場でも起こっていた。

ミック・ライト、鶴田、クリス・スタンレー、そして西阪の４ＥＤ（Executive Directors）はすぐに動いた。

「ドリンクに対するスポンサーはいるが、フードにおいて権利を守らなくてはいけないスポンサーはいない。セキュリティ上の懸念も少なく、変更したとしてもオペレーションは十分対応できるのではないか」

現場スタッフの声も確認し４ＥＤは大会ポリシーを迅速に変更した。開幕戦からわずか3日後の9月23日の試合から、試合会場内への食べ物の持ち込みの規制を緩和したのであった。ラグビーワールドカップ２０１９組織委員会は、下記のニュースを大会公式サイトに掲載した。[127] その決断の速さは、現場スタッフが驚くほどだった。

◆規制緩和の対象日：９月23日（月）以降の全ての試合（※）
◆規制緩和の内容：食品全般（個人で消費できる程度の量の持ち込みを可とする）
※９月23日（月）ウェールズｖジョージア（豊田スタジアム19：15キックオフ）より適用

飲料については、これまで通り持込禁止とした。その理由は、「ラグビーワールドカップやラグビーの国際大会のポリシーに順じるもので、会場内での投げ込み、危険物の持込等の場内保安の観点、及びステークホルダーの権利保護の観点から持込禁止とさせていただいています」[128] と説明された。

「正しい判断をくだせたと思っています」[129] と、４ＥＤの一人、ミック・ライトは振り返っている。

大会開催期間中の運営体制と「デイリーレポート」

開幕戦翌日の９月21日、横浜国際総合競技場は初戦を迎えた。世界のラグビーファンが注目するニュージーランド代表対南アフリカ代表の一戦であった。

前日の東京スタジアムと同じように横浜国際総合競技場でも、試合開始前からスタジアム内の売店に長蛇の列ができていた。

神奈川・横浜会場ＬＯＣ支部長の熊坂は、２００２年のサッカーＦＩＦＡワールドカップを経験している。そのときと比べて、今回のラグビーワールドカップ２０１９組織委員会の「食べ物持込規制緩和」への対応について、次のように述べている。

「ＦＩＦＡワールドカップ２００２と、ラグビーワールドカップ２０１９では、大会組織委員会の規模がまったく違いました。ラグビーワールドカップ２０１９組織委員会はコンパクトで、顔の見える関係でした。加えて、誰もが『何ができるか、どうしたらいいか』という当事者意識の発想を持っていたので、スムーズな意思決定ができたのだと思います。

例えば、フードの売店の列がまったく解消できないなか、食べ物の持込規制を緩和したのは、早い判断でした。イングランドであれば、ラグビーの試合ではビールさえあればフードはいらないというお国柄かもしれない。これまでの大会でもフードメーカーは、大会スポンサーに入ってはいない。スポンサーに飲料メーカーはあったが、フード系はなかったから抵触しない。結果としては、それが奏功した。そういう状況を見て、即座にトップの判断として持ち込みをＯＫした。国際大会で、開催途中にレギュレーションを変えるのはそうあることではありません。それができたのがこの組織委員会の強みであったと思います」

「顔の見える関係で、スムーズな意思決定ができた」。そう熊坂が言った背景の一つには、「すべての意思決定は、可能な限り現場に近いところで行われること」という共通認識をベースにした大会開催期間中の運営体制にあった[130]。

ラグビーワールドカップ２０１９大会の開催期間中の運営体制は、図表17に示す通りである。

組織委員会内の大会運営本部（Tournament Head Quarter：ＴＨＱ）の役割や、日本ラグビーフットボール協会（ＪＲＦＵ）やワールドラグビー／ラグビーワールドカップ・リミテッド（ＲＷＣＬ）といった関係者との連携については、「通常時」と「緊急時」において、次のように整備されていた。

大会開催期間を通してＴＨＱは、大会準備期間と同じく、青山の神宮球場に近い、日本青年館日本スポーツ振興センタービル７階に設置された。

「通常時」のＴＨＱの役割は、主に下記に挙げる6項目であった。

●現場で行われた意思決定を踏まえて、次の試合以降の方針を決定する
●意思決定が行われた会場以外の会場に情報と方針を共有する

図表 17　開催期間中の運営体制

■大会運営本部の位置づけ

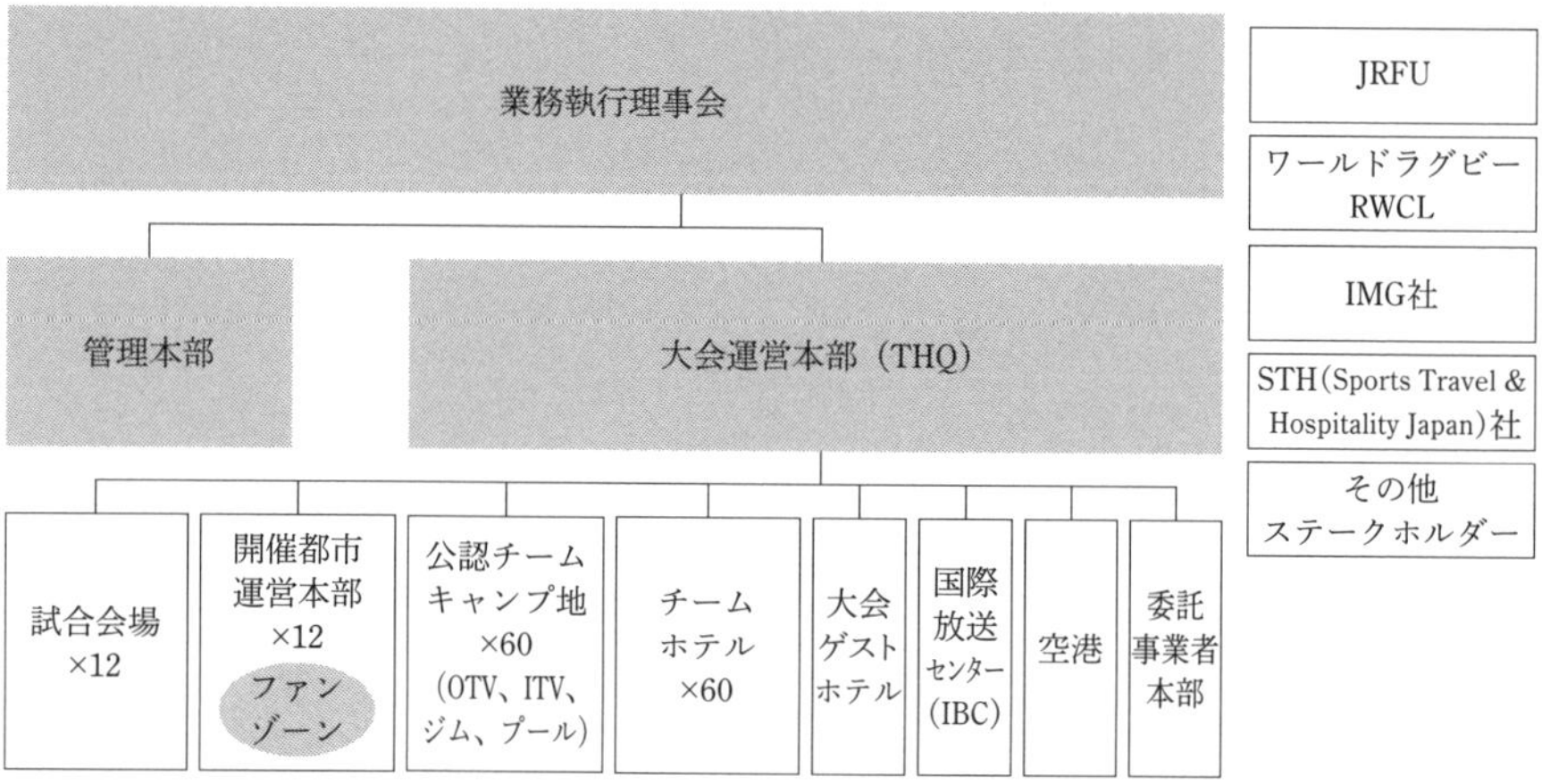

■大会期間中の運営体制

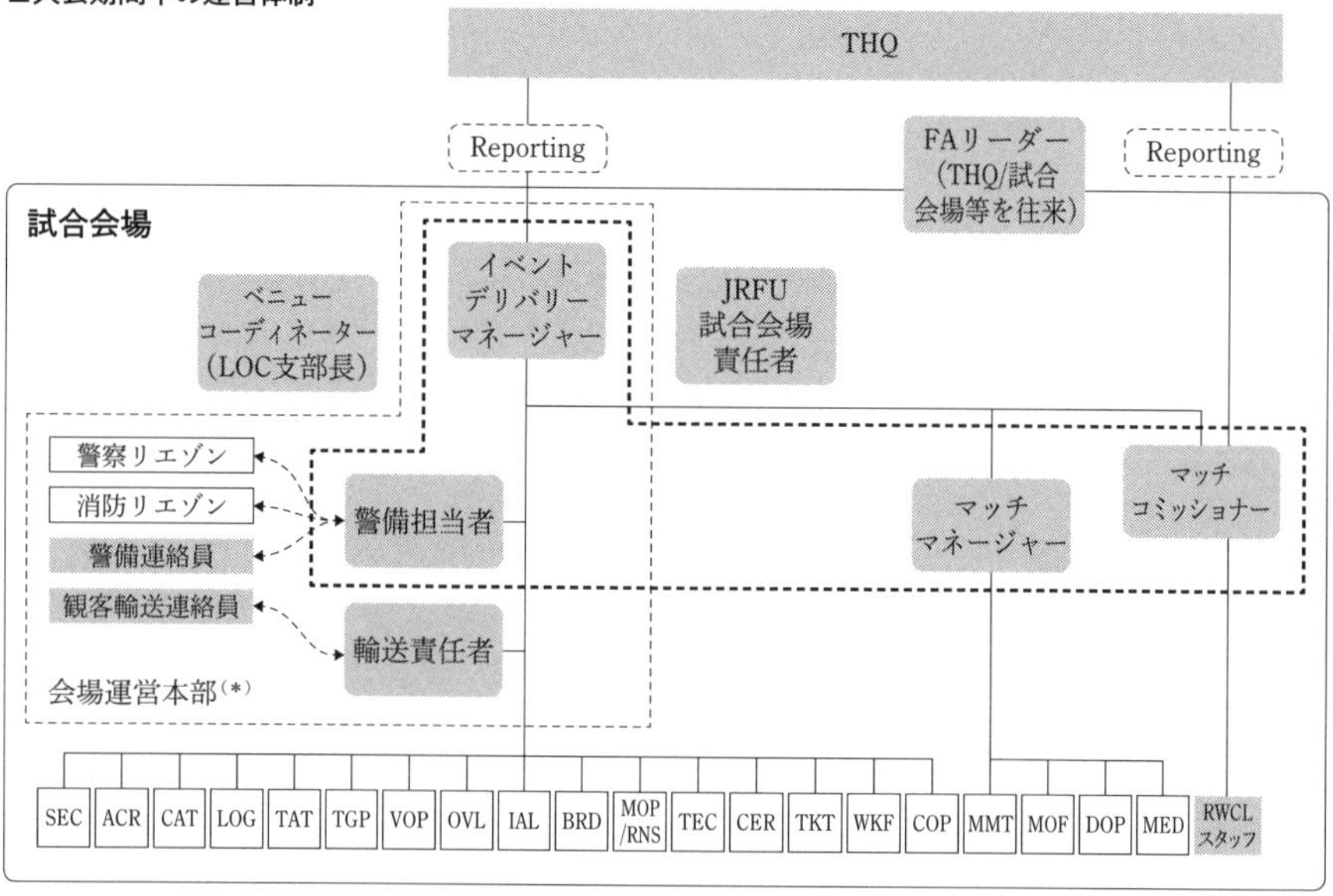

*主要な役割のみ抜粋記載しているため、会場運営本部の人員はこの限りではない

（出所）公益財団法人ラグビーワールドカップ2019組織委員会「ラグビーワールドカップ2019™日本大会大会報告書」58〜59ページ

図表18　デイリーレポートの報告例

	課題
ケータリングFA	●食べ物が開会式途中で切れてしまった ●2戦目の在庫についても使用したため、次戦も課題が残る懸念がある
フリート (大会ゲストや審判団送迎)	●審判（マッチオフィシャル）が許可証無しのタクシーで移動し、ドロップオフポイントから徒歩を余儀なくされた ●同様の事態が発生しないよう改善策を他会場でも実施する
テクノロジーFA	●売店事業者がWi-Fiに適切に接続できなかった事象が発生 ●フォトグラファー向けのケーブルが完全に敷設されていなかった

（出所）筆者作成

●ＲＷＣＬとの連携窓口となる
●広報対応を検討・遂行する
●各ステークホルダーとの情報共有を行う
●中央で集約して行う方が合理的な業務を行う

そして、「緊急時」には「必要な権限と知見を持つ有識者を集め、中央で危機対応チームを立ち上げて、危機への対応にあたる」となっていた。[131]

ラグビーワールドカップ２０１９開催期間中、ＴＨＱは、上記の役割を果たすべく、青山の日本青年館日本スポーツ振興センタービルから、①日本全国の12の試合会場、②12開催都市それぞれの運営本部、③日本全国60カ所の公認チームキャンプ地、④60カ所のチームホテル、⑤大会ゲストホテル、⑥国際放送センター（ＩＢＣ）、⑦空港、⑧委託事業者本部（警備会社、輸送［フリート］といった委託事業者の本部機能）と連携を図ったのである。

繰り返しになるが、大会全体の意思決定の原則は「すべての意思決定は、可能な限り現場に近いところで行われること」である。この原則にもとづいて、それぞれ12の試合会場では、イベントデリバリーマネージャー[132]、マッチコミッショナー[133]、マッチマネーシャー[134]、警備担当者[135]の4名によって最終的な判断を行う体制がとられた（図表17）。

ＴＨＱは、各試合会場からの Reporting（報告）を受ける体制であった。また、各ＦＡのマネージャーが、ＴＨＱと試合会場を往来し、ＴＨＱと試合会場の〝橋渡し〟となった。

すべての意思決定が、可能な限り現場に近いところで行われるように運営体制が築かれる一方で、もう一つ重要な〝しくみ〟があった。それは、大会期間中に全試合会場で何が起こっているのかを組織委員会内で共有した「デイリーレポート」である。

この日次レポートは、大会が始まる2週間前の9月6日からスタートし、内田が局長を務めるセントラルマネジメントFAが日本語と英語で取りまとめ、ワールドラグビーにも共有された。各会場単位で、その日に起こったことが細かに報告され、組織委員会とワールドラグビーで共有された。

開会式と開幕戦が行われた9月20日のデイリーレポートでは、先述のケータリングだけでなく、その他の個別課題も報告された（図表18）。

奮闘する闘士たち

各試合会場の調整役であるベニューコーディネーターは、ＬＯＣ地域支部長が務めた。神奈川・横浜会場では、横浜市役所からラグビーワールドカップ２０１９組織委員会に出向していた熊坂が、ベニューコーディネーターとなった。

「イベントデリバリーマネージャーが全体の進行を担うなかで、私はベニューコーディネーターとして、自治体やスタジアムの指定管理者と組織委員会を調整する立場でした。自治体の関係者は、私が組織委員会に出向する以前に横浜市役所で一緒に働いていた自分の部下や面識がある人たちでしたので、コミュニケーションは楽でした。また、私の役割としてイベントデリバリーマネージャーに負担をかけないために、何かあった場合、まず私が対応するように心がけていました。例えば、けが人の対応はメディカルチームに依頼することになりますが、事前に地元のラグビー協会のメディカルチームや地元の医師を訪問し、挨拶をして顔が見える関係を築きました」

神奈川・横浜会場の指揮や統括を担うイベントデリバリーマネージャーは、プール組分け抽選会で奮闘した河合であった。河合と熊坂は二人三脚で、想定外の出来事にも対応し、神奈川・横浜会場の大会運営を進めていった。

9月21日、横浜国際総合競技場の初戦、ニュージーランド代表対南アフリカ代表の一戦では、驚くことが起こった。

試合開始を直前にして代表チームの食事がないことが判明したのだ。加えて、トーナメントゲストへの料理が足りない、スタジアムの売店が開かない、など、ケータリング関連の問題が続出した。河合と熊坂たちは、現場でできることをやるしかない、と腹を決めた。河合は言う。

「チームミールがない。スタジアム内に料理の材料はありません。何とかチームに食事を提供しようと、スタッフで手分けして近隣のスーパーなどに買い出しに走りました。時間もない。本来、スタジアムにタクシーが乗り入れることはできないのですが、このときばかりは、食事の買い出しのために使用したタクシーをスタジアムに横付けしました」

河合と熊坂は、試合終了後も不測の出来事に直面した。ラグビー観戦では大量にビールが売れる。ラグビーファン注目のニュージーランド代表対南アフリカ代表の好カードが行われたこの日、ビールの売れ行きは想像をはるかに超えた。当然、空き缶も大量となった。ところが、空き缶について、ケータリング委託業者が事前の約束通りの回収場所に運ばずに売店に残したまま会場を後にしてしまったのだ。

時刻は午前1時をまわっていた。残った10～15人のスタッフでスタジアム全体の売店ごとに残された空き缶の詰まったゴミ袋を回収した。河合、熊坂、そして、真鍋もそこにいた。40リットルのゴミ袋が２００袋ほどになった。すべての作業を終えたときには午前3時を過ぎていた。

河合は、そこから翌日の試合に向け、スタジアム関係者やケータリング担当とミーティングを行い、売店を開けるための計画を練った。

「そもそも売店を開けるための契約が折り合っていなかったことが判明したので、既存店と仮設店を組み合わせて、開いていない店はないような見せ方をしよう、という対応をドタバタのなかで行いました。チームへのミールも経験豊富なイングランド人のスタッフの方に依頼するなどして、２試合目を乗り切りました」

「必ずスタジアムを満席にする」。その強い思いを持ち続けた大内は、チケットの売れ行きが厳しいマッチに関してどう対応したのだろうか。

さかのぼること２０１８年の6月、チケットの売れ方が、試合会場ごとに売れる会場と売れない会場のまだら模様が顕著になったため、大内は、開催都市の自治体とともに組織委員会内に部署横断のプロジェクトチームを立ち上げていた。

静岡チーム、関西（大阪・神戸）チーム、九州（福岡、大分、熊本）チーム、愛知／豊田チーム、北海道／札幌＆埼玉／熊谷チームと担当を明確にし、プロジェクトマネージャーを大内が務めた。チケット販売のため、それぞれの自治体やＬＯＣ、そして、都道府県ラグビー協会とコミュニケーションをとった。

プロ野球やＪリーグの試合でも会場にブースを出展し、チケット発売日と販売期間を告知するとともに、開催される試合に出場する各国チームの魅力を伝えた。各エリアのテレビ局や新聞、ラジオ局を訪問するメディアツアーを実施し、メディア露出をプッシュして、番組出演やチケット発売のタイミングでの取材を依頼した。大阪では、大阪メトロと花園開催のコラボポスターなどを作成した。

先述したように、ラグビーよりもサッカー人気が高い静岡では県副知事らが中心となって、ラグビー教本を静岡県内の小中学生に配布するなどの地道なプロモーションが行われた。結果、徐々にそれらがチケットの売上につながっていった。その静岡では大会が開幕すると、世界ランキング2位のアイルランド代表に対して日本代表が劇的な勝利を収め、海外メディアが「シズオカショック」と報じたラグビー史に残る試合が行われた。

その試合の１週間後の10月５日に愛知県の豊田スタジアムで行われる日本代表対サモア戦に向けて、大内は動いた。

「サモア戦のちょうど1週間前に行われた日本対アイルランドの試合、スタジアムや大会の盛り上がりを感じながら、サモア戦が行われる豊田スタジアムで販売をしていなかった視野制限席について、その席を空席にしたままでいいのか、という気持ちが湧き出てきました。視野に制限があることを説明し、了承のうえで、少しでも多くの方が豊田スタジアムの席を埋めて、最高の雰囲気でキックオフを迎えたいと思い、視野制限席を開放しようと組織委員会内に働きかけました。そして席が埋まり、当日は、スタジアム全体が選手たちを後押しするような雰囲気になりました」

10月5日、日本代表はサモア代表に勝利した。ロシア、アイルランドに続いて、3連勝。ラグビー日本代表史上初のベスト8進出に大きく近づいた。


この頃になると、大会ボランティアチームTEAM NO-SIDEの一人ひとりの振る舞いが、海外から観戦に訪れた人々や代表チームの選手から「日本流のおもてなし」と、大絶賛を浴びるようになっていた。

1万3000名のボランティアの年齢層は18～89歳。その9割がボランティア初体験者であった。具体的なマニュアルがあるわけでもなく、必ずしも組織委員会のスタッフから的確な指示が常時飛んでくるわけでもない状況のなかでも佐藤らの狙い通り、ボランティアの一人ひとりが、自ら考え動いた。彼らは、試合会場の内外で、眼の前の観客の要望を察して動き、「日本流のおもてなし」を体現するボランティアチームとなっていた。

佐藤洋平が中心となって作成しボランティア全員に配布した「TEAM NO-SIDE Principles」のなかに、「イマジン（想像する）」という言葉がある。通り一遍でもなく、押しつけがましい感じでもなく、相手の状況を察しながら対応すること。「これが『イマジン』の真髄だ」と佐藤らは考えた。要は1万3000通りの〝おもてなし〟がそこにあっていいのだ。

各開催都市のスタッフもボランティアも、どの国のチームが来るかはあらかじめわかっていた。だから、このチームが来るから、この言葉で盛り上げましょうと準備する。街中ファンゾーンや駅からスタジアムまでの道のりで、ボランティアが温かく海外からの来場者に声がけする姿が、メディアに取り上げられるようになった。

東京会場の観客サービスで活動したボランティアは、楽器が演奏できるというスキルを生かして、東京スタジアムで試合を行うチームに馴染みの曲をピアニカで演奏し始めた。フリート（大会ゲストや審判団の送迎を行うドライバー）のボランティアのなかには、外国人ゲストを送り届けた際、折鶴をプレゼントする者も現れた。TEAM NO-SIDEのボランティアは、プリンシプルや役割をしっかり理解し、その場で何が必要か、どうすべきかを察して行動したのである。その行動には、全国の開催都市で一貫性があった。それが、のちに「日本流のおもてなし」と言われることにつながった。

やがて、来場した観客とボランティアが、スタジアムに向かう沿道でハイタッチ（High-Five）をすることも大会の風物詩の一つとなっていった。大会のコンセプトを理解し、特別な雰囲気を生み出す一員としてボランティアが来場者に積極的に働きかけたのである。

これは、事前のトレーニングでの下準備と、観客の動線を管轄する警備ＦＡの理解と協力を得て生まれたものだった。

巨大台風の襲来

日本代表がサモア戦に勝利した翌日、10月6日。この日、太平洋で発生した熱帯低気圧が台風19号に変化したことが確認された。台風19号は、10月11日〜14日ごろに日本に接近する可能性があることが示唆された。

10月7日、危機対応チーム（Crisis Management Team：ＣＭＴ）が立ち上げられた。

事前に台風と地震を地理的なリスクとして位置づけていたラグビーワールドカップ２０１９組織委員会は、策定していた緊急時対応計画に則り、関係各所との調整を開始した。直前の9月8日に台風15号が関東地方に上陸し、千葉県を中心に大きな被害をもたらしていたことからも、15号と同格、もしくはそれ以上の強さとなった台風19号の対応に組織委員会の緊張感は高まった。

この規模の台風が、試合が行われる12日、13日に直撃した場合、事前の取り決め通りに予選プールの試合は中止にならざるを得ない、誰もがそのことを予期し始めたときに、意外な指示がワールドラグビーより組織委員会にもたらされた。

「考えられるすべての可能性を検討せよ[136]」。その指示を受け、組織委員会はあわただしく動き始めた。九州で予定されていたウェールズvsウルグアイ（熊本）、アイルランドvsサモア（福岡）を東京や熊谷に移すことを検討した。8日に台風の進路が変わり、九州ではなく関東地方に台風が接近することがわかると、ニュージーランドvsイタリア（豊田）の試合は順延、イングランドvsフランス（横浜）、日本vsスコットランド（横浜）の2試合は九州への移転が検討され始めた。スタッフや選手を含めた関係者の宿泊輸送、荷物の運搬などの手はずは整えられており、実際に試合会場を変更することができる準備を短期間で組織委員会は整えつつあった。

しかし、その状況でまたしても異なる声が発せられる。「一部の試合を例外扱いするのは不公平[137]」。事前の取り決め通りに試合を中止すべきという主張は、移動を嫌ったチームからの強い要望であったとも言われている。これによって、〝試合日程の順延〟と、〝試合会場の移転〟というオプションは消えた。選択肢はラグビーワールドカップ史上初の〝中止〟か、それとも〝決行〟か、2つに絞られた。

刻一刻と台風が迫るなか、10月9日の午後9時より各試合の対応に関する協議が行われた。この歴史的な会議に、映像記録のカメラが入っていた。「この会議は歴史的なものになる。必ず記録しておかないとダメだ」。広報コミュニケーション部長である楠本とそのチームが実現したものだった。

決断の瞬間

10月9日午後9時、広報コミュニケーション部長の楠本によって実現した撮影で、カメラがその瞬間を捉えていた。中止か決行か、その極限の決断の瞬間である。

この映像は、ラグビーワールドカップ２０１９組織委員会広報コミュニケーション部が作成した映像、「ラグビーワールドカップ２０１９『舞台裏の真実』[138]」から見ることができる。

嶋津昭事務総長

「ワールドラグビーにとっても初めての経験だから、（意思決定が）難しいとは思うんだよね。台風に対するアセスメントというものが」

アラン・ギルピン

「最も優先すべきなのは『安全』です」

鶴田友晴事務総長代理

「お客様の安全というのはもちろんなんだけども、その他スタッフやボランティアとかステークホルダーの安全も確保しなければならない。なるべく早く決断をして、その人たちの身の安全を守ってあげることが大事なのでは。明日の段階で開催の可能性が出てくるのであれば決断を待つ意味があるとは思うけど、開催できるようになるとは僕には思えないんですよ。だったら早く中止を決めて、皆さんに早く通知した方が安全性という観点からも、取るべき姿だと思いますね」

アラン・ギルピン

「明日の記者会見にて、様々な情報をもとに考慮した結果、この段階で12日の豊田（ニュージーランドvsイタリア）と横浜（イングランドvsフランス）の試合中止を決定したことを発表したいと思います。安全を優先してこの決断をします。（当初のポリシー通り）試合日の朝まで待つことはしません。これまでワールドラグビーはラグビーワールドカップの試合を一度も中止にしたことはありません。この決断は決して軽々しいものではありません。たとえ批判を受けたとしても人々の安全を最優先にするという正当な理由があります」

嶋津事務総長

「（台風が通り過ぎるか判断が難しい13日の試合については）台風が通り過ぎることを前提にして、（当初のポリシー通り）13日のキックオフ6時間前に最終的な判断を下すことにしましょう」

アラン・ギルピン

「13日の朝に判断をしましょう。試合が安全に行えるようなら開催を決断します。本当に安全な場合のみです。（台風が直撃する見込みの）12日の試合は残念ですが、13日の試合は開催できるかもしれません」

この一連のやり取りを傍で聞いていた楠本は述懐する。

「あの会議に参加していたトップマネジメントの人たちは本当に素晴らしかったと思います。あの会議に入っていた人は、ほぼすべてのボードメンバーでした。入っていないのは会長のビル・ボーモントと副会長のアグスティン・ピチョットと数人ぐらいで、あそこにいるメンバーでほぼすべての意思決定ができる状況でした。そして、トップマネジメントの人たちの判断基準が極めて真っ当だと思いました。私は広報だからフラットに話を聞いていましたが、この基準で判断を下したのであれば、それを世の中の人に説明すれば、ほとんどの人が受け入れてくれると感じました」

「様々な最新の気象予報から判断し、今週末のラグビーワールドカップ２０１９の試合計画を変更しました。台風19号『ハギビス』による重大な影響を考慮し、安全上の理由から試合を中止することを決定しました[139]」

２０１９年10月10日正午、明治神宮野球場近くの日本青年館ホテルに設置されたMedia Conference Room（記者会見室）で、国際統括団体ワールドラグビーのアラン・ギルピン統括責任者が、会場に集まった記者を前に語った。会場では十数台のカメラがアラン・ギルピンの表情を捉え、世界に向け放映していた。

記者会見会場の前席には、アラン・ギルピンの他、ラグビーワールドカップ２０１９組織委員会の嶋津事務総長、鶴田事務総長代理、ミック・ライト事務総長代理待遇、そして、組織委員会が業務委託した株式会社ウェザーニューズの気象情報の専門家がいた。

アラン・ギルピンに続いて、ラグビーワールドカップ２０１９組織委員会の嶋津事務総長が伝えた。

「チームおよび観客の皆様の安全を考えたうえで、ニュージーランド代表対イタリア代表戦と、イングランド代表対フランス代表戦の10月12日に予定されていた2試合を中止することはやむをえないだろうという結論に組織委員会としても達しました[140]」

試合の中止。それは、ラグビーワールドカップ史上初のことであった。

11

伝説の「日本代表vsスコットランド代表戦」

「早く試合中止の決定を下してください」

ラグビーワールドカップ史上初となる試合中止を発表した記者会見から2日後の夜、２０１９年10月12日午後7時前、台風19号「ハギビス」は強大な勢力を保ったまま静岡県の伊豆半島に上陸した。巨大台風は関東地方を直撃し、13日に試合が予定されていた岩手県の釜石鵜住居復興スタジアムの方向に向かっていた。

岩手・釜石会場のイベントデリバリマネージャーは、谷俊一郎《たにしゅんいちろう》であった。谷はもともとサッカーに関わる仕事をしていたが、ラグビー観戦が趣味であった。ラグビーワールドカップ２０１９組織委員会が二回目の公募をしたときに、そのチャンスをつかみ取って組織委員会に入職した。

釜石鵜住居復興スタジアムの初戦は天候にも恵まれ、最高の雰囲気のなかで試合が行われた。開会式を演出した熊谷が調整に奮闘したブルーインパルスも飛び、復興の祈りを込めた歌を子どもたちが歌い上げた。試合内容も前評判を覆し、ウルグアイ代表がフィジー代表を破った。

そして2週間後、谷は再び釜石を訪れることになるのだが、その頃には状況は一変していた。台風19号の接近が予想されていたからである。台風が直撃した場合の交通輸送のシミュレーション、仮設物のスタンドや大型ビジョンの対応など調整を進めるなか、台風は確実に日本に近づいてきていた。

「釜石の試合はできないんじゃないか、自分は試合を中止するために釜石に行くことになるのではないだろうか」

谷の心境は、初戦を迎えたときとは１８０度違っていた。

10月10日、釜石鵜住居復興スタジアムで予定されていたナミビア代表対カナダ代表戦の3日前、谷は再び釜石に入った。静岡会場のイベントデリバリーマネージャーを兼務していたこともあり、静岡会場での担当3試合を務め終わったタイミングでの現地入りとなった。現地に着き関係者と様々な台風対策を進めれば進めるほど、「これは初戦のような最高の状態で試合を開催することができない」と確信するようになっていった。

10月12日、試合の前日の谷は、接近する台風に備え試合会場に設置されていた仮設の大型ビジョンの位置を調整し、ゴールポストを短くするなどの最大限の準備を進めていた。

午後4時過ぎ、事前の予報通り台風に伴う雨風が激しさを増していた。スタジアムには組織委員会の職員だけでなく、ワールドラグビーのメンバーや海外メディアスタッフもいた。翌日の試合に向けたミーティングの最中、谷は各々の携帯電話が避難情報のアラートでけたたましく鳴り響くのを聞いた。

「もはや試合の準備どころではなく、会場の責任者として、みんなの安全を確保しなければならないという気持ちが強まっていました。翌日に天候が回復する見込みがないなかで、早く試合中止の意思決定をしてほしい、早く中止を決断して、みんなの安全を確保する方向にシフトしたいと考えました」

東京の大会運営本部（ＴＨＱ）から試合中止の一報が入らぬまま、谷は、夜を徹して緊急時に迅速に対応するべく準備を進めた。気づけば、谷が滞在するホテルの前の道が冠水していた。10月13日午前5時、谷はＴＨＱに電話した。

「我々が宿泊しているホテル前の道も冠水していて外に出ることができません。市内では土砂崩れが起きている場所があり、既に災害が発生しています。この状況では、試合の準備・開催は不可能です。早く試合中止を決定してください」

午前5時50分、東京に設置されていたＴＨＱから、ナミビア代表対カナダ代表戦の中止が発表された。

午前9時頃には水も引きホテルから出られるようになったこともあり、谷は、細心の注意を払いながら鵜住居復興スタジアムに向かった。スタジアム周囲では土砂崩れが起きていた。

「そこにいた誰もが試合が中止になって仕方ない、でも、心から悔しいと感じていたと思います。でも、誰もそんなことを言わずに黙々と後片づけをしていました。キックオフ時間の頃には、とにかく晴れていた。めちゃくちゃに晴れていたんですよね」

釜石鵜住居復興スタジアムでは、予定されていた2試合の内、初戦の1試合しか開催することができなかった。2試合目は中止となった。それでも、前日からスタジアム周辺に宿泊していた観客やボランティアスタッフは、試合の開催が予定されていたキックオフの午後12時15分、ＳＮＳを通じて呼びかけられ、スタジアムに集まった。そこには１００旗以上のカラフルな大漁旗が準備され、集まった人たちによって掲げられた。

試合が中止になったカナダ代表は、台風によって浸水した釜石市街の被災地へボランティアに入り、道路に流れ出た土砂をかき、住宅から水に濡れた畳を運び出した。[141] ナミビア代表も宮古市役所を激励に訪れ、地域住民との交流を行った。彼らの姿は世界中から称賛を浴びた。

その日の横浜国際総合競技場

台風19号の影響のため、10月12日に予定されていた豊田スタジアムのニュージーランド代表対イタリア代表戦、横浜国際総合競技場のイングランド代表対フランス代表戦、そして、10月13日の釜石鵜住居復興スタジアムのナミビア代表対カナダ代表戦の3試合が中止となった。
一方、釜石での一戦の中止が発表になった同日の夜に、横浜で開催予定の日本代表対スコットランド代表の対戦が、巨大台風のため中止となるのか、決行されるのか決定されていない状況だった。互いのチームにとってプール戦（予選）の最終戦となるこの一戦は日本国内のみならず、海外の注目度も高かった。

日本代表は開幕からロシア代表、アイルランド代表、サモア代表から勝利を挙げ、ここまで無敗で決勝トーナメントのベスト8進出に大きく近づいていた。一方のスコットランド代表は、ここまで2勝1敗。予選を突破しベスト8に進むためには、4トライを挙げ、かつ、7点差をつけて日本代表に勝利する必要があった。

ラグビー伝統国の一つであるスコットランドでは、決勝トーナメント進出は“Must”であった。予選敗退という結果は許されるものではなかった。

もし、台風の影響のため試合が中止となれば、結果は0対0の引き分けとして記録が残る。その場合、スコットランド代表の決勝トーナメント進出はなくなる。何がなんでも試合の開催を望んだスコットランドラグビー協会は、「台風19号の影響でプールステージの最終戦が中止となった場合、法的措置も辞さない」とコメントしていた[142]。スコットランド代表のこの一戦に懸ける思いは並々ならぬものがあった。

強い思いは、日本代表も負けずとも劣らない。4年前のラグビーワールドカップ２０１５イングランド大会では、「ブライトンの奇跡」と呼ばれた南アフリカ代表戦、そしてサモア代表戦、アメリカ代表戦に勝って過去最高の3勝を挙げたが、2戦目のスコットランド代表に負けたため、勝ち点の差で予選突破はならず、決勝トーナメント進出を逃した。その因縁の相手がスコットランド代表であった。

両代表チームが決勝トーナメント進出に向けた勝利への思いを高めるこの一戦が、中止となるのか、決行されるのか、世界中のラグビーファンの注目が集まっていた。その最終判断は、キックオフの6時間前となる10月13日午後1時45分までに下されることになっていた。

日本代表対スコットランド代表戦が行われる横浜国際総合競技場がある新横浜公園は、多目的遊水地としての機能を持っていた。このため、横浜国際総合競技場は1階部分に駐車場を、2階層以上にピッチや諸室、スタンドを持つ特異なスタジアムである。新横浜公園のすぐ近くを流れる鶴見川の水位が上がった場合は公園内に水が流れ込み、周辺流域への洪水被害を防いだ。

試合前日10月12日の午前8時50分、台風19号の大雨で増水した鶴見川の水が新横浜公園内に流れ込み始めた。みるみるうちに公園内にあるジョギングコース、テニスコートに水が溜まっていく。だが、これによって鶴見川周辺流域の安全は保たれた。

午後4時55分、試合会場となる横浜国際総合競技場の1階駐車場にも鶴見川の水が流れ込んだ。午後6時頃、神奈川県は台風19号の暴風域に入った。横浜では、10月としては過去最大の暴風が吹いた。瞬間風速43・8メートルの暴風が横浜を襲ったのだ。午後7時過ぎ、伊豆半島に上陸した巨大台風は、午後9時になって神奈川県を通過した。[143]

このとき、神奈川横浜会場のＬＯＣ支部長である熊坂は冷静であった。台風の発生・接近・上陸が多くなる7月から10月[144]にかけて、サッカーＪリーグの試合を何度も開催した経験があったからである。

ラグビーワールドカップ２０１９日本大会が始まる前から、熊坂は、台風が直撃したときにどのような影響が出るのかもおおよその予想を立てていた。２０１９年9月9日、日本代表対スコットランド代表戦の約1カ月前、千葉県に上陸した台風15号は、横浜にも暴風をもたらした。

「スタジアム周辺のテントや看板をあらかじめある程度倒しておくなど対策はしていましたが、想像以上の被害を受けました。台風でここまでやられるということを経験しました。このままの体制では不十分で、どこに損傷がでやすいか、どこが台風の影響を受けやすいかを、事前に知ることができました」

熊坂は、台風15号の経験も生かし、より具体的な対策を講じた。台風の被害を避けるために、どのテントや仮設物を撤去し移動させるのか、復旧までにかかる時間はどれくらいかなど、台風対策のシミュレーションを重ねた。

「横浜では12日のイングランド代表対フランス代表の試合が中止になりましたが、事前に準備していたので、一番大変なときにバタバタと慌てることはありませんでした」

日付が変わって、10月13日、午前1時、雨が和らいだタイミングで、熊坂は、イベントデリバリーマネージャーの河合、そしてLOCの部下とともに3人でスタジアム周辺を見回った。

「十分準備はしていましたが、やはり被害は出ていました。対応できるところは、現場を見て状況を確認して、それぞれの担当に連絡をしました。夜中1時くらいになると、雨がやみはじめており、ピッチを含め施設に大きなダメージも見当たらなかったので、これは試合ができるだろうと、そのとき思いました」

午前5時過ぎ、熊坂は、横浜国際総合競技場周辺の水が引いているのを確認した。「スタジアムは試合を実施できる状況にある」と確信を強める一方で、熊坂には、一つ気がかりなことがあった。それはスタジアムを保有する開催都市自治体の神奈川県と横浜市の意向であった。神奈川県内では、家屋の浸水被害や土砂崩れの被害で避難所に避難した人々もいた。

「このように被害が出ている状況で、ラグビーワールドカップという祭典をできるのか。それが一番の心配の種でした」

前日（10月12日）の昼間、熊坂は市内の避難所を訪れていた。

横浜で予定されていたイングランド代表対フランス代表の一戦が中止となり、当日参加するはずであったボランティアスタッフや試合会場に従事する関係者のために用意した菓子パンが余ることとなった。熊坂はケータリング担当と2人で避難所を巡回し、１０００食の菓子パンを届けたのであった。そこで出会った子どもが熊坂に言った。

「待っていたよ、ラグビー応援するからね」

熊坂は、スタジアムの状況を確認しつつ、自治体の開催都市運営本部と何度も連絡を取り合った。10月13日午前6時、神奈川県と横浜市からなる開催都市運営本部の職員も試合会場周辺を巡回して被害状況を確認した。

「特段、被害は見られなかった。さらに、公共交通機関や県内・市内の被害状況を確認、大会組織委員会と情報共有を行った。そのほか、台風対策のため一時撤去していた資機材等（監視カメラ、案内サインなど）の再設置を行い、開催に向けた準備を実施した[145]」

のちに神奈川県と横浜市が発行した「ラグビーワールドカップ２０１９™神奈川県・横浜市開催記録集」にこのように記述されている。組織委員会横浜ＬＯＣ支部長である熊坂のもとに、神奈川・横浜の開催都市運営本部から一報が入った。

「最終的に試合を実施するかは、組織委員会の判断を尊重します」

熊坂は、すぐにその内容を神奈川・横浜会場を統括するイベントデリバリーマネージャーの河合に伝えた。

午前7時、横浜国際総合競技場の2階の会議室に組織委員会の各ＦＡ他、関係者が集まった。ワークフォースＦＡで横浜担当だった真鍋もそこにいた。誰もが日本代表対スコットランド戦の開催を疑っていなかった。

試合を開催するには、会場の安全確認、フィールドの芝の保護など、横浜国際総合競技場の施設管理者との連携が必要であった。安全に試合を運営するためには、警備会社との連携も必要であった。

横浜国際総合競技場の会議室と東京の大会運営本部は、ビデオ会議でつながっていた。このとき、大会運営本部にいた組織委員会企画局長の内田は、ビデオ会議の画面を通じて横浜の様子を見ていた。縦長の会議室の前列に河合が立ち、壁際に40名ほどが河合を囲むように直立している。誰もが河合をじっと見つめていた。

会議室の様子を画面越しに見ていた内田は振り返る。

「できます、できます、できます、こういう課題はありますが大丈夫です……というのが、わーっとあがってきて、これは、すごい現場力だと感動しました[146]」

横浜での試合実施が「可能」という判断は、最終的に河合から大会運営本部に伝えられた。現場の判断が東京の大会運営本部に届いた。「横浜の現場で、試合ができることはわかった。あとは残された時間で、どこまでのサービスレベルを提供できるのか、やるしかない」

横浜国際総合競技場では、試合実施に向けた準備が急ピッチで進められた。午前8時、熊坂は、横浜国際総合競技場の1階駐車場にいた。遊水地として鶴見川の増水した水が流れ込んで、ＶＩＰ駐車場が使えなくなることを想定して策定していたプランＢ（スタジアムから離れた別場所にＶＩＰ駐車場を配置）発動の必要性を確認するためだ。競技場の駐車場には、大きな水たまりができ、泥も滞留しており、魚もピチャピチャと飛び跳ねている状態だった。このままでは駐車場を使用できる状態ではなかった。ここで、熊坂に競技場の施設管理者から申し出があった。

「こんな汚い状態では選手やＶＩＰを迎え入れることはできません。自分たちの手で水をかき出します」

時間のないなか、ホスピタリティあふれる提案に河合はプランＡでいくことを即座に決定。施設管理者はメンバーを集め、駐車場に溜まった水や泥をスポンジやホウキでかき出した。

試合開始まで残された時間で何を優先するか、熊坂は組織委員会の各ＦＡと調整した。台風の影響が出る前に崩していた仮設物を試合に向けて完全に復旧するには、20時間以上はかかる。それでは試合は終わってしまう。キックオフまでに可能な範囲で、優先順位の高いものから復旧するという作業が行われた。優先順位の意思決定は、最終的にはイベントデリバリーマネージャーの河合が決めた。

例えば、チケットゲートに設置されたテントでは、雨が降らない予報なので天井は不要、横幕はフェンスで対応可能、照明はＬＥＤライトを立てればいい。施設管理者、業務委託事業者、組織委員会メンバーが一緒になって復旧を進めた。

試合実施のプレスリリース、そして伝説の試合へ

横浜国際総合競技場は、試合ができる状態にある。開催都市自治体も試合実施を了承した。会場も復旧作業を進めている。残りの懸念は、試合会場への主要なアクセスであるＪＲ横浜線が動くかどうかであった。

企画局長という立場で緊急時対応計画を主導する責任者でもあった内田は、ＪＲ東日本の担当者とホットラインを築いていた。内田は大会が開幕する直前の最も忙しい時期にＪＲ東日本のオフィスに出向いていたのである。「万が一、台風等の自然災害が起きた際は、コンタクトさせていただくかもしれません」と挨拶に行ったのだ。「何かあればいつでも電話してください」と言ったＪＲ東日本の担当者と、内田は電話番号を交換した。

10月13日午前10時過ぎ、内田は、その相手に電話をかけ、手短に聞いた。

「今日、ＪＲ横浜線は動きますか」

「動きます」

ＪＲ東日本の担当者は力強く答えた。このホットラインが、内田の判断を支えた。

そして、午前10時45分、日本代表対スコットランド代表の試合開催を決定するプレスリリースが全世界に向けて発信された。プレスリリースを発信したのは、ラグビーワールドカップ２０１９組織委員会広報コミュニケーション部長の楠本であった。

プレスリリース発表前には、台風の影響で18名が亡くなっていた。

楠本は怖さを覚えていた。「このプレスリリースは受け入れられるのであろうか」

その直後、ＮＨＫがニュース速報を出し、試合の開催が日本国内に広く知られることとなった。時刻は10時48分を指していた。台風豪雨被害を伝える画像の上に「日本のベスト8かかるスコットランド戦予定通り今夜実施へ　ラグビーワールドカップ」と白字のテロップが流れた。

試合実施のプレスリリースが発信された裏で、予想外の出来事も起こっていた。続々とボランティアが試合会場の横浜国際総合競技場に集まっていたのだ。午前7時過ぎに、会場内スタッフに対して試合が決行されることが周知されていたが、ボランティアに対しては、安全面を考慮してプレスリリースと同じタイミングで試合実施が正式に伝えられることとなった。それにもかかわらず「中止になったとしても、何か手伝えることがあると思って来ました」とボランティアが試合会場に集まってきたのである。

TEAM NO-SIDE のボランティアらは互いに連絡をとり合い、開催決定の正式発表を待つことなく自主的に試合会場に集まったのだ。

試合開始時には、当日のシフト対象者のボランティアスタッフ４４４名のうち、４１７名が横浜国際総合競技場に集まっていた。彼らは、日本代表対スコットランド代表の一戦を「大会の顔」として支えることとなった。94％（４１７／４４４人）という参加率は、横浜国際総合競技場で開催された全7試合のなかで、最も高い数値となった。

２０１９年10月13日、横浜国際総合競技場を6万７６６６人の観客が訪れた。観客が歌う国歌斉唱はスタジアムに響きわたった。午後7時45分、キックオフ。決勝トーナメント進出を懸けた日本代表対スコットランド代表の試合が始まった。

午後9時41分、試合終了。日本代表の山中亮平《やまなかりょうへい》がタッチラインに楕円のボールを蹴り出し、史上初の決勝トーナメント進出が決まった瞬間、関東地区のテレビ瞬間最高視聴率は53・7％を記録した。

この日の試合中、河合と熊坂はスタジアムのコントロールルームにいた。その場所からは、1階のグラウンドも見えなければ、スタンドの歓声も聞こえない。テレビモニターから試合の行方を見守った。

試合終了間際、熊坂はトラブルが起こった5階のホスピタリティエリアに移動していた。トラブル処理を終えてコンコースに出たところで、観客からあがった試合時間終了のカウントダウンの大歓声を聞いた。

「今日の試合は、日本人でなければ開催できなかった」

日本代表とスコットランド代表の熱戦から一夜明けて、イギリスのガーディアン紙がある記事を配信した。「Japan show world their defiance and skill in face of typhoon destruction（台風の襲来で日本が見せた反骨精神と技術）」という見出しで、「なぜ日本人はこの試合を中止にせず、開催したのか」といった点を英語で巧みに説明し、世界に発信したものだった。[147]その内容は、台風12号に襲われた日本において、犠牲者や被害が出ているなか、「なぜラグビーの試合をするのか」という意義を問うことに向き合い、多くの関係者との複雑な問題を解決して復旧・準備作業を行い、試合実現を成し遂げた日本人と日本代表の圧倒的な覚悟と行動力を賞賛するものだった。

試合実施のプレスリリースに怖さを覚えていた楠本は、その記事を見て救われたと言う。

「あの記事を見て組織委員会のいろいろな人が救われたと思います。これだけ被害があって、亡くなった人が増え続けているなかで、なぜ日本人はこの試合をやるのか、しかも日本代表はスコットランド代表との試合が中止になった方がよかったのではないか、中止になれば無条件で決勝トーナメントに進出できるので中止を望んでいるのではないか。中止にすればスコットランドが訴えるという声すらあったが、そこに対する日本人のプライドみたいなものがすごくあったと思う。『やらない方がいいんじゃないか』というコメントは世界中の人からも出ていた。

しかし、試合をやるという決断をした。キックオフ前、スタジアムの観客たちの『君が代』の大合唱に心を揺さぶられた。決勝トーナメントに行ったことのない日本代表だが、スコットランド代表と戦って負けて決勝トーナメントに行けなくても、日本人は誰も文句を言わないと、あの大合唱にはそんな思いも含まれていたんだと思います」

危機対応チームの一員であったラグビーワールドカップ２０１９組織委員会事務総長代理待遇のミック・ライトは、のちにこう語っている。

「その週、私たちは、メインオペレーションセンターで台風の経過を見ながらかなりの討議を重ねました。台風の影響を受けるのであれば試合計画を変更するという緊急時のプランも用意していました。残念ながら台風は釜石に甚大な被害を及ぼしました。しかし我々は素晴らしいチームワークをもって、中止となった試合もありましたが、他の試合を開催することができました。そして今大会最も盛り上がった試合である日本―スコットランド戦が行われたのです」[148]

ラグビーワールドカップ２０１９日本大会の統括責任者である国際統括団体ワールドラグビーのアラン・ギルピンは、次のようなコメントを残した。

「本当に大変な週末でしたが、最後は素晴らしい試合で終わり嬉しく思っています。試合を見ていた日本のファンだけではなく、世界中のファンに感動を与える試合でした。チームと観客の情熱や興奮、素晴らしい雰囲気を感じることができました。

命を亡くした方もいた。家をなくした方もいた。台風によっていろいろな被害を受けたと思います。そういったなかであの週末に特に横浜の試合ができるように多くの方が尽力してくださいました。組織委員会のスタッフ、開催都市の方、会場や救護のスタッフ含め、皆さんに本当に感謝しています。あの週末の試合を開催するために本当に努力をしてくださいました[149]」

あの日、伝説の一戦と呼ばれる日本代表対スコットランド代表戦をアラン・ギルピンと内田は、横浜国際総合競技場のスタンドから観戦していた。

試合終了後、アラン・ギルピンと内田は抱き合った。そして、アランが内田に伝えた。

「今日の試合は、日本人でなければ開催できなかった」。その言葉は、入念に練りこまれた事前の準備、確実な意思決定を可能にした信頼関係、そして何よりもこの試合を絶対に開催したいという強い思いを持った人々が、立場や役割を超えスクラムを組んで大会運営を担った組織委員会のスタッフたちの姿を讃えていた。

「この試合を絶対に開催したい」。その強い思いは、大会主催者であるワールドラグビーも同じだったのである。

内田とアラン・ギルピンが抱き合う姿は、いくつもの軋轢を超え、組織委員会とワールドラグビーが一つのチームになったことを象徴していた。

12

未来
——そして、ナレッジは残ったのか、受け継がれたのか？

スコットランド代表戦に勝利し、決勝トーナメントに進出した日本であったが、準々決勝で南アフリカ代表と対戦し3－26で敗退した。日本に勝利した南アフリカ代表は、準決勝でウェールズ代表に勝ち、11月2日に横浜国際総合競技場で開催された決勝戦でイングランド代表を32対12で破り、ラグビーワールドカップ２０１９日本大会を制した。この決勝戦の観客動員数は、横浜国際総合競技場で過去最高の７万１０３人を記録した。

横浜国際競技場で行われた決勝・南アフリカ対イングランド戦のあと、徳増はもう観客がすっかりいなくなったスタジアムに立ち尽くしていた。まるで余韻に浸るかのように、スタジアムから立ち去ることができなかった。そして思った。「２００３年から16年がかりで夢見てきたラグビーワールドカップが、これで本当に終わったんだ」と。

「最高のホストです！　ありがとう、さよなら、ジャパン」

開催期間中そして終了後にもＳＮＳには、ボランティアに対する感謝の声があふれた。89・５％。この数字は、本大会に参加したボランティアの「ボランティア活動への満足度」である。[150] 史上最大の規模のボランティア１万３０００人が、来場者に感謝されたり、感動されたりする活動を行い、彼ら自身も大いに満足した。これが、今回のボランティアプログラムの大きな成果であった。

日本全国の12の試合会場で行われた45試合（中止３試合）には、延べ１７０万人の観客がスタジアムに訪れた。そのうち、24万２０００人は海外からの観戦客であった。フルスタジアム（満員）を目標にしていたチケットは、販売可能な座席の99・３％となる１８４万枚が売れた。１枚の平均チケット価格が２万円以上で売り上げた入場料収入は、３７３億円に上った。国内外から多くの観戦客が訪れたが、大会開催期間中のテロや雑踏事故の件数は０件であった。また、ラグビー観戦特有とも言えるビールの売上は、ラグビーワールドカップ史上最高クラスの規模となった。大会期間中の世界中のテレビ視聴者数は延べ８億５７２８万人、日本代表対スコットランド代表戦は日本国内の５４８０万人の視聴者がテレビ観戦した。全国各地の16会場のファンゾーンの入場者総数はラグビーワールドカップ史上最高の１１３・７万人であった（図表19）。ラグビーワールドカップ２０１９日本大会がもたらした経済波及効果は６４６４億円となった。[151]

２０１９年11月３日、ラグビーワールドカップ２０１９組織委員会とワールドラグビーは、決勝戦の翌日、東京都内で記者会見を開いた。

「２０１９年日本大会はおそらく最高のラグビーワールドカップとして記憶されるでしょう。我々が経験した６週間は素晴らしく、最高の形で終わることができました。すべてのことについて、チェアマンの私が言えることは、ありがとう日本、素晴らしかった。おそらく過去最高のホストです。『ありがとう、さよなら、ジャパン』」[152]

図表 19　ラグビーワールドカップ 2019 日本大会の実績

チケット完売率 99.3%	テレビ視聴者延べ人数 8億5,728万人	ファンゾーン（16会場） 113.7万人入場
スタジアム入場者数 170.4万人（延べ）	国内TV視聴者 瞬間最高視聴率 53.7%（関東地区）	ボランティア登録 1.3万人
最高入場者数 70,103人（決勝戦） 訪日観戦客 24.2万人	世界デジタル視聴 動画再生回数 20.4億回（前回大会比6倍）	テロ・雑踏事故 0件
2019年年間流行語大賞獲得 「ONE TEAM」		日本代表世界ランク 8位

（出所）「ラグビーワールドカップ2019™日本大会 大会成果分析レポート」および「現代用語の基礎知識」選 2019ユーキャン新語・流行語大賞 年間大賞

ワールドラグビーのビル・ボーモント会長は、このようにラグビーワールドカップ２０１９を総括した。

翌月、２０１９年12月、組織委員会は、日本大会公式ボランティアプログラムサンクスパーティを各開催都市で順次開催した。日本代表対スコットランド代表の伝説の一戦、そして決勝戦の会場にもなった神奈川・横浜会場では、12月21日、横浜新都市ホールで、それぞれ90分のサンクスパーティが2回にわたり開催された。TEAM NO-SIDEとして神奈川・横浜会場等で活動したボランティアが参加し、開催都市挨拶、メッセージムービー放映、感謝状贈呈式、記念写真撮影等が行われた。

振り返れば、「Tender for Asia（アジアのための招致）」というスローガンを掲げて招致活動を展開し、アジア初の開催を実現し、成功を収めたラグビーワールドカップ２０１９日本大会であった。

南アフリカ代表の優勝で幕を閉じてから10カ月が経った２０２０年９月、ワールドラグビーは、年次報告書「イヤー・イン・レビュー２０１９」を公表した。この年次報告書のなかで、ワールドラグビーは、ラグビーワールドカップ２０１９日本大会によって、アジアの新規ラグビー参加者２２５万人（日本だけでも１１８万人）が誕生し、アジア初のラグビーワールドカップ２０１９日本大会は、世界で最も人口の多いアジアにとって、〝Real Game-Changer（真のゲームチェンジャー）〟であったことが証明された」と称した。[153]

■「一生に一度」に懸けた者たちのそれから

２０２０年3月末、南アフリカの優勝から5カ月、公益財団法人ラグビーワールドカップ２０１９組織委員会は、解散の時を迎えた。

その後、「一生に一度」のプロジェクトに懸けた者たちはどうしているだろうか。ラグビー界を盛り上げるために、ＪＲＦＵやプロリーグであるジャパンリーグワンで尽力する者、あるいは自分で組織をつくる者たちがいる。あるいは、他の国際的なスポーツイベントやスポーツビジネスで活躍する者、専門性を生かしてスポーツ分野に貢献する者もいる。また、自治体に戻ってスポーツ振興に取り組んでいる者たちもいる。

日本が初挑戦したラグビーワールドカップ招致失敗の一報を聞き、涙しながら乾杯のために用意したシャンパンを見つめた宮崎春奈は、２０１９日本大会では、会場運営局メディアオペレーション部長を務め、国内外のメディアのラグビーワールドカップ取材環境を整備した。

誰よりも長く組織委員会に携わった宮崎は、「しっかりと記録をとり、残せていなかったことが自分の反省」と、ラグビーワールドカップ２０１９を振り返る。

「２０１５イングランド大会視察後にレポートを書いたけれども、それがいつの間にかなくなっていて参考にされなかった。自治体を視察した際の資料もどうなったのか。大会3年前に秩父宮ラグビー場の階段で集合写真を撮りましたが、それもどこかにいってしまいました。長い大会準備期間のなかで、情報の共有・整理が十分されておらずもったいない。初めからどのような記録を残しておくかを考えておくべきだったと思います」

ラグビーの大ファンの宮崎は、再び日本ラグビーフットボール協会（ＪＲＦＵ）に戻って様々な業務に邁進している。

「これだけやってもダメなのか、この壁は厚すぎる……」と第1回の招致活動で、敗北感に打ちのめされた徳増浩司は、２００９年にラグビーワールドカップ２０１９の招致に成功した後、２０１１年から２０１５年までは、アジアラグビー協会からの選出で、ワールドラグビーの理事を務めた。その後、２０１５年から２０１７年まで、アジアラグビー会長という要職を担った。ラグビーワールドカップ２０１９組織委員会では、２０１５年から事務総長特別補佐（国際担当）を務めた。

徳増は、アジア初の開催となったラグビーワールドカップが日本国内でも大きく盛り上がることを祈るような気持ちでいたという。その徳増の〝祈るような気持ち〟が成功への〝確信〟に変わったのは、大会開幕まで4日のことであった。それは２０１９年9月16日、北九州で行われたウェールズ代表の公開練習が行われた日のことだ。

「ウェールズの広報担当者が、カメラを３６０度回してそんなスタジアムの様子を撮影し、『これを見てください……この感動を表す言葉が見つかりません』と、ＳＮＳで世界に発信しました。今まで伝統国で開催されてきたラグビーワールドカップでは、自国以外の国、相手国の国歌を歌うことなどありませんでした。これには世界中が驚きました。北九州市の市民たちがウェールズの〝赤色のジャージ〟を着て、全員でウェールズ国歌のLand of my fathers（我が父祖の土地）を歌う。私は、『これは、もしかしたら何か奇跡のようなことが起こるかもしれない』、そう思いました」

徳増は、日本と海外の子どもがともにラグビーを楽しむため「一般社団法人渋谷インターナショナルラグビークラブ」を２０１７年に設立し、現在も代表を務めている。「ラグビーを通じて世界中に友達をつくろう」をモットーに、外国人コーチとともに英語でタグラグビーを教える活動を行っている。

ミック・ライトのもとで競技運営を担当するラグビーサービス部長を務めた熊木陽一郎はラグビーワールドカップ後にＪＲＦＵに帰任し、大会終了後のレガシーや地域連携を担う業務推進部門長となる。また２０２０年よりジャパンラグビーリーグワンの創設にも携わり、現在は同リーグのラグビー本部長としてラグビーリーグ運営に取り組んでいる。

「プール組分け抽選会」に奔走した河合洋一はイベントデリバリーマネージャーとして、熊坂と二人三脚で、神奈川横浜会場の運営を進めた。河合は、大会を振り返り、大会を支える業務の機能・単位であるＦＡをベースにした組織の在り方について、次のように指摘している。

「いきなりＦＡで分けて、縦割りでやるのは日本には合わないと思いました。では、何でヨーロッパだとうまくできるかというと、国際スポーツイベントを渡り歩いているエキスパートが競技に関係なく何人もいる。そういったエキスパートにはやるべきこと、ゴールがしっかりと見えている。そういった人たちの集まりであればＦＡベースの縦割り型の組織体制でも成立すると思います。それぞれのエキスパートに役割を権限委譲して、あとは自由にやってくださいというやり方でも問題ないと思います。ただ、日本には、そのような国際スポーツイベントのエキスパートが多くいるわけではありません。そんな状況で、業務分掌があってＦＡがあって、というのが最初にあると、あとから出てきた課題に対して『これは自分たちの仕事ではない』ということが起こってしまった。『これは、どのＦＡの仕事なのか』ということも多々ありました。

　エキスパートを集めて始めることのできない日本でやるならば、まず、全員が同じ仕事を経験し、少しずつ業務が増えてきた段階で、徐々に組織を割っていくという進め方が向いていたのではないかと思います。そうすれば、あとから、これはどのＦＡの仕事かとなった場合でも、それまでの経緯も経験しているので、もっとスムーズに折り合いがついたのではないかと思います」

　河合は現在、ジャパンラグビーリーグワンでパートナーリレーションズ部長として活躍している。

　チームサービスＦＡで公認チームキャンプ地問題の対応に奔走し、共通認識づくりの重要性を語っていた吉村泰輔は現在、リーグワンのディビジョン1に所属するコベルコ神戸スティーラーズで大会運営責任者および広報責任者の重責を担っている。岩手・釜石会場のイベントデリバリーマネージャーを務めた谷俊一郎は、静岡ブルーレヴズにおけるベニューオペレーションの責任者として、現在も試合運営に関わり続けている。

　組織委員会チケッティング・マーケティング局でマーケティング部長を務め、急激に職員数が増加するなか、コミュニケーションを図るためバーバキューイベントなどを企画した上村哲也は、東京２０２０オリンピック・パラリンピック競技大会の組織委員会でメディアの一次対応を一手に引き受けるニュースデスクも経験した。

上村は、ラグビーワールドカップが「なぜ成功したのか」、そして「何か失敗はあったか」というインタビューを受ける機会が多くあると言う。

『成功の理由は？』と聞かれて『成功とは考えてません』と答えるとジャーナリストや記者の方にポカーンとされて、この天邪鬼が、と思われているなという視線を感じますが、本当にまだ成功はしてないんですよね。

ラグビーワールドカップ２０１９日本大会の成功とは、将来的にラグビーの人気が定着し、競技人口が増え、それが安全に実施され、プロリーグで各都市の経済活動まで潤う、それに尽きます。なので答えが出るのは5年後とか10年後とかそのようなスパンです。初シーズンを迎えたリーグＯＮＥにも掛かっています。その先に初めてラグビーワールドカップは成功だった、という振り返りができると思います」[154]

「スポーツビジネスに〝リトライ〟するチャンス」と思い、ラグビーワールドカップ２０１９組織委員会に飛び込んだ上村は、２０２１年11月から、２０２６年の愛知・名古屋アジア競技大会のメイン会場の一つである愛知国際アリーナの運営・営業部長として新たなスポーツビジネスに関わっている。

ラグビーワールドカップでホスピタリティ・チケットの重要性を学んだ、と語る田中啓太は、現在PIA DAIMANI Hospitality Experiences で執行役員、ビジネスプランニング部長として活動しており、日本のエンターテインメント業界にもその文化を浸透するべくスポーツや音楽を中心に、ホスピタリティチケットの企画、制作、販売などを行っている。

田中とともにチケット業務に奔走した大内悠資は、現在、名古屋グランパスエイトマーケティング部で副部長を務めながら、ＪＲＦＵチケッティングアドバイザーやＦＩＢＡバスケットワールドカップ２０２３チケッティングアドバイザーとして引き続きラグビーや国際スポーツイベントに関わり続けている。

東京都庁から出向していた入内島徹は、組織委員会から戻った後、イベントの実施や体験会開催によるラグビー普及、リーグワンチームとの連携等のラグビーレガシー業務に3年間従事し、現在は東京２０２０大会のレガシーとしてのロードレース開催、自転車の普及事業等に携わっている。

釜石市の佐藤政弘は、総合政策課ＤＸ推進室で釜石のデジタル化を、浦城太郎はまちづくり課にて生涯学習や放課後こどもクラブ等の業務に邁進している。

神奈川横浜会場の地域支部（ＬＯＣ）支部長を務めた熊坂俊博は、大会を振り返った時、初めは少し気負いすぎていたかもしれないと言う。

「横浜国際総合競技場での初戦、ニュージーランド代表対南アフリカ代表戦で、チームミールがなかった。あれがない、これがない、というグダグダの運営をしてしまったと思っていました。ところが、ワールドラグビーの人間がコントロールルームに降りてきて『過去のどの大会の初戦よりもスムーズなよい運営だった』と言ってくれた。その言葉を聞いて、我々日本人は、ものごとの捉え方に、少し神経質になりすぎなのかなと思いました。私は電車が1分遅れても気になることもありますが、電車が遅れたとしても今日会えてよかったと喜べる国もある。改めて国によって大きく国民性は違うのだなと感じました。あの初戦後の一言を聞いて、そこまで気負わなくてもいいのだと思えたし、だからこそスコットランド戦が開催できたと思います」

熊坂は、今、横浜市市民局で国際スポーツから地域スポーツまで、スポーツ振興全般に取り組んでいる。

そして、ナレッジは受け継がれるのか？

「組織委員会の仕事を振り返ってみれば、それは、それまでの私のキャリアの集大成でした。私が培ったすべてを傾けることができた夢のような仕事でした」

２０１４年1月1日の着任から、２０２０年3月末の解散まで、6年3カ月にわたって、ラグビーワールドカップ２０１９組織委員会に携わった内田南の言葉である。

内田は、財務部長として組織の財務基盤を築き、新国立競技場使用の白紙撤回、公認チームキャンプ地問題の荒波を越え、そして、企画局長として４ＥＤ会議体制を立ち上げ、台風19号襲来では、試合中止か決行かの究極の決断を舞台裏で支えた。

内田は言う。「台風のとき、あの判断ができたのも、４ＥＤとワールドラグビーが、それまで、真剣に激しく議論を重ねるなかで、自ずと築かれた信頼関係があったからだと思います。一番大事なのは意思決定者同士の信頼関係です。『あいつがそこまで言うなら、そうしよう』というレベルまで互いの信頼関係を持っていけないと、最善の判断は導き出せません」

一方で内田には、悔いの残ることが一つあった。それは、試合会場単位で運営体制を整備するベニュー・プランニング・フェーズへの移行を適切に図れなかったことである。

「ファウンデーション・フェーズ、ファンクショナル・プランニング・フェーズ、ベニュー・プランニング・フェーズと大会準備を進めるなかで、このフェーズ分けの概念を組織委員会内で共有できていなかった。そのため、ベニュー・プランニング・フェーズへの移行が遅れた」

もっと早い段階で、試合会場単位の運営チームができあがっていれば、「これは誰の仕事か、どのＦＡの担当なのか」、そんなもめ事が起こることも減ったのではないかと内田は省みるのであった。

そんな内田は、ラグビーワールドカップ２０１９大会の教訓を生かし、ＥＹで、２０２５年に大阪で開催される日本国際博覧会（大阪・関西万博）や、２０２６年に愛知・名古屋で開催されるアジア競技大会といった国際イベントの支援を行うチームをリードしている。

２０２０年3月10日、ラグビーワールドカップ２０１９組織委員会は、「ラグビーワールドカップ２０１９™日本大会大会報告書」を発行した。全５章、２６６ページからなるこの大会報告書は、第１章大会概要から始まり、

第2章大会準備、そして、第3章では、15部局、各FAの役割、業務内容、大会運営・準備で得た気づき・学びについて、80ページを割いて記述している。第4章では、12の開催都市における取組内容、第5章では、大会期間中の運営記録が、大会のハイライト写真とともに書き表されている。

大会報告書の発行から約1カ月が経った２０２０年4月、組織委員会は既に解散していたが真鍋卓也と佐藤洋平は内田とともに、ラグビーワールドカップ２０１９日本大会から、２０２３フランス大会への「ナレッジ・トランスファー（知識継承）」に取りかかった。

組織委員会の解散前に、ラグビー国際統括団体のワールドラグビーから内田のもとに、大会へ向けてのナレッジ・トランスファーの依頼があった。ワールドラグビーが求めるナレッジ・トランスファーとは、組織委員会の大会準備・運営について、FA単位で「必ず欲しいドキュメント」が明確に示され、それらのドキュメントを回収、必要に応じて英語に翻訳するというものであった。

それらワールドラグビーが求めるドキュメントは〝章立て〟がされており、真鍋と佐藤は、その章立てに沿って穴埋め式に、既存のレポートなどのドキュメントを集めていった。彼ら2人では不明なドキュメントについては、既に退職済みのメンバーに声をかけ、必要に応じて追加作業をボランタリーに依頼し回収した。

ナレッジ・トランスファーの作業を進めるなかで、真鍋は一つの懸念を抱きはじめた。

「日本国内のスポーツ・イベントを経験した者同士では、〝あ、うん〟の呼吸で現場合わせが可能になる面もあったが、国籍も文化も異なる人間が多く集まったラグビーワールドカップ２０１９組織委員会では、文章化されたドキュメントで整理し共通認識をとることが必要とされました。だからこそ、ワールドラグビーは前回大会のドキュメントを整理し、次大会に向けてナレッジ・トランスファーという知識の継承を試みる。その一方で果たして、日本には何が残るのだろうか。

ラグビーワールドカップ２０１９は成功であったと多方面から称賛されました。しかし、その過程では、多くの失敗、試行錯誤があった。大会報告書には『どのような課題があったか』は記載されていても『どのように解決したか』という重要な部分が書かれていない。同じ条件でプロジェクトが実施されることはないにしても、課題に対して人・組織がどのような判断をとり、解決していったかを受け継ぐことが重要ではないか、またそれらを抽象化することでスポーツ界のみならず、様々なプロジェクトで活用できるナレッジになるのではないか。またそれらが個人に閉じた暗黙知にされることに危機感もあった」

佐藤は、真鍋とともにワールドラグビーから求められたナレッジ・トランスファーに携わるなかで、自らの思いを10年越しに実現した組織委員会での経験を振り返っていた。

佐藤が思い起こしたのはラグビーワールドカップ２０１９大会を総括するパーティで聴いたメッセージだった。

「ラグビーワールドカップ２０１９のレガシー（遺産）は皆さん自身である」

組織委員会事務総長の嶋津昭がパーティ会場に集まった参加者に伝えた一言であった。そのメッセージは佐藤の心に深く残った。

「このレガシーを宝の持ち腐れにしてはいけない。ラグビーワールドカップを打ち上げ花火で終わらせてはいけない」

嶋津のメッセージに佐藤はそう強く感じ、「ラグビーワールドカップを経験した我々が残し受け継ぐべきレガシーは何なのか、自分自身に何ができるのか、何をやるべきなのか」と自問自答を繰り返している。

「ラグビーワールドカップを成功させるためにみんな必死に頑張りました。必死に頑張って、大会を無事に終えて興行的にも赤字にはならず、一般的に成功したという結果を残すことにはなったと思いますが、結局ラグビーワールドカップを通じて何を実現したかったのか、何を残したかったのか、そういった全体像の部分が最後まで私には見えなかったように思います。組織委員会は大会を無事に運営することがミッションでしたから、それはそれで仕方ないことではあると思うんですけど、その部分が描かれていればさらによかったのになと思います。ただそれを批判しても仕方ないので、ワールドカップを経験した各々が、各々の今の立場でチャレンジして、レガシーを引き継ぐ、生み出していくしかないと思っています」

佐藤は、今、２０２２年1月に開幕したジャパンラグビーリーグワンに参戦する静岡ブルーレヴズで、強化部・事業部の要職を務めながら静岡ブルーレヴズが運営する公式ボランティアチームを立ち上げ、その責任者も務めている。

「ボランティアは無償の労働力ではなく、付加価値創出を担う存在である」。ラグビーワールドカップで学んだ原理原則を引き継ぎながら、リーグワンに所属する他チームのボランティア組織の立ち上げをサポートするなど、ボランティアのレガシーを引き継ぐべく奮闘を続けている。

２０２２年11月、ワールドラグビーは、ラグビーワールドカップ２０１９組織委員会の事務総長代理待遇を務め、４ＥＤメンバーでインベントデリバリーを担当したミック・ライトを、Chief of Operations に任命した。[155] ミック・ライトが持つラグビーワールドカップ２０１５とラグビーワールドカップ２０１９でのマネジメント経験が、ラグビーワールドカップ２０２３フランス大会をはじめ、ラグビーの国際イベントに生かされることとなった。

ラグビーワールドカップ２０２３フランス大会は、２０２３年9月８日、開催国フランス代表とニュージーランド代表の一戦で幕を開ける。10月28日の決勝戦までの51日間、ラグビーワールドカップ２０２３組織委員会は、何を成し遂げることを目指し、どんな舞台を用意するのであろうか。

２０２３年2月、ワールドラグビーのアラン・ギルピンが日本を訪れた。アラン・ギルピンは、ラグビーワールドカップ２０１９大会の統括責任者を務めた後、ワールドラグビーの最高経営責任者（ＣＥＯ）となった。東京都内で取材に応じたアラン・ギルピンは、２０３５年に再び日本でラグビーワールドカップが開催される可能性が高いと語った。[156]

果たして、ラグビーワールドカップ２０２３フランス大会、そして、来たるラグビーワールドカップ２０３５日本大会に、ラグビーワールドカップ２０１９組織委員会からのナレッジは受け継がれているのだろうか。

第Ⅱ部

スクラム経営の実践知

第Ⅰ部では、ラグビー非伝統国である日本のラグビーワールドカップ２０１９組織委員会（以下、組織委員会）が挑んだ大会の開催準備から運営までのプロセスを生々しく物語ってきた。

第Ⅱ部では、この「物語り」から何を学ぶかについて議論していく。最初にその前提として、このプロジェクトの「成功と失敗の本質」を探究するための理論的基盤を示したい。それは、本書の編著者である野中郁次郎が提唱してきた「知識創造理論」である。次に組織委員会が直面したチャレンジを振り返り、整理する。さらに、そのような困難が常態化するなかでも新たなイノベーションを起こせる組織の「成功と失敗の本質」を、第Ⅰ部の組織委員会の物語りや企業事例をもとに明らかにしていく。最後に、未来創造できる「スクラム経営」実践のための「生き方」を示したい。

理論的枠組みとしての組織的知識創造理論

組織的イノベーションの理論モデル「SECIモデル」

「知識創造理論」の基本概念を、組織委員会の物語りを参照しながら紹介しよう。

知識創造理論の「知識創造」とは、新しい価値・意味創造としてのイノベーションを指す。イノベーションとは、単なる技術革新のことではなく、あらゆる領域での新たなる価値や意味の創造のことだ。

組織委員会には前例も経験もなかったが、ギリギリの緊張状態のなか、壮大なプロジェクトをやり遂げた。ワールドラグビーやラグビーワールドカップ・リミテッド（ＲＷＣＬ）から引き継がれた情報や方法論をそのまま落とし込むわけでもなければ、日本のこれまでのスポーツイベントのやり方をそのまま踏襲するわけでもなかった。ラグビーワールドカップの成功という共通の目的のもと、集まったスタッフの思いや経験、専門家の知見などあらゆる知を総動員して、日本開催という文脈に合う新しいやり方を模索し、スクラムを組んで創造したプロセスがそこにはあった。ある意味、日本型「国際スポーツイベント」開催という新しい知の創造に取り組んだ組織的イノベーションだった。

新しい知の創造プロセス、組織的イノベーションプロセスのダイナミズムとは何か。それは、知の2つの側面である暗黙知と形式知の相互変換プロセスである。このダイナミックなイノベーションプロセスがうまく回っているかどうかが、組織が現状に甘んじることなく、自己変革（self-transformation）して成長し続けられるかどうかを決定づける。

知識創造理論は、それまで経営学の分野で扱われることがなかった「暗黙知」に焦点を当て、イノベーションプロセスを解き明かした。[157] さらに、個人、チーム、組織、社会という経営に関わる存在すべてを包括的にモデル化した集合知創造のモデルを示した。

暗黙知と形式知については図表20に示したように、目には見えない主観的でアナログな知が暗黙知であり、明示的で客観的なデジタルな知が形式知である。

図表 20　暗黙知と形式知

暗黙知（tacit knowledge）	形式知（explicit knowledge）
●現時点（いま、ここ）の知識、現場の文脈に動く知 ●身体的な勘どころ、コツと結びついた技能 ●主観的・人格的 ●感性的・情念的・アート的 ●アナログ知	●過去の知識、時空間を超えて移転や再利用ができる知識 ●明示的な方法・手順、マニュアル ●客観的・社会（組織）的 ●理性的・論理的・科学的 ●デジタル知

（出所）筆者作成

図表 21　連続体としての暗黙知と形式知

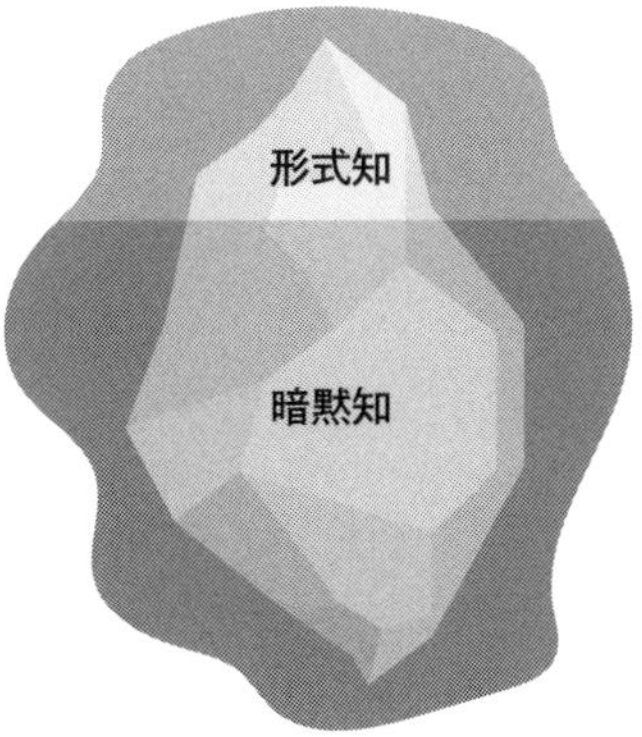

（出所）筆者作成

図表22　SECIモデル

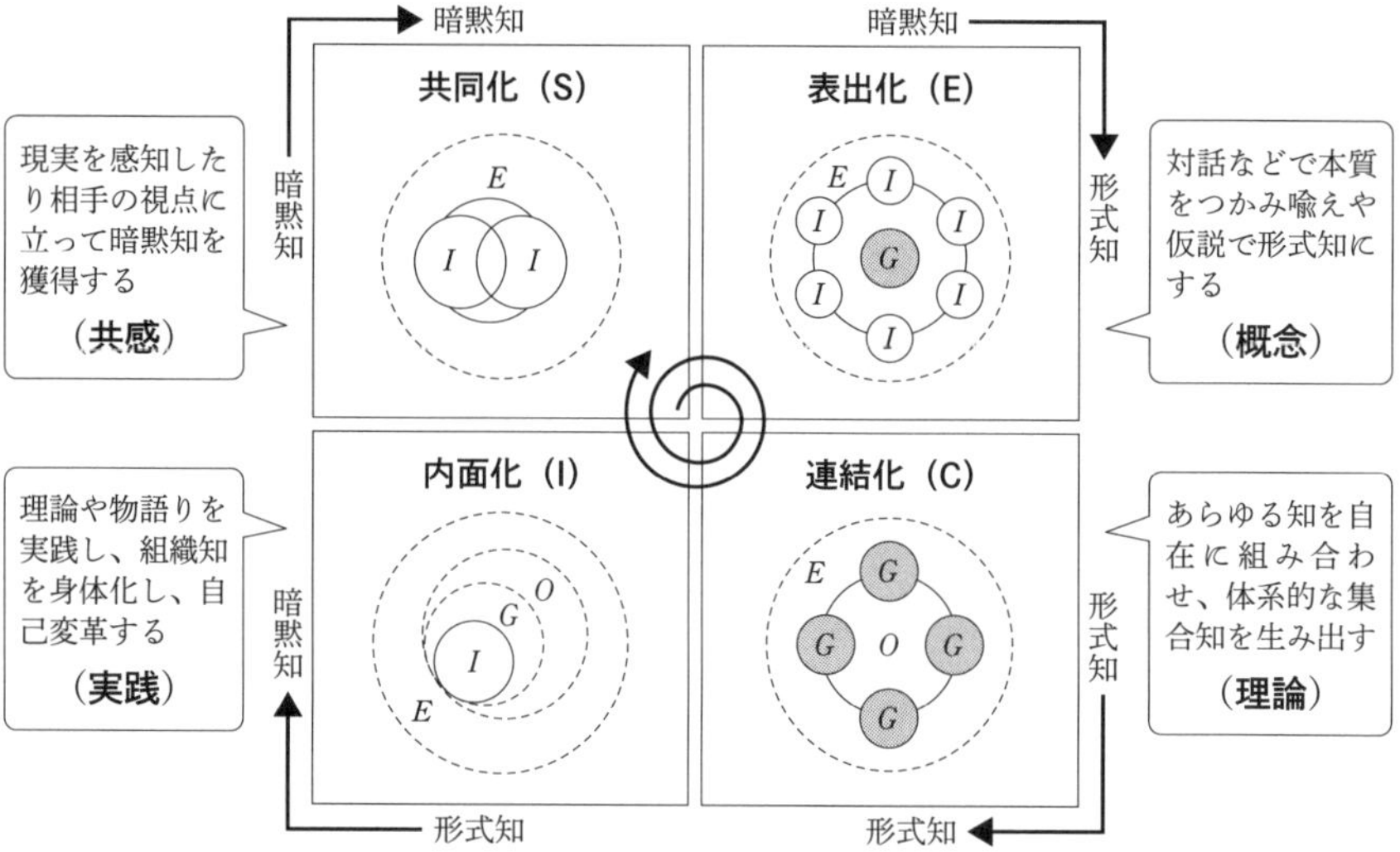

I=個人（Individual）　G=集団（Group）　O=組織（Organization）　E=環境（Environment）

（出所）筆者作成

暗黙知と形式知はそれぞれが独立して存在するのではなく、連続体である（図表21）。暗黙知の質量が、顕在化する形式知の質量を決定する。つまり、水面下の暗黙知が豊かでないと、水面上に現れる形式知は充実しない。

もちろん、形式知は重要だ。形式知にしなければ、社会的・組織的・集合的に知を活用できないからだ。ただし、形式知と形式知を組み合わせても、1＋1は2にしかならない。しかし、暗黙知を起点にすると、その総和は3以上、あるいは乗数的に飛躍した新しい知を生むことができる可能性を持つ。

したがって画期的な価値を生み出すイノベーションは、理論やフレームワークを応用すればできるものではない。イノベーションの種となる新しい意味づけや価値づけは、一人ひとりの暗黙的な思いから生まれる。

では、どのようなプロセスで、個人の暗黙的な思いが、集合知になるのか。それは、思いを持つ者同士が共感し（共同化）、相互作用を通じて、徹底的な対話で本質的なコンセプトを明らかにし（表出化）、既存のあらゆる知との綜合によって新しい戦略やモデルを創造し（連結化）、その戦略やモデルを試行錯誤と反省を通じて徹底的に実践し身体化していく（内面化）プロセスだ。これが、組織的価値創造の根本原理としてのＳＥＣＩ《セキ》モデル[158]である（図表22）。そのプロセスは、一度回って終わりではなく、無限にスパイラルアップしていく。

組織委員会におけるSECIプロセス

組織委員会では、たくさんの組織的イノベーションがフラクタル（自己相似性）に、相互に関係しながら起こっていた。その一つはボランティアプログラムである。

ＳＥＣＩプロセスの起点となる「共同化」では、絶えず変化するコンテクスト（文脈）のなかで、直接経験を通じて、あらゆる人、モノ、環境すべてに感情移入し、共感し、潜在的な暗黙知を生成・獲得する。ボランティアのトレーニング・プログラムを任された佐藤洋平の原体験は、トゥイッケナムスタジアムの前で味わった感動的な観客体験である。満面の笑顔のボランティアたちに歓迎され、五感を駆使して全身で感じたその身体記憶、心が震えた感動は、佐藤の豊かな暗黙知となった。

佐藤は、ボランティアプログラムの設計前、「新幹線お掃除チーム」の働きぶりを現場に見に行って、その様子を全身で受け止めている。佐藤の「いま・ここ・私だけ」の主観、感覚質（クオリア）、つまり暗黙知はさらに豊かになった。

佐藤は、国際大会「スーパーラグビー」に参加したサンウルブズのボランティアチームを立ち上げた眞柄泰利との対話を通じて、「価値と理念を定めることがプログラムの柱」という方向性を見出した。さらにオリエンタルランドやスターバックスなど、雇用形態に関係なくスタッフ全員が輝いている企業の人事担当との対話も行った。もちろん、職場の同僚である神野幹也らとも議論した。そして、「大会の顔として価値を生む存在」というコンセプトを結晶化させていった。このような漠然とした思いやアイデアを他者との率直な議論を通じて、仮説生成し、本質的な概念として徹底的に言語化し錬磨していくプロセスが「表出化」である。

コンセプトのもと、佐藤らは、インタビュー・ロードショーなど一連のボランティア向けプログラムを設計した。インタビュー・ロードショーは、単なる採用選考としての意味だけでなく、コンセプトを体感するワークショップを通じてボランティア希望者を動機づけする場にもなった。

一方、組織体制の整備に動いたのが、佐藤の同僚、真鍋卓也だ。日本では、過去イベントの慣習に則って、当初、ボランティアの管轄は警備ＦＡになっていた。しかし、このままでは「一生に一度の体験を創出する」はずのボランティアが、単なるコストダウン要員になってしまう、と危機感を抱いたのである。

もともと真鍋は、人員計画や採用管理などの担当であった。しかし、「ボランティアとは、大会の顔として価値を生む存在」であるというコンセプト、そして佐藤の思いに共感していた彼は、率先して動いた。前例を重んじる幹部もいるなか、４ＥＤの一人ミック・ライトを動かすなど、トップ層にも働きかけ続けた。「いい大会にしたい」と考える警備ＦＡや警備会社からも同様の意見が自然発生的に出されるなど、あらゆる思いが一つになり、専門の部署「スペクテーターサービスＦＡ」が立ち上がった。

これら一連のコンセプトにもとづくプログラムづくりや組織体制の整備は、「いつでも・どこでも・誰でも」が利用可能な組織知や集合知（モデル・物語り・戦略など）を創出する「連結化」である。

これらの集合知が、現実の状況に応じて繰り返し実践され、組織が動いていくことで、暗黙知が豊かになっていく。これが「内面化」である。その実践には、試行錯誤、失敗、反省、検証が含まれ、次のＳＥＣＩプロセスを起動する原動力となる。

まさにボランティアプログラムの実行から、次のＳＥＣＩプロセスが回ろうとしていた。佐藤は、インタビュー・ロードショーを実践するなかで「どうしたらチームとしての一体感が生まれるか、どう動機づけするか」という悩みを無意識的・意識的に持つようになった（共同化）。佐藤は、同僚である真鍋や神野、そして上司のデボラ・ジョーンズと徹底的に対話した。思い悩みながら言葉にしていく過程でつかんだ本質は、「大会の顔として付加価値を生む存在であるボランティア自身に参加して楽しかったと思ってもらうこと」であった（表出化）。

そこで取り組んだのは、コンセプトをボランティアスタッフ向けにわかりやすく言語化することだった。一言一句こだわった佐藤は、前職の先輩に頼み込んで知恵を借りた。こうしてあらゆる知を綜合してできあがったのが、ボランティア一人ひとりにどういうマインドでどんな行動をしてもらうのか、というエッセンスを詰め込んだ行動規範「TEAM NO-SIDE Principles」であった。ボランティアたちが目にする動画、その後のオリエンテーションのプログラム内容などにも一貫性のあるメッセージが反映され、一連の物語りを織りなした。小手先の具体的な方法論を共有するのではなく、抽象度は高いが、一人ひとりの思い、主観に訴え、深い共感を呼ぶ内容となった（連結化）。こうして育成されたボランティアは自律的にその場で考え、動き、コンセプトを体現していった（内面化）。

大会が開催されると、のちに「日本流のおもてなし」と高く評価される日本型のボランティアを、ボランティア自身が実践を通じて創り上げていくイノベーションプロセスが回り始めた。ボランティアたち一人ひとりが、次なるＳＥＣＩを回し続ける主体となったのである。

実は、この一連のボランティアプログラムの実行にあたっては、当初、人手が不足していたこともあって、開催都市職員に支援を要請した。手を貸してくれた約40名の開催都市職員は、ボランティアプログラムの大きなコンセプト、そしてボランティアの熱量を肌で感じる機会に恵まれた（共同化）。先述したように、インタビュー・ロードショー、オリエンテーションなどボランティアプログラムは各論ではなく、総論で「付加価値を生む存在」としてボランティアを動機づけていく場だ。実際にその場に居合わせることで、開催都市の職員自身も自分たちの「開催都市としてのおもてなし」のコンセプトを創り上げていった（表出化）。

そして、そのコンセプトは、それぞれの開催都市が企画するホストタウンイベントや運営するパブリックビューイングなどに反映され、実行されていった（連結化、内面化）。大会が始まる約1年前から、一貫したコンセプトにもとづくボランティアプログラムを開催都市の職員たちが体感したことが、彼ら自身が主体となる次なるＳＥＣＩプロセスを触発するきっかけとなったのである。

ボランティアプログラムを例に挙げたが、組織委員会では、多くの組織内外の関係者との協働を通じて、いくつものＳＥＣＩプロセスが同時発生し、重なり合い、関係しながら、イノベーションが次々と生まれ、スパイラルアップしていった。

一方でＳＥＣＩプロセスがうまく回らず、スパイラルダウンしたプロセスもあった。例えば、当初、日本の組織委員会を心配して、ワールドラグビーは前回大会までの経験や教訓を共有しようと、情報共有の場や引き継ぎ会議を開いた。しかし、その時点で日本側は理解が追いつかず質問もできず、形式的で表面的な会議となってしまった。共有しようとした知（形式知）が真に意味するものがわからなかったのである。また、公認チームキャンプ地のガイドライン作成においても、当初、組織委員会とワールドラグビー双方が合意したはずであったが、ワールドラグビーが本当に何を求めているのか、という水準をしっかり理解できないまま進んでしまったという反省があった。

相互に暗黙的なものを含めてコミュニケーションをとる「共同化」が不十分であったこと、さらにワールドラグビーの意図をしっかりと洞察する「表出化」へのプロセスが十分機能していなかったために起こったことである。

ＦＡ間が自分の部署の業務を最優先にしたため、他部署との連携がうまくいかないセクショナリズムは最後まで悩みの種だったという。ＦＡとしてしっかり機能を果たすことと、全体最適を考え、横断的かつ総合的な解決策のために多様な知を結集することは、ジレンマを生む。そのため集合知を創造する「連結化」がうまくいかない場面も多くあった。

その背景には、部署を超えた関係性を構築する「共同化」と、徹底的に対話する「表出化」が機能していなかったこともあった。内向き志向の縦割りになっていて、部署間のコミュニケーションがほとんどなかった風潮を変えるために、当初、開催都市部に配属された吉岡光晶が、自ら積極的に関係性を構築し、情報を適時適切に共有していったのは、停滞していたＳＥＣＩプロセスを動かすために有効だったと言える。

組織は生き物だ。組織委員会に限らず、ほうっておけば組織は「ＳＥＣＩプロセス停滞症候群[159]」に陥る。ステークホルダーの動向などの外部環境や、成長ステージに伴う人員規模や組織構造など組織内部の環境変化によって、ＳＥＣＩプロセスはいとも簡単に円滑に回らなくなり、停滞してしまうのだ。

直面した困難の特殊性・普遍性

組織委員会のプロジェクトは、一見、「特殊」な組織による「特殊」なプロジェクトに見えるかもしれない。しかし、第Ｉ部で描いたエピソードのなかには、「自分の職場でも似たようなことが起こった」「仕事の関係先で同じようなことを経験した」と感じるシーンが少なからずあったのではないだろうか。

我々は、組織委員会が経験した失敗と成功のなかから、今後、未来を創造する組織やプロジェクトにとって普遍的に応用できる本質が抽出できると考えている。

本書の編著者である野中が執筆した『失敗の本質』（共著）は、「太平洋戦争」における日本軍の敗《ま》け方、つまり失敗を研究した。究極の極限状態におかれた軍事組織の在り方から、「成功体験への過剰適応」という「失敗の本質」を明らかにしたのである。発売から30年以上経つが、ありがたいことに、企業や組織も学ぶことができる普遍的な示唆が色褪せることはなく、現代のビジネスリーダーから日々のマネジメントの拠りどころにしている、という声が多く届いている。

野中は、他方において、日本敗戦の大きな要因となった、アメリカ海兵隊の戦略や組織にも関心を持ち、長年さらなる研究を続けてきた[160]。アメリカ海兵隊は、創設以来、陸空海軍のはざまで、その存在目的を絶えず問われながら、水陸両用作戦などのイノベーションを創出してきた「知的機動力」を持つ組織である。「知的機動力」とは、「存在目的である共通善に向かって、俊敏かつダイナミックに新たな知や価値を創造、共有、錬磨する能力」である。これは、状況や環境の変化に対応できなかった日本軍とは対照的な、自己変革できる組織が有する「成功の本質」である。

　我々は、組織委員会のプロジェクトから、「成功」と「失敗」の両方の本質が学べると考えている。ラグビーワールドカップ２０１９は、第Ⅰ部の終盤に述べたように、確かに素晴らしい成果を達成した。しかし、その準備と開催を担った組織委員会がたどった過程は、華々しい成功ストーリーに彩られていたわけではなかった。彼らは、多くの問題や危機に直面した。いくつも失敗し、試行錯誤しながら、それでも刻々と迫る開催日に向けて前に進むしかなかったのである。


期限厳守、前例もなく経験知もないが、絶対に失敗が許されないプロジェクト

　このプロジェクトは、国内のいずれの組織も経験したことのない国際スポーツイベントの開催、という使命を持っていた。日本は、ラグビー伝統国以外で行われる初の大会開催に挑戦した。つまりアジア初、日本初という歴史的意味を持つ国家的プロジェクトだったのである。

　したがって、同様の国際イベントを経験した者は日本にはほとんどおらず、当然、組織委員会は大いなる素人集団としてスタートした。

　同じ国際イベントである、２００２年の日韓共催のサッカーＦＩＦＡワールドカップの経験を生かせなかったのか。もちろん、組織委員会には２００２年ＦＩＦＡワールドカップ日本組織委員会で事業警備局長を務めた鶴田友晴や、大会準備や開催に従事した高野努をはじめ、開催都市自治体の職員として、費用分担や救急医療体制の構築だけでなく、商標問題やチケット販売にも関与した経験を持つ熊坂俊博（組織委員会横浜ＬＯＣ支部長）のような経験者もいた。

　しかし、次項で詳しく説明するが、同じ国際的なスポーツイベントであるラグビーワールドカップとサッカーＦＩＦＡワールドカップでは、様々な前提条件が異なっていた。むしろ、多くの制約条件があった。したがって、サッカーＦＩＦＡワールドカップでの経験がそのまま生かせるとは言い難かった。

未経験であろうが当事者として、開催日程が決まった国際イベントを何がなんでも成功させなければならない、絶対に失敗はできない、組織委員会はそんなチャレンジを突きつけられたのである。

厳しい前提条件・制約条件

組織委員会は、第Ⅰ部で繰り返し述べてきたようにワールドラグビー（当初はＩＲＢ）やラグビーワールドカップ・リミテッド（ＲＷＣＬ：ワールドラグビーが運営を委託）から厳しい前提条件を突きつけられ、多くは活動を制約する内容だった。日本開催が決定すると、ＪＲＦＵはＲＷＣＬと開催協会合意書（ＨＵＡ）を取り交わしたが、それは奴隷契約とも揶揄される不公平な契約だった。

例えば、組織委員会はワールドラグビーから活動資金を受け取るどころか、９６００万ポンド（約１３０億円）の大会保証料、いわば「上納金」をＲＷＣＬに支払うことが、ＨＵＡによって定められていた。一方、ＦＩＦＡワールドカップでは、開催国の組織委員会にＦＩＦＡから運営協力金が支払われる。オリンピックも同様であり、国際オリンピック委員会（ＩＯＣ）からＩＯＣ負担金が支払われる。実際、６４０４億円の収支決算であった東京２０２０オリンピック・パラリンピックでは、ＩＯＣ負担金は８６８億円、さらにＴＯＰスポンサーから５６９億円、国内スポンサーから３７６１億円の収入があった[161]。ラグビーワールドカップでは、スポンサー収入は組織委員会には入らず、ワールドラグビーが得る。放映権も同様に組織委員会の収益にはならない契約である。チケット収入が大きな収益源として予算化された[162]ものの、チケットが販売され、実際に売れなければ活動資金とはならない。このように、どれくらい売れるかわからない、しかも売れてはじめて収入となる、という厳しい収益構造となった。組織委員会は、何がなんでも入場チケットを売り、いずれのスタジアムも満員にしなければならない、という資金面からも至上命題を背負うこととなった。

２０１３年、内閣府より公益財団法人の認定を受けたことによって、組織委員会は国や地方自治体などから公的資金の支援を受けやすくなった。一方で、公益財団法人となった組織委員会の活動には、当然、高い公益性・

公共性が求められた。12の開催都市自治体との協働であり、試合会場となるスタジアムが開催都市の所有であったために、公共性の観点はさらに重要なものとなった。

一方で、スタジアムを満員にするためには、効果的なマーケティング、そしてプロモーションを行わなければならない。こうして組織委員会は興行性と公共性の両立という難しい舵取りを迫られた。

組織内外の多様で異質なステークホルダー×組織の成長ステージ

難しいプロジェクトだからこそ、どんな人材が組織を構成するかは重要となる。『ビジョナリー・カンパニー2飛躍の法則』でジム・コリンズは「誰をバスに乗せるのか」が重要である、と主張した。偉大な企業に飛躍するためには、最初にバスの目的地を決めて旅をともにする人々を乗せるのではなく、まず適切な人をバスに乗せ、不適切な人をバスから降ろし、その後どこに向かうか目的地を決める、という考え方だ。

組織委員会で、そのやり方は応用できなかった。スタッフの出自があまりに多様で、立場も多様だったからである。前職を辞めて入職したプロパースタッフ、関係省庁である総務省や文部科学省（スポーツ庁）や開催都市の自治体からの出向者、広告代理店など民間企業からの出向者や派遣者も多く加わった。また、ワールドラグビーから派遣された幹部や専門家もいた。

出自だけでなく専門知識などバックグラウンドも多様だった。海外出身のプロフェッショナルやコンサルタントは、育った文化や言語などが異なっていた。また各々、ラグビーワールドカップ２０１９に対する思いも様々であった。

組織外に目を向ければ、開催都市の地方自治体、警備会社や交通機関などの多くの協力企業、未経験者が大多数を占めるボランティアなど、それぞれの利害が異なる多様な参画者との連携や共創が必要とされた。過去の国際スポーツイベントより多い12の開催都市が試合会場となり、それに伴い公認チームキャンプ地も多く必要となった。その分、関係者も増えることになる。

上部組織であるワールドラグビーや運営を委託されたＲＷＣＬなどとの交渉や協働が不可欠であった。しかし、新国立競技場が使えなくなったことがきっかけになって、日本の組織委員会に対する不信感が高まったり、公認チームキャンプ地の選定にあたっては、当初は求める水準が擦り合わないなど、様々なコンフリクトが生じた。組織委員会は、国際統括団体だけでなく、国内競技団体、政府・開催都市など、背景が異なるだけでなく、思惑や利害が異なる多様なステークホルダーとの協働が必須であった。

組織委員会のスタッフ規模が30～50名ほどに急増した頃に、部長と役員の間に局長という役職ができ、局長クラスには国外や民間企業含めて多様な背景を持つ者が任用された。常に新しい職員が着任し、上司が変わることも多かった。右肩上がりで人員が増えていくなかで、適材適所の配置がうまくいくとは限らず、活躍できずに去る者もいた。

２０１２年5月に設立された当初は2名しかいなかった組織は、２０１９年9月末には３４８名と大所帯になったが、その過程において各部署（ファンクショナル・エリア［ＦＡ］）の役割は状況に応じて変わり、組織体制は解体・再編成が繰り返された。ＦＡごとの業務進行状況やピークが異なるため、ＦＡ横断の活動は最後まで混乱を生じた。

組織の規模拡大、業務の多様化や多角化など、変数は加速度的に大きくなっていったため、その都度、対処が必要となった。

予測不可能な困難・危機

組織委員会は、想定外の困難に何度か見舞われた。準備段階では、２０１５年、政府の一方的な意向で新国立競技場が急遽、試合会場として使えなくなった。当初の予算を大幅に超えたこともあり、デザインを見直すべきである、という世論の高まりに政治的判断が下され、新国立競技場の建築計画が白紙撤回されたのである。
開幕戦と決勝戦を予定していた新国立競技場が使えなくなることは、単に試合会場が不足することだけを意味したわけではなかった。招致を決定づけた大きな要素は、ナショナルスタジアムとしての新国立競技場だったからである。開催国としての信頼は地に落ち、開催できるかどうかも怪しくなり、南アフリカ開催へ変更になるかもしれない、という事態を引き起こした。

また、大会期間中には、進路が予測不能な巨大台風が日本列島を直撃した。もちろん、時期的、地理的に台風の襲来は予想されていたため、緊急時対応計画を準備し、各所との調整を行っていた。しかし、組織委員会は、ラグビーワールドカップ史上初めてとなる、大会中止か否かの決断を迫られることとなった。その間、試合の順延、試合会場変更というオプションが検討され準備と体制を整えたが、不公平であるという理由からそれらのオプションが消えるという事態も起きた。

現場でも多くの想定外の危機に見舞われた。開会式でのグラウンドの使用方法について、スタジアムのグラウンド・キーパーからなかなか了解が得られないこともあった。試合当日、チームミールが足りないことが発覚したりもした。時間が限られるなか対応しなければならない緊急事態も非常に多かった。

以上、整理してきた困難には、特殊性があるものもあった。しかし、先行き不透明な時代、どんな組織やプロジェクトにも起こり得る普遍的要素も含まれていたのではないだろうか。むしろ、特殊でも究極の困難だったからこそ、これらの困難にどのように立ち向かったのか、ということに目を向けることに意味がある。

「たくさんのトライ＆エラーがあり、それは『組織を運営していく』という意味で、他企業や組織においても多くの学びがある。大会報告書は、どのような課題があったかは書かれていても、どのように解決したか、という重要な部分が書かれていない。なんとなく失敗した、成功したではなく、生々しい失敗に関する教訓を残したい」（真鍋）

「大会後の総括のなかで『ラグビーワールドカップ２０１９のレガシーは皆さん自身である』というメッセージが心に残っているが、このレガシーを宝の持ち腐れにしてはいけない」（佐藤）

これは、本書の調査・執筆協力メンバーであり、組織委員会で働いた2人の思いだ。だからこそ、第Ⅰ部で描いた物語りを振り返り、組織委員会が危機や困難に対して試行錯誤を繰り返しながらいかに乗り越えたか、あるいは乗り越えられなかったのか、について洞察することに価値がある。そこから、様々な組織やプロジェクトに応用可能性がある「成功と失敗の本質」を引き出せるだろう。

成功と失敗の本質

アメリカ海兵隊がその存在意義を問われ、新たなコンセプトを生み出し、進化し続ける自己変革組織となったことは先に述べた。組織委員会も、同様ではないだろうか。

組織委員会は、前節で見たように様々な難局を乗り超えなければならなかった。ワールドラグビーやＲＷＣＬからの高水準の要求、迫り来る開催日などの圧力と、「アジア初、日本初、一生に一度のラグビーワールドカップの成功」という大きなパーパス（存在目的）とのはざまで苦しんだ。

しかし、組織委員会は、壁にぶつかったり、失敗したりしながらも、トライ＆エラーを繰り返し、困難を成長やイノベーションのチャンスとできる自己変革組織に進化していった。「失敗できない」、そして「自分の後ろには誰もいない（自分がやるしかない）」という緊張感のなか、一人ひとりが「一生に一度の大会を成功させる」という共通善にコミットし、あらゆる知を総結集する組織へと進化していった。いわば、自律分散型の「スクラム経営」への変革（transformation）プロセスだった。その結果、「日本型の新しいラグビーワールドカップ」というイノベーションを創出できたのである。

組織には慣性が働き、その惰性を打破する変革が自然に起きることはない。ＳＥＣＩプロセスがスパイラルアップして自己変革できる組織にもなりうるし、ＳＥＣＩプロセスが停滞する組織にもなりうる。いろいろな内外環境の変化のなかで、失敗か成功か、ではなく、失敗経験を生かせるか、成功体験に過剰に適応していないか、つまり「自己変革」あるいは「自己超越」（守破離と言い換えてもいい）できるかどうかが、分水嶺になる。

以下、絶えず自己変革し、イノベーションを創出する組織であり続けるための「成功と失敗の本質」について、第Ⅰ部の組織委員会の物語りを中心に、企業事例なども参照しながら示していく。

想定外を想定しつつ、機動的に動きながら現場で熟考しているか

「ラグビーワールドカップ２０１５は大成功をおさめた。経験はないだろうが、今度は日本で違うメンバーを集めて、ラグビーワールドカップ２０１９を、２０１９年９月開催日厳守で成功させてほしい」

これが、組織委員会に与えられたミッションであった。一般化すると、こうなる。

「前回のプロジェクトは大成功をおさめた。経験はないだろうが、今度は違う地域で違うメンバーを集めて、同じ目的のプロジェクトを期限厳守で成功させてほしい」

難度は高いが、こういうプロジェクトの与えられ方は、どんな組織にもありうる。

計画通りに物事は進まない。それが世の常である。しかし、いくら未経験だからと言って、筋書なしに行き当たりばったりで進むわけにはいかない。一方で計画に時間をかけすぎると機を逸する。計画に頼りすぎると想定外に対応できない。したがって、想定外を想定しつつ、機動的に動きながら現場で熟考できるかどうかが、一つの鍵となる。

組織委員会は、当初、初めてづくしの難しいプロジェクトに戸惑った。集められたメンバーに経験者や専門家は少なかった。ワールドラグビーやＲＷＣＬとの関係において悪戦苦闘し、信頼を失い、開催国の権利剝奪の危機も経験した。公認チームキャンプ候補地に関しても、ワールドラグビーの要求水準の真の意味するところを把握できず、なかなか折り合いがつかなかった。マッチスケジュールの決定にも影響し、決定に至るまで紆余曲折があった。

自分なりのやり方で難局を突破しようとする者もいたが、そううまくいくはずもなかった。専門家に力を借り

るタイミングも遅れた。途中から入職したメンバーのなかには、自身の過去の成功体験に過度に依存しすぎて、取り組みが的外れの結果に終わる人もいた。

先が見えないなか、「想定外」は想定できるのか。もともと「想定外を想定する」という言葉は、宇宙航空研究開発機構（ＪＡＸＡ）のはやぶさ2のプロジェクトマネジャー津田《つだ》雄一《ゆういち》の言葉だ。[163] はやぶさ2は、打ち上げから6年（２１９５日）、総飛行距離52億４０００万キロメートルの宇宙旅行で、小惑星リュウグウに1年半滞在し、採取したサンプルを持ち帰る、という前人未到のミッションを２０２０年12月、やり遂げた。小惑星リュウグウには、太陽系が生まれた約46億年前の物質が残っている可能性がある。つまり、人類の起源を探るために大きな意味を持つ。総勢６００人、予算２８９億円の決して失敗が許されない国家的プロジェクトでもあった。

小惑星リュウグウは「行ってみなければわからない場所」である。正確な予測などできるはずはなく、すべてが「想定外」だ。だからこそ、津田は「無駄」を生かした。通常であれば、捨てられてしまう無駄を大事にして、不測の事態が起こったときに備える材料としたのである。

プロジェクトは、「安全」と「成功」、エンジニアリングとサイエンスなど二者択一を迫られるケースも多かった。しかし、既存の枠を超え、ジレンマを克服するには、津田の言う「宇宙で大風呂敷を広げる」ことが必要だった。しかし、あらゆる挑戦にはリスクが伴う。失敗の可能性も高まる。

津田は、若手メンバーの作業を見ていて、このままでは失敗すると感じても、あとから挽回できると考えたときには、万全のバックアップ体制をとって万が一に備えたうえで、あえてそのままやらせた。津田にとって、「無駄を大事にする」とは、挑戦を奨励し、失敗を許容し、そこから学んでもらうことを意味したからである。たくさんの失敗を積み重ねることで「想定外を想定する」チームをつくっていった。

「輝かしい失敗（Brilliant Failures）[164]」という言葉がある。価値を生み出そうとしたけれども、本来意図した結果が出せなかった試みのことであり、失敗から学んだ教訓や学習経験は共有されることに価値がある。対立軸で語られがちな成功と失敗であるが、実は紙一重であり、失敗の延長線上にあるのが成功である。失敗や意図せざる結果は特に、組織にとっては飛躍できる絶好の機会なのである。

試行錯誤から学ぶことは組織を進化させる。ワールドラグビーや開催都市との交渉で苦しみ抜いた公認チームキャンプ地問題であったが、これも動いてみて初めて見えてきたことであった。双方で合意したはずのガイドラインの意味づけに大きなギャップがあることは、実際の候補地を挙げてみて発覚したことでもあった。

チームサービス部（チームサービスＦＡ）部長の吉村が語るように、「言葉以上に意識の部分で大きな差があった」ことが明らかになったのは、実は大きな収穫であった。曖昧で中途半端な状況を打開する契機となったからである。吉村が掛け合うことでトップたちも動き始めた。関連する開催都市ＦＡや宿泊ＦＡ、ＪＲＦＵに、吉村が率先して支援を仰ぐことで組織委員会の横のコミュニケーションが生まれた。

さらに、ワールドラグビーが送ってきたコンサルタントとの協働を通じて、過去大会の経験を持つ専門家の必要性が認識された。これまで、言葉や資金などの問題で進んでいなかった外国人の専門家の雇用が一気に進んだ。また彼らとＦＡ単位で対峙することで、ＦＡという組織の概念が浸透していくきっかけとなった。事務総長の嶋津らは、ワールドラグビーに向けて「細事にこだわり大事を逸するな」という諺を使って直接語りかけ、幹部たちと思いを一つにする働きかけを行った。解決のために各自が動くことで、詰まっていた組織内外の血流がよくなっていった。

「心理的安全性」が話題だが、場の公平性・開放性は大事である。失敗したときに、個人を責めない、犯人探しをしないことが、次に向けた建設的な意見を出しやすくし、リカバーへの意欲を高める。

組織委員会では、嶋津事務総長が「やりたいようにやれ、責任は俺がとる」と日頃からスタッフに声がけし、勇気づけていた。細かな組織委員会の業務について、彼がわかることは少ない。だからこそ、現場の「輝かしい失敗」を正当化するのはトップの役割だと認識し、スタッフの挑戦を奨励したのである。

真鍋や佐藤の上司であった、組織委員会人材戦略局次長のデボラ・ジョーンズも同様だ。デボラは「I love risk!（私はリスクが大好きです）」とスタッフに語りかけたが、リスクがわかれば対応できるから、トラブル、失敗はどんどん言ってほしい、リスクを把握していることは称賛されるべきことである、という真意だった。だから、大会直前で、ミスが多発したり、連携不足が生じても、問題を起こした者が責められることはなかった。

第Ⅰ部で「火中の栗を拾う人」として紹介した真鍋であるが、デボラの言葉によって「大会を盛り上げるために何ができるか」というスタンスがさらに確立されていった。だからこそ、開幕１カ月前、東京スタジアムと横浜国際競技場に、観客を楽しませるためのビッグスクリーンが間に合わないことが発覚した際も、諦めることなく、総力戦で対応するべく動くことができた。

大会が迫ってくると「想定外を想定」しつつも、現場で動きながら熟考し、何をすべきかを察する行動が、トップ層にも現場にも広がっていった。

例えば、開幕当初に起こったフード不足という想定外の状況に対して、食べ物持込ＯＫという意思決定と現場対応が迅速になされた。組織委員会では、観客体験ＦＡの吉岡が専門家のポール・スミスとともに、大会の前例からビールは絶対切らしてはいけない、と周到な予測と準備を行っていた。しかし、飲み物だけでなく食べ物も試合中に楽しみたいと、長い列をつくる日本の観客の姿やＳＮＳでの炎上を見て、４ＥＤ会議のメンバーは現場の声を吸い上げ、あらゆる角度から検討して議論し、すみやかに決断を下した。大会初日から３日後には、持込禁止のポリシーは規制緩和されることになった。いわば、動くことで見えてきた日本の文脈に対応する、新たな観客体験の創出だった。

さらに、象徴的なのは、巨大台風への対応だった。季節的にも地理的にも予想できた台風の襲来であったため、緊急時対応計画をはじめ、開会前の準備は万全だった。最終的に選択肢からは消えたものの、あらゆる可能性を検討せよ、というワールドラグビーの指示のもと、試合順延、会場移転への対応が短期間で整備されたことは先述した通りである。どの試合を順延するか、それに伴い、試合会場をどこに移すか、選手の宿泊施設や輸送などはどう対応するか、などが迅速に検討され、機動的に準備されたのである。

それは、台風が直撃した釜石や横浜でも同じだった。釜石では、試合中止の一報が入らないまま、安全を確保しつつ、夜を徹して対策がなされた。横浜では、１カ月前に暴風をもたらした台風での経験を生かして、想定外を想定することを徹底した。台風の被害を避けるために、どのテントや仮設物を撤去し、どう復旧させるのか、というシミュレーションを重ねたのである。

さらに試合当日、台風が直撃した後の現場では、多くの自律的な行動が見られた。試合開始までの残されたわずかな時間で、優先順位の高いものから復旧することが決められると、大きな水溜まりができた駐車場から水をかき出すなど、スタジアムの施設管理者、業務委託事業者、組織委員会のスタッフがともに動いた。そして、正式な連絡が入る前に、続々とボランティアが「何か手伝います」と集まったのである。

曖昧で不確定要素が多い状況では、不安と緊張状態が生まれる。「私がやらないと誰もやらない」と自律的に各自が動き、創造性を発揮できるよう自己組織化したのである。

繰り返すが、完璧な戦略や計画などない。組織の成長ステージに応じて、内外環境は変化するし、想定外の課題が噴出することはあらかじめわかっている。

だからこそ、現場・現実・現物で動きながら、絶えず何が本質かを追求し、行動しては反省する。それは、一見すると、直線的な最短コースではないかもしれない。壁にぶつかったら軌道修正し、蛇行しながらも危機に対応し、その危機を改善や新たな価値創造のチャンスと捉え、またやってみるしかない。

だからこそ、これらの動きを阻害する兆しには要注意である。例えば、前例に縛られて思考停止してしまう、あるいは綿密に計画しすぎて、マイクロマネジメントが横行したり、計画にないことが起こったときに臨機応変に対応できない、などの症状となって現れることが多い。組織委員会にもそのような傾向がまったくゼロになることはなかった。組織がどちらかの方向に向かおうとすると、勢いがつくまでは、振り子のように揺り戻しが絶えず起きるものである。

多様で異質な知を結集し、知的コンバットをしているか

イノベーションには、ゆらぎや不均衡をもたらす多様性が必要だ。同質のものからは新しいものは生まれない。異なる者同士の葛藤や軋轢から、跳ぶ発想は生まれる。

だからこそ、イノベーションにとって、多様性は重要なファクターである。多様性は、それまで隠れていた盲点や弱点を暴き出す。一人ひとりは、気づかないうちに無意識の偏見や固定観念を持っている。しかし、異質な者同士がスクラムを組むことで、多様な知恵を結集することができる。

とはいえ、ただ多様性があればいいというわけではない。多様性を生かすためには、その基盤となる関係性が重要となる。

「ワールドラグビーと合意するうえで、言葉以上に意識の部分で大きな差がありました。彼らと向き合う時間が足りなかった。具体的にどのレベルを求めているのか会話だけでは十分にわかっていなかった。ベッドサイズとかも含め、徹底的に水準を可視化する意識が欠けていた。最初のガイドライン設計の段階で、可能な範囲で書面やビジュアルを用いて表現をし合ってコミュニケーションを図るということができていたら、ここまで大きな問題にならなかった」

これは、チームサービス部（チームサービスＦＡ）部長の吉村の言葉である。

「ワールドラグビーは、過去大会を基準に強く要求をしてくるが、日本の制度・慣習と合わないことも多く、単に言うことだけ聞いていても失敗する。なので、お互い話し合って、ぎりぎりのせめぎ合いのなかで、綱渡りだ

ったけれども、進んでいった。これはボランティアに限らず、どのＦＡでも同じだった。組織委員会のあちこちで自然発生的にぶつかり合いが起こっていた」

真鍋や佐藤はこう振り返る。

組織的知識創造プロセス（ＳＥＣＩモデル）では、全身全霊で相手になりきる共感がイノベーションの起点となる。一心同体になるほどの深い共感関係を媒介に、徹底的に向き合い対話することで、互いに「こうとしか言えない」という共通のコンセプトに到達できる。それを、知的コンバットと呼んでいる。

多様な出自や背景を持ち、採用時期も異なる組織委員会のスタッフ、開催都市の自治体、官公庁、そしてワールドラグビーやＲＷＣＬ……など、当然、それぞれの目標や思惑は異なる。最初から共感関係を築くことなどできるわけはない。

だから「わかってもらえるはず」「行間を読む」というハイコンテクストなコミュニケーションも通用しなかった。それが如実に生れたのが、ワールドラグビーとのコミュニケーションである。新国立競技場の建設計画の白紙撤回は避けることはできなかったが、コミュニケーションのとり方次第では、ワールドラグビーの信頼をあそこまで失うこともなかったかもしれない。

共感関係の最小単位はペアだ。アップルやヒューレット・パッカード、ソニーやトヨタ、ホンダなど、素晴らしいイノベーションを生んだ企業の創業期を思い起こしてほしい。異質な個性を持つ2人が、忖度なしにぶつかり合って新しい価値を生み出し、世の中をあっと言わせてきた。そのような2人を「クリエイティブペア」と呼んでいる。イノベーションは一人ではできない。最低2人、しかも同質でないペア、というのがポイントだ。

組織委員会にも、真鍋と佐藤、田中と大内、河合と熊坂、吉岡とポール・スミスなど多くのクリエイティブペアがいた。当初は、相手を対象化していた関係性も、互いの個性の違いを尊重し共感しながら、葛藤し、ぶつかり合いながら、ともに新たな価値を創造する関係性に変化していった。

アメリカ大統領の元補佐官で、現在スタンフォード大学フーバー研究所で上席研究員を務めるハーバート・レイモンド・マクマスターは「戦略的エンパシー（共感）」と「戦略的ナルシシズム」という考え方を提唱する。[165] マクマスターは、アメリカが戦った数々の戦争の成功と失敗を検証し、相手の立場（歴史、実情、政治的、社会的、文化的、宗教的な力学）を理解し、戦略的に相手の立場から物事を捉え直す「戦略的エンパシー」が重要である、と説いた。

孫子の「彼を知り己を知れば百戦殆《あやう》からず」という言葉は有名だが、相手の組織を知るとともに、自分の組織も知る、そのために関係性をつくりコミュニケーションを徹底することが重要だ。

ワールドラグビートーナメントレビューは、当初、ワールドラグビーが日本の組織委員会の準備状況をモニタリングするために設定されたが、協議が紛糾する場面が何度もあった。しかし、回数を重ねていくと、いつしか、そのぶつかり合いは真の知的コンバットの場となっていった。要求する側とされる側、チェックする側とされる側という関係性が、ラグビーワールドカップ２０１９を共創する関係性へと変わっていったのである。最後には、ワールドラグビーと一体感が醸成されていった。

共感を媒介にした知的コンバットの場は、オフィシャルな会議体だけではなかった。プロセスが進むにつれ、利害を超えて大会成功のために何をしたらよいか、という知恵を絞る場が、自然発生的に生まれていった。

ただし、共感は、厳しいものであることを忘れてはいけない。忖度や妥協が蔓延し、仲良しクラブになっているのは、真の共感関係ではない。

マクマスターは、自信過剰と諦め、希望的観測と自分勝手な解釈によって戦略が形成されることを、「戦略的ナルシシズム」と表現した。ナルシシズムに陥った組織は、状況が要求している方向よりもそれらを取りまとめる担当者たちが選好する方向にもとづいたものにしようとする傾向が表れる。その結果、独善的で過度に単純化し、短期志向で、非現実的な対応に終始するようになる。

ラグビーは、体格、スキルなど多様な人間が各々のポジションで活躍し、時には全体のためにポジションを超えて闘うスポーツである。本書の冒頭に紹介した新しいソフトウエア開発手法であり、その名称がラグビーに由来する「スクラム」には、多様性を生かすチームづくりという思いがこめられている。

同質性は、安心・安定をもたらす甘い罠である。組織に帰属している、というアイデンティティを高め、組織に対するロイヤリティ向上に寄与する。しかし、同質性が過度に高まると、異質なものを排除しようとして多様性が失われる。その結果、偏見や先入観に縛られ、画一的で短絡的な思考に陥り、非対称で不均衡な、決して対等ではないコミュニケーションが横行し、挑戦しよう、という生き生きとした発想を阻害する。

パーパス（共通善）を追求し、視界を共有しているか

在日アメリカ空軍や海兵隊、日本の自衛隊のトップ層との勉強会で、非常に印象に残った言葉がある。

「『我々は、なぜ存在するのか』という存在目的について、いつもＷｈｙと問い続けている。海兵隊は、いつも予算が潤沢な組織ではないが、考えることにコストはかからない」

海兵隊では、存在目的を問い続けることで新しいコンセプトを生み出し、組織としての新たな存在価値を組織内外に示し、自己変革することにつながっている。

「なぜ、この組織は存在するのか」という存在目的を示すパーパスは、組織を一枚岩にする。パーパスは、組織の大義となり、そこに集う人の存在を意味づけ、鼓舞する。

組織委員会にはビジョンやミッションはあったものの、存在目的を示すパーパスが明示的に共有されていたわけではなかった。むしろ、「一生に一度の大会、何があっても最高の大会にしよう」という暗黙的に共有された共通善としてのパーパスがあった。

「アジアで初めてやることに意味がある」「復興の象徴的イベントとしてやりがいがある」「国家的プロジェクトとして失敗できない」など、一人ひとりの胸にブレークダウンしたときに、その意味や価値は様々であった。ただ、「一生に一度の大会、何があっても最高の大会にしよう」という共通のパーパスがあった。

さらに、この共通善への強い思いは、「自分がやらなければ、あとがない」「自分に託されたこのボール、死守しなければならない」「三遊間のゴロは私が拾わないと！」という圧倒的な当事者意識へと昇華していった。

よく美しい言葉で綴られた企業理念などを見かけるが、それがお題目になり、他人事になってしまっていることも多い。共通善としてのパーパスは、その実現を担う人一人ひとりが意味づけてコミットしなければ廃れていく。

組織委員会のスタッフたちは、暗黙的に共有していた共通善によって、自らを動機づけ、組織にコミットした。それは、いわば組織の存在目的と、自分のそれが一体化した状態である。だからこそ、「利己」と「利他」が綜合され、すべてを「自分ごと」として捉え、主体的に動くようになる。そうすると、真の全員経営が実現できる。

パーパスは、ＷｈａｔではなくＷｈｙを示すので、組織内外に関係性を広げ、意味や価値を共有するネットワークを形成し、関係性を強化する。組織委員会では、当事者意識の高まった一人ひとりが、自分の担当以外のことも、自分がやらねばこぼれ落ちてしまうと積極的に対応していった。

例えば、その姿勢は、横浜会場の初日に起こった不測の事態への対応に表れた。ビールが飛ぶように売れた試合終了後、大量の空き缶が残されていた。空き缶の回収業務の委託が、ケータリング業者との契約内容から漏れていたからである。とはいえ、目の前の空き缶をなんとかしなければならない。横浜会場のイベントデリバリーマネージャーだった河合、横浜ＬＯＣ支部長の熊坂、真鍋ほかその場に残っていた15人くらいのスタッフでスタジアム全体の空き缶（40リットルのゴミ袋２００袋）をすべて回収したときには、午前3時を過ぎていた。

釜石会場のイベントデリバリーマネージャーの谷俊一郎は、「一体感という意味では、自分の範囲を超えて目的を達成するために臨機応変にやる、ということだと思う。すべてのことをあらかじめ想定することは難しい、それよりも予期せぬことが起きたときにやれる人がやる、自分の役割範囲どうこうではなく目的のためにやれる人がやる、ということが大事だと思う」と振り返る。空き缶回収はその最たる例であった。

共通善を追求するためには、一貫性は大事である。組織の制度や仕組みと一貫していること、齟齬がないことは重要だ。何より、日々動いている現実のただ中での実際の意思決定や行動に、共通善が反映されるようにならなければ、お題目と同じだ。そのためには、日々動いている現実そのものを見る視界を共有しなければならない。要するに、「同じ絵を見る」ことが必要だ。

「はじめに」で紹介したソフトウエア開発手法「スクラム」は、機能や組織の枠を超えて全員で情報共有を徹底する。[166]「見える」化で透明性を高めるのである。

スクラムでは、毎日、全員が集まって、デイリースタンドアップというミーティングを15分行う。立ったまま行うのは、互いの距離が近くて話しやすいのと同時に、間合いをとりやすく機動的だからである。タスクの進捗が見える化されたホワイトボードの前で、①昨日の振り返り、②今日やること、③障害になっていることを全員が短時間で集中して共有し、必要に応じて議論する。エッセンスを凝縮して共有するために、ミーティング終了時には、最重要事項が全員に見えてくる。会議が終わると、その最重要事項のために一人ひとりが自分のやるべきことをすぐに、そして創造的に実行する。

いわば、過去と未来が「いま・ここ」に臨在して、参加者全員で集合的に本質を直観し、未来を先読みする場として機能している。こうして、毎日、全員が同じ視界で現状を見て、情報を更新してともに進化していく。

組織委員会でいえばデイリーレポートが、関係者全員の視界共有に役立った。デイリーレポートとは、大会2週間前から、全試合会場で何が起こっているかという新鮮で生々しい内容が取りまとめられ、日次レポートとして共有されたものである。このレポートは、組織委員会のスタッフ全員だけでなく、ワールドラグビーにも共有

図表23　ミドル・アップ・ダウン

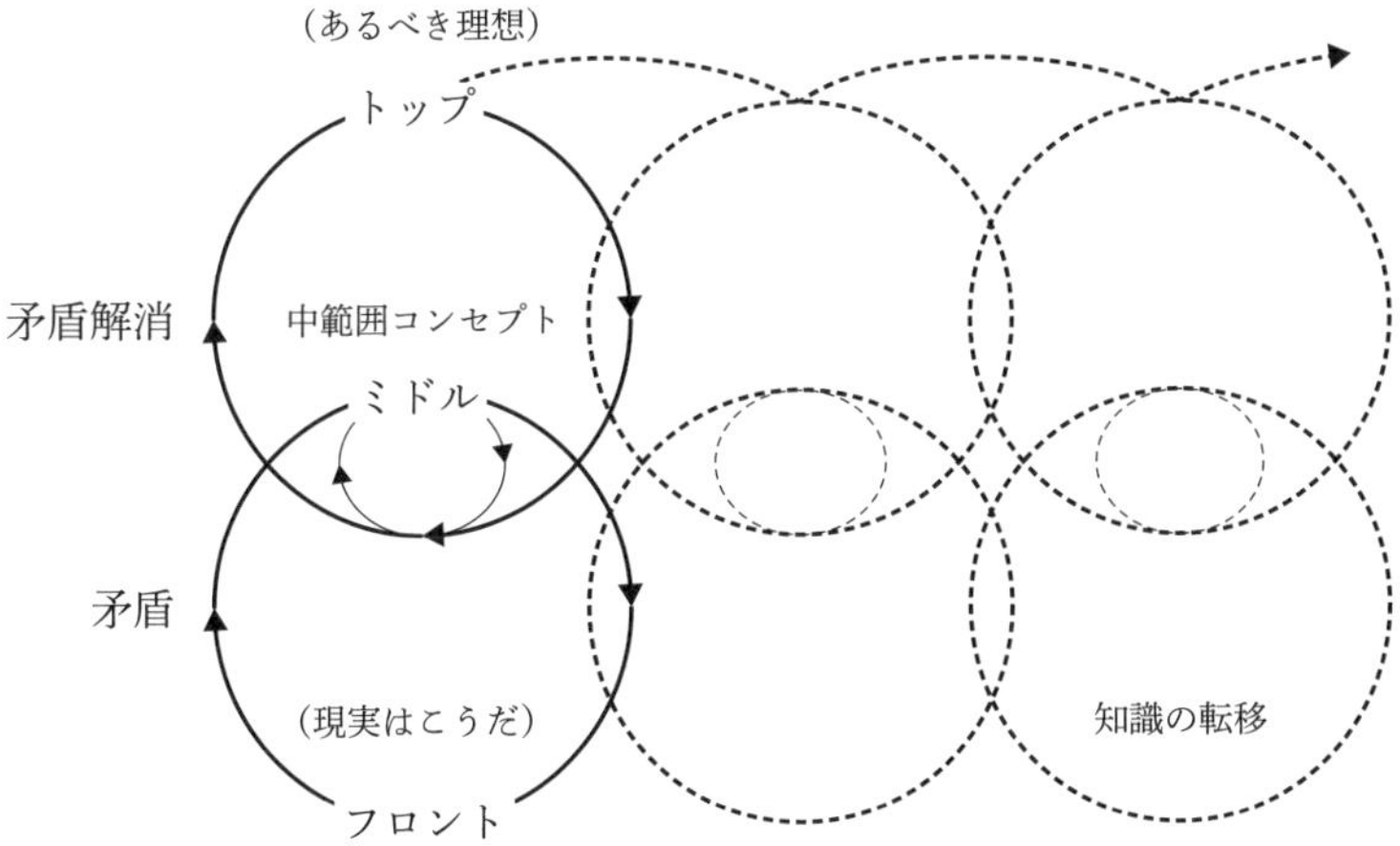

（出所）筆者作成

された。現場の最前線で刻々と変化している状況を、部署も立場も超えて、同じ視界で共有する仕組みがあったことは、その後たくさん発生した想定外の事態を、現場で機動的かつ自律的に打開していくうえで重要な意味を持った。

パーパスや共通善と、現実の視界を共有し、綜合するためには、「ミドル・アップ・ダウン」も有効だ（図表23）。これは、もともとトップの壮大な理想と、フロントの現実の間で、相互作用を通じて矛盾を解消していくミドル層の動きを示していた。しかし、ミドルというのはいわゆる中間管理職のことだけを指すのではない。プロジェクト・リーダーであり、プロデューサーであり、異質な知を持つ者の間の触媒となって動く、米国の組織心理学者Ｒ・リッカートのいう「連結ピン」である。

組織委員会でこのような役割として機能した象徴例は、４ＥＤだろう。組織委員会のトップ層、ワールドラグビーと各ＦＡなどと現場の中間で、大局観から現場の課題に対する意思決定を行っていったからである。４ＥＤによってそれまで現場同士で意見が対立し、堂々巡りになっていた事態が打開された。

自律分散的な行動を阻害するものを整理したい。トップダウンが行き過ぎると、現場の状況とかけ離れ、裸の王様になってしまう。理想は一向に実行されず、掛け声だけで終わってしまう。一方、ボトムアップしか機能していない場合、大局観が抜け落ち、部分最適になってしまう。いずれかのやり方に偏ると、トップとフロントの間のミドルがうまくチェンジ・エージェントとして機能せず、理想と現実の矛盾を創造的に解決できなくなる。

ヒエラルキーがものを言って、意見具申もできない状態は、瀕死の一歩手前である。各自がバラバラの方向を見ている、前例にない新しいことに消極的である、当事者意識が感じられず変化を嫌がる、という傾向が見えてきたら要注意である。組織委員会でも、ボランティアスタッフの管轄を、警備ＦＡからスペクテーターサービスＦＡに変えることに大きな抵抗があった。慣習や前例を変えることには、大きなエネルギーが必要なのである。

未来創造できるスクラム経営の「生き方」

最後に、未来を創造する組織としての「生き方」を追求するうえで、参考にしてもらいたい考え方をいくつか示し、まとめとしたい。

ヒューマナイジング・ストラテジー

我々は、最近「ヒューマナイジング・ストラテジー（戦略の人間化、人間くさい戦略）」を提唱している。経営とは、人の営為だ。現代における経営は、いつの間にか、論理分析ありき、手法ありきになっている。もちろん、経営手法やフレームワークを活用し、制度や仕組み、プログラムを整備することは重要である。しかし、科学的管理に頼りすぎると、人間的要素が抜け落ちてしまう。

計画優先、手順優先になると、指示待ちとなり、創意工夫する意欲が削がれる。定量管理や可視化・評価主義が過度になると、マイクロマネジメントに陥り、短期志向となる。失敗を恐れ、挑戦しなくなり、想定外の事態に対峙した際、思考停止するようになる。「過剰計画」「過剰分析」「過剰統制」のマネジメントでは、イノベーシヨンを生む組織、自己変革する組織ではなくなってしまう。

人の営為としての経営は、未来志向で意味をつくる動的主体である人間が、他者との関係性のなかで、より善い目的を無限に追求する、集合的なオープンエンドの価値創造プロセスによって実現される。それは、いわば「生き方（a way of life）」の物語りである。我々は、それを「ヒューマナイジング・ストラテジー」と呼んでいる。

物語り（ナラティブ）アプローチ

ヒューマナイジング・ストラテジーに有効なのは、「物語り」アプローチである。

「物語り」とはナラティブだ。物語りは、ストーリーとは異なる。ストーリー（物語）は、複数の出来事を時系列に記述する。一方、ナラティブ（物語り）は、プロット（筋書き）に従って、出来事と理由・因果を説明するのである。

例を挙げよう。「王様が死に、それから王妃が死んだ」は出来事を並べたストーリーである。「王様が死に、そして悲しみのあまり王妃が死んだ」は、なぜ王妃が死んだか、という理由を物語っている。また、ストーリーは終わりが決まっているが、ナラティブは、その時々の状況と相互作用しながら展開していくオープンエンドのダイナミックなプロセスである。

物語るという行為は、人間の主観に訴える。人は、物語りを通して、他者の経験を意味づけ、自分ごとのように感じ、心が動く。そして、記憶に残る。論理的説明や科学的説明を使えば、人に頭で理解させることはできる。しかし、心に訴え、行動を変えることはなかなか難しい。

さらに物語る、という行為は、語り手と聞き手の相互作用だ。「物語る」は動詞であり、現在進行形で共創され、発展していく性質を持つ。その意味でも、物語りは対象化されることなく、主体的な実践を呼び起こす。

物語りで語られる戦略は、過去、現在、未来という時空間の広がりのなか、新たな意味を創造し、動く現実の只中で、ダイナミックに相互作用するプロセスを繰り返す。そうすることで、共通善に向かって組織を自己変革していく。物語りに関わる人々の主観に訴えることで、内発的に動機づけ、実践へのコミットメントを引き出す物語りアプローチは、人間くさい方法論なのである。

2013年にノーベル経済学賞を受賞したアメリカの経済学者ロバート・J・シラーは、最新の研究で、人々の語る感染力の強い物語りがいかに経済、そして資本主義を動かすかを分析した。[167] シラーは、『アニマル・スピリッツ』（共著）では、人間の非合理的行動と経済関係を明らかにし、伝統的に経済学が前提にしてきた経済合理性のみに徹した経済人（ホモ・エコノミクス）の限界を超える論を展開した。人間は当然、経済合理性のみで動かない。彼は、合理性を超えた物語りが人々を経済行動に駆り立てることを解明した。

物語りを構成するのは、プロット（筋書き）とスクリプト（行動規範・行動指針）である。どのような道筋で共通善を目指すのかを示すのがプロットだ。プロットは、人々をワクワクさせ、彼らのコミットメントを触発する。スクリプトは、プロットを実現するための行動指針となるものだ。それは型通りのマニュアルではなく、文脈に応じていかに行動するかを示す。だから、肚にガツンとくるよう、レトリックを駆使することが重要だ。

組織委員会で佐藤らがボランティアに示した「TEAM NO-SIDE Principles」も、まさに行動規範としてのスクリプトであった。「大会の付加価値を生む（＝一生に一度を創る）存在としてのボランティア、そしてボランティア自身にも楽しんでもらう」というコンセプトを反映させるべく、言葉に徹底的にこだわった。

ラグビー最強集団と言われる、ニュージーランド代表オールブラックスにも、受け継がれている力強い行動規範や格言がある。「ロッカールームの掃除：決しておごることなく、小さなことを大事にしよう」「目標を掲げて戦う：〝なぜか〟と問う」「パスを回せ：リーダーはリーダーを育てる」「よく聴くことから知恵が生まれる。知識から理解が生まれる。理解から知恵が生まれる。知恵から幸福が生まれる」「螺旋は進みながら、戻る」などである。[168] ここまで考察してきた自己変革する組織の本質に通底するものがある。

本書の第I部で物語りという手法を採用したのは、読者の皆さんに擬似体験をしてもらい、主観に訴え、自分ごとのように記憶し、物語りの紡ぎ手としてのバトンを受け取り、自ら主人公として、未来に向かって実践してもらいたいという思いを込めたからである。

実践知リーダーシップ（フロネティック・リーダーシップ）を発揮する

ＳＥＣＩプロセスの無限スパイラルアップを駆動するのが、実践知のリーダーシップである。古代ギリシャの哲学者アリストテレスは『ニコマコス倫理学』で、知識を3種類に分類した。

「エピステーメ」は、コンテクスト（文脈）に左右されない客観的事実や科学的知識であり、「テクネ」は実用的なテクノロジー、テクニックやアートなどの技能である。さらに第三の知が、「フロネシス」である。これは、複雑に変化するダイナミックなコンテクスト（文脈）の只中で、最善の判断と行動をタイムリーに選択する実践知(Practical Wisdom)・賢慮（Prudence）である。

したがって、実践知を有するリーダーシップとは、「いま・ここ」という一回性の尊い直接経験のなか、個別具体の文脈の本質を洞察したうえで、「より善い」（共通善、パーパス）の実現に向かって、その都度における最善の判断と行動を組織的に実践していくリーダーシップのことである。

この実践知リーダーシップには6つの要件がある。

第一は、善い目的を追求することである。組織委員会のスタッフは、ほぼ全員「一生に一度の大会、いい大会にしよう」「ラグビー伝統国以外での開催を成功させたい」「ラグビーを盛り上げたい」などの共通目的を共有し、追求していた。

第二は、現実を直視し、本質を直観することである。チケッティングを担当した田中啓太は、売れたチケットをどの席に割り付けるか、という膨大な作業をしていた際、他のＦＡとの調整が必要となった。しかし、他部署も自分たちの計画や業務があるため安易に回答をしてくれない。そこで、田中は関係者全員での現場視察を実行し、その場で担当者と話し合い、現場で直観した課題を関係ＦＡに送って確実に詰めていった。現場で、ともに本質を直観したことが奏功した。

第三は、場をつくることである。上村哲也は、コミュニケーションを高めるために、バーベキューを企画した。内田南と藤居陽は４ＥＤ会議という会議体をつくり、現場同士では意見が対立してしまうような事案を大局的見地から検討する知的コンバットの場として機能させた。

第四は、直観した本質を物語ることである。ラグビーワールドカップ２０１１の経験者でワールドラグビーと継続的な業務関係を持つクリス・スタンレーは、２０１７年に事務総長代理待遇で赴任すると、「組織委員会としての組織体ができていない」ことを見抜き、内田に大会を支える機能単位であるＦＡのつくり方、役割分担の仕方などを、物語りの筋書き（プロット）で示した。

第五は、物語りを何が何でも実現する政治力である。真鍋は、コストダウン要員ではなく、付加価値を創出する役割を担うボランティアを管轄するスペクテーターサービスＦＡの立ち上げを実現するために、４ＥＤの一人ミック・ライトに働きかけ、幹部レベルから動いてもらった。

第六は、実践知を自律分散し、組織化することである。台風直撃後、横浜会場の試合開催の可否を決める際、横浜の会議室と東京の大会運営本部は、ビデオ会議でつなげられていた。横浜の会議室に集まったスタッフたちは、口々に「できます、できます、こういう課題はありますが大丈夫です」と発し、試合実施が可能な状態が伝えられた。大会運営本部にいた内田はその現場力に感心したと振り返っている。一人ひとりの無名の闘士たちが、実践知を身体化し、発揮していたのである。

実践知リーダーシップは、一人のカリスマリーダーに依存するものではない。機動的かつ自律的に知恵を結集する全員経営を実現するために、組織メンバー一人ひとりが実践すべきものである。

「二項動態」イノベーションでスクラム経営へ

組織委員会は、実に多くのジレンマに直面し、悩んだ。例えば、公共性か興行性かという問題である。組織委員会は公益財団法人であり、多くの府省庁や自治体との協働でプロジェクトを推進する立場にあり、公共性、公益性は重要なファクターであった。一方、ワールドラグビーに支払わなければならない大会保証料の原資の大きな柱は、チケット販売収入であった。よってスタジアムを満員にするために、より多くのチケットを高く売る、という興行性も求められた。

他にも日本初、アジア初の開催ということもあり、日本流・我流でいくのか、これまでの知見を生かしてラグビー伝統国流でいくのかという点でもせめぎ合いがあった。ラグビーワールドカップの開催という点でまったくの初心者ではあるものの、開催するのは日本である。当然、日本という土地の文脈に合わせなければうまくいかない。一方で、それまで伝統国でしか開催されていなかったために、経験や知見は伝統国にしかなかった。

また、創造性か効率性かという点もいつも悩ましかった。例えば、付加価値を創出する存在である、と新たに概念化されたボランティアの位置づけであったが、日本ではこれまでコストダウン要員として扱われてきていた。

ここで重要なのは、あれかこれかという二項対立（dichotomy）に陥らないことである。一見、相反する物事は、暗黙知と形式知がそうであるように連続しており、地続きである。白か黒かではなく、境界は曖昧かつ流動的でグレーのグラデーションなのである。

だからこそ、トレードオフしてどちらかに偏るのではなく、あれもこれも、という二項動態（dynamic duality）が重要だ。二項の両極端を見据えて、その異質性と共通性を徹底的に追求する。それは、より善いという共通善に向かっての追求だ。しかも、いま・ここで動いている現実の只中で行う。そうすると、現実の延長線上にはない、新しい跳ぶ発想がパッとセレンディピティのように降りてくる。

組織委員会も、先述したようなジレンマの数々に悩まされつつも、ぎりぎりのところで「日本型」のラグビーワールドカップの開催という二項動態イノベーションをやり遂げた。

二項動態は多様性を生かす、異質な相手を生かすことから始まる。ＳＥＣＩモデルを説明した図を思い出してほしい。最初の起点となる共同化は、個人と個人の丸がベン図のように一部が重なる形で描かれていた。重なっている部分は共感している部分である。これがまるっきり同質な者同士であると、すべてが重なるだけで新しいものは生まれない。暗黙的な無意識を含めて重ならない残りの部分があるからこそ、他者との共感関係を媒介にして新しいものをともに生み出せる可能性が広がるということを覚えておいてほしい。

本書の冒頭で紹介したソフトウエア開発手法「スクラム」では、二人一組で開発を行う「ペア・プログラミング」で作業を進める。異質な二人が知を共有し、互いにレビューしながら、効率的かつ創造的にプログラミングを行う。「スクラム」の生みの親である、ベトナム戦争に従軍経験のあるジェフ・サザーランド博士が、操縦と偵察という二項動態が求められる、二人乗りの偵察機のパイロットだったことと大いに関係している。

武器も持たない究極の極限状態でギリギリの死線を潜り抜けて生き抜いたサザーランド博士は、人間不信になることはなかった。人間の潜在能力を信じて、共に活かし合う全員経営を実現する「スクラム」を生み出したのである。

また、彼は「スクラム」を単なるソフトウエア開発の手法を超えた守（learn）・破（break）・離（transcend）の「生き方」の物語り（ナラティブ）だと喝破した。昨今流行の数値経営では、組織メンバー一人ひとりの主観（意味）を集合知に昇華するためにコミットメントを触発できない。ワクワクさせるナラティブこそが、人を動かす。ヒューマナイジング・ストラテジーの基盤なのだ。

イノベーションとは、守破離のプロセスでもある。異質な相手とスクラムを組み、切磋琢磨し、ともに飛躍し、新たな価値を共創することを泥くさく求めていく、「スクラム経営」をしたたかにやり抜いていこうではないか。

あとがき

ラグビーワールドカップ２０１９は、国内外の多くの人が熱狂し、感動の渦を巻き起こしたグローバルスポーツイベントだった。

開催準備と大会運営を担った組織委員会は、大会終了後解散した。清算業務の一つである「ワールドラグビー向けのナレッジトランスファー業務」を手伝うことになったのが、真鍋卓也と佐藤洋平である。２人は、資料を回収し、編纂してワールドラグビーに提出した。ただし、資料で報告するよう求められたのは、形式知化したドキュメンテーションや大会の結果を示す数字などが中心であった。プロジェクトが生み出した成果に至るまでのプロセスにフォーカスされることはなかったことに違和感を感じた２人に「大団円だけでこの大会を終わらせてしまってはいけない」という強い思いが湧き上がってきた。

組織委員会のメンバーだった2人は、プロジェクトの過程で多くの人が悩み、失敗する姿を当事者として目の当たりにしてきた。その実、プロジェクトは最後の最後まで確証が得られないまま進み、薄氷を踏む思いで到達した大会の成功だった。だからこそ、単なるドキュメンテーションや数字の報告だけでは満足してはいけない、その背後にあるエピソードや悪戦苦闘のプロセスを残し、その学びを生かさなければならないという思いに至ったのである。

そんな折、以前独立行政法人国際協力機構（ＪＩＣＡ）に勤めていた真鍋は、ＪＩＣＡとのプロジェクトを野中とともに進めていた川田英樹のインタビューを受けることになった。真鍋から問題意識を共有された川田は、真鍋や佐藤の思いに共感し、野中に相談した。野中は、「新しい何かをつくり上げるために、正解のないなかで、多様な人々が協働し進めていくプロジェクトをナラティブで語り、学術的な観点から意味づけ、成功と失敗の本質を探ることは価値がある」と考えた。

こうして、世界を驚かせた日本型の国際スポーツイベントの創造というイノベーションについて取り上げ、そのプロセスを丁寧に物語るとともに、野中が提唱してきた組織的知識創造理論の観点から洞察する、単なるノンフィクションやルポを超える書籍の執筆に挑戦することが決まった。本書の調査・執筆プロジェクトが本格的に動き出したのは、コロナ禍が世界中に拡大していった２０２０年春先のことだった。

巨大台風が襲い、開催が危ぶまれ、伝説の一戦となった日本代表vsスコットランド代表戦を、横浜国際総合競技場のスタンドから観戦していた統括責任者アラン・ギルピンは、「今日の試合は、日本人でなければ開催できなかった」という言葉を残した。

ラグビーワールドカップ２０１９は、外国人専門家や広告代理店など特定の限られた人たちが動かした大会ではなかった。組織委員会のスタッフ、そして関係者一人ひとりが必死になって、各々の立場でのミッションをやり切った大会であった。

ペンシルベニア大学の心理学者アンジェラ・ダックワースは、「人生におけるあらゆる成功を決める究極の能力とは何か」という研究に取り組み、生来の才能やＩＱ（知能指数）ではなく、「どんな困難な状態でも諦めることなく、自ら目標に向かって最後までやり抜く力であるＧＲＩＴ《グリット》」が鍵を握っていることを科学的に実証した。

既に本書で検証したが、大会に関わった様々な人々の直接経験を紐解くことで浮かび上がってきたのは、彼らが組織的にＧＲＩＴを発揮したことである。そこには、想定外の出来事に常に振り回され、追い込まれても、決して腐らず逃げず、戦い続けた無名の闘士たちによる等身大の姿があった。彼らの物語りからは、失われた30年と揶揄される日本に、まだまだ力強い底力や熱いマグマがあることを感じる。

一方、前例のないプロジェクトで逃げずに戦い抜いた一人ひとりの奮闘があってこその成功だったからこそ、先輩風を吹かした安易なアドバイスが横行してはいけないとも感じている。今後、このようなプロジェクトに参画する者は、成功体験への過剰適応を避け、現実を直視し、多様な他者と対話し、ともに真剣に悩み抜き、「共通善」というパーパスに向かって、機動的にやり抜いてほしい。

それは、組織委員会の物語りからの学びと、動く現実の文脈を綜合する「二項動態」の実践だ。

最後に本書の完成にご協力、ご尽力いただいた方たちに感謝の辞を述べたい。

何より史上初のベスト8という快挙を達成した日本代表チームの活躍があったからこそ、大会は盛り上がった。また、もちろん、本書に登場した人々の力だけで大会が成り立ったわけではない。ラグビー界を支えてきた政財界や公益財団法人日本ラグビーフットボール協会（ＪＲＦＵ）をはじめとしたスポーツ界の方たちから開催都市の住民の方々まで、あらゆる人の思いと努力の賜物であったことを忘れてはいけない。さらに組織委員会の内外、関係者にも、本書で扱うことのできなかったUnsung Hero（陰のヒーロー）が多く存在した。その方たちすべてに、感謝を伝えたい。

嶋津昭事務総長、そして鶴田友晴・西阪昇両事務総長代理は、調査・執筆プロジェクトの始動を快諾してくれた。本プロジェクトの立ち上げ期、公益財団法人笹川平和財団、とりわけ安達一氏には活動をご支援いただいた。心から感謝したい。

組織委員会の元職員へのインタビューは、第I部の物語りを紡ぐために不可欠だった。快くご協力いただいた29名の皆さんに深謝したい。コロナ禍において、その多くはオンラインとなったが、1時間以上を割いていただき、いつまでも話が尽きることはなかった。いずれも興味深い内容だったが、紙幅・構成の都合上、言及することを断念したものも多かった。

「The new new product development game」の共著者である竹内弘高さんにも感謝する。この論文がなければ「スクラム」というコンセプトは誕生しなかった。また、ソフトウエア開発手法「スクラム」の生みの親であるジェフ・サザーランド博士、日本での普及の立役者の一人である株式会社永和システムマネジメントの平鍋健児さん、そしてScrum Inc. Japan、彼らとは今も知的交流を通じて、ともに「スクラム」の考え方を発展させる仲間である。

彼らにも感謝したい。
最後に、3年の月日をかけた執筆プロジェクトに並走し、適時適切に我々を勇気づけ、助言をくれた日経BPの堀口祐介さんに心から感謝したい。そして、各々の家族のサポートにも感謝したい。ありがとう。

多様な価値観を生かして、協力し、ぶつかり合ってイノベーションは生まれる。たくさん挑戦し、たくさん失敗し、努力を重ねて、一歩ずつ前に進んでいくからこそ、新しい景色が見えてくる。実践知を総動員するスクラム経営で、新たな未来を創造する「生き方」にチャレンジしようではないか。本書がその実践の一助になれば、望外の喜びである。

2023年8月

筆者を代表して　野中郁次郎

164）ポール・ルイ・イスケ著、紺野登訳・監修、渡部典子訳（2021）『失敗の殿堂――経営における「輝かしい失敗」の研究』東洋経済新報社。

165）H・R・マクマスター著、村井浩紀訳（2021）『戦場としての世界――自由世界を守るための闘い』日本経済新聞出版。

166）詳細は、ジェフ・サザーランド著、石垣賀子訳（2015）『スクラム――仕事が4倍速くなる“世界標準”のチーム戦術』早川書房、および平鍋健児、野中郁次郎、及部敬雄（2021）『アジャイル開発とスクラム（第2版）』翔泳社を参照されたい。

167）ロバート・J・シラー著、山形浩生訳（2021）『ナラティブ経済学――経済予測の全く新しい考え方』東洋経済新報社。

168）ジェイムズ・カー著、恒川正志訳（2017）『問いかけ続ける　世界最強のオールブラックスが受け継いできた15の行動規範』東洋館出版社、227～234ページ。

know/typhoon/1-4.html

145）横浜市市民局スポーツ統括室ラグビーワールドカップ2019推進部ラグビーワールドカップ2019推進課・神奈川県スポーツ局スポーツ課発行、「ラグビーワールドカップ2019™神奈川県・横浜市開催記録集」47〜48ペーから引用。

146）ワールドラグビー 日本チャンネル「ラグビーワールドカップ2019『舞台裏の真実』」https://www.youtube.com/watch?v=wVNnwKSIoZs

147）2019年10月13日付、The Guardian、Sportblog Rugby World Cup 2019、“Japan show world their defiance and skill in face of typhoon destruction”、https://www.theguardian.com/sport/blog/2019/oct/13/japan-typhoon-rugby-world-cup

148）ワールドラグビー 日本チャンネル「ラグビーワールドカップ2019『舞台裏の真実』」https://www.youtube.com/watch?v=wVNnwKSIoZs

149）同上。

150）公益財団法人笹川スポーツ財団「ラグビーワールドカップ2019大会ボランティアに関する調査」https://www.ssf.or.jp/thinktank/volunteer/20200710.html

151）ワールドラグビーウェブサイト、2019年11月3日付ニュース、“GAME-CHANGING RUGBY WORLD CUP 2019 IS A RECORD-BREAKER” https://www.world.rugby/news/538379/game-changing-rugby-world-cup-2019-is-a-record-breaker

152）ワールドラグビー 日本チャンネル「ラグビーワールドカップ2019『舞台裏の真実』」https://www.youtube.com/watch?v=wVNnwKSIoZs

153）2020年9月9日付、World Rugby、ラグビーワールドカップ2019ニュース、“Over two million new rugby participants in Asia shows impact beyond Rugby World Cup 2019 ” https://www.world.rugby/news/577365/impact-beyond-rugby-world-cup-2019を参照。

154）note 上 村 哲 也 / UEMURA Tetsu、https://note.com/tetsu15/n/n13950e6313c7?magazine_key=m8b5dc8ad368aより引用。

155）ワールドラグビーウェブサイト、2022年11月7日メディアリリース、“World Rugby appoints leading major events expert Mick Wright in new EventsCo structure”、https://www.world.rugby/news/775862/world-rugby-appoints-leading-major-events-expert-mick-wright-in-new-eventsco-structure

156）2023年2月24日付、日本経済新聞電子版、「ラグビーW杯、日本の再開催は35年が候補　国際連盟CEO」https://www.nikkei.com/article/DGXZQODH183BS0Y3A210C2000000/

157）野中郁次郎（1990）『知識創造の経営』日本経済新聞社、野中郁次郎・竹内弘高著、梅本勝博訳（1990）『知識創造企業』東洋経済新報社を参照。

158）SECI（セキ）とは、これら「共同化（Socialization）」「表出化（Externalization）」「連結化（Combination）」「内面化（Internalization）」の各フェーズの頭文字をとって名付けられた。

159）野中郁次郎・川田英樹・川田弓子（2022）『野性の経営』KADOKAWA、119ページ。

160）アメリカ海兵隊に関する研究についての詳細は、野中郁次郎（2017）『知的機動力の本質』中央公論新社（文庫版、2023年）を参照されたい。

161）東京2020オリンピック・パラリンピック競技大会　東京都ポータルサイト「組織委員会の収支及び大会経費の最終報告について」https://www.2020games.metro.tokyo.lg.jp/about/johokokai/keihi/houkoku/index.html

162）「2011ラグビーワールドカップ招致報告書」。

163）以下、津田雄一（2022）『はやぶさ2のプロジェクトマネジャーはなぜ「無駄」を大切にしたのか？』朝日新聞出版を参考にした。

124）ワールドラグビー 日本チャンネル「ラグビーワールドカップ2019『舞台裏の真実』」https://www.youtube.com/watch?v=wVNnwKSIoZs

125）同上。

126）同上。

127）ワールドラグビーウェブサイト、2019年9月23日付ニュース、「試合会場への食品の持込禁止物規制緩和について」https://www.world.rugby/news/479534

128）同上。

129）ワールドラグビー 日本チャンネル「ラグビーワールドカップ2019『舞台裏の真実』」https://www.youtube.com/watch?v=wVNnwKSIoZs

130）大会報告書、58〜59ページ。

131）大会報告書、58ページ。

132）イベントデリバリーマネージャーは、試合会場運営の指揮・統括を担った。常時複数のFAと連携しマッチデーに限らず、試合前後の日程においても各FAの作業内容の把握、作業時間の管理等、会場運営における課題の調整を行ったほか、突発事項等の発生時には、必要に応じて警備担当者、競技責任者等と協議しながら現場での判断を下した。また、会場運営における責任者として大会運営本部との連絡調整役も担った（大会報告書より抜粋）。

133）マッチコミッショナーは、独立した立場として、試合の中立性やマッチマネージャーの動き等を監査した。ラグビーワールドカップ・リミテッド（RWCL）が雇用した競技運営の最高責任者である（大会報告書より抜粋）。

134）マッチマネージャーは、試合を円滑に実施するため、マッチマネジメント（試合の準備）、マッチオフィシャル（レフリー等）、ドーピング、メディカルなどの試合実施に必要なFAを統括する責任者である。マッチマネジメントFAは、キャプテンズランを含むラグビーワールドカップ2019期間中に開催される全試合を円滑に実施するための、計画策定、備品調達、試合運営の実施 が主な業務として挙げられる。競技は大会の中枢を担う重要不可欠な分野であり、円滑な運営のためにはワールドラグビー、マッチオフィシャル、チームといった主要なステークホルダーとの連携が常に求められる立場であった（大会報告書より抜粋）。

135）試合会場の警備責任者である。LOCの警備担当者が兼務し、警察、警備会社、消防と試合会場のハブ（集約点）になっていた。

136）2019年12月18日付、日本経済新聞電子版、「ラグビーW杯、迫られた災害対応　経験引き継ぐ必要」、https://www.nikkei.com/article/DGXMZO53383610V11C19A2000000/

137）同上。

138）ワールドラグビー 日本チャンネル「ラグビーワールドカップ2019『舞台裏の真実』」https://www.youtube.com/watch?v=wVNnwKSIoZs

139）同上。

140）同上。

141）読売新聞オンライン記事、2019年10月13日、「ラグビー・カナダ代表、釜石でボランティア…ナミビア戦中止で」、https://www.yomiuri.co.jp/sports/rugby/2019/20191013-OYT1T50077/

142）AFP BB Newsオンライン記事、2019年11月15日付、「スコットランドがラグビーW杯不適切発言に「遺憾の意」、罰金受け入れ」、https://www.afpbb.com/articles/-/3254859?cx_amp=all&act=all

143）横浜市市民局スポーツ統括室ラグビーワールドカップ2019推進部ラグビーワールドカップ2019推進課・神奈川県スポーツ局スポーツ課発行、「ラグビーワールドカップ2019™神奈川県・横浜市開催記録集」47〜48ペーを参照。

144）気象庁ウェブサイト「台風の発生、接近、上陸、経路」https:///www.jma.go.jp/jma/kishou/

100）大会報告書、43ページ。

101）公益財団法人ラグビーワールドカップ2019組織委員会「ラグビーワールドカップ2019™公認チームキャンプ地ガイドライン」11ページ。

102）NTT レゾナント、goo辞書より。

103）大会報告書、48ページ。

104）JR東日本が運行する東北・上越などの新幹線の車両清掃、東京駅・上野駅の新幹線駅構内の清掃などを主な業務としているJR東日本グループ会社の鉄道整備株式会社である。新幹線が停車しているわずか7分間で車内清掃をテキパキと丁寧にこなすテッセイの仕事力は、ハーバード大学経営大学院の必修教材となるほどである。

105）遠藤功（2012）『新幹線お掃除の天使たち――「世界一の現場力」はどう生まれたか？』あさ出版、134ページ。

106）大会報告書、37ページ。

107）大会報告書、37ページ。

108）大会報告書、62ページ。

109）鶴田（2020）22ページ。

110）JRFUウェブサイト、2022年11月21日付ニュース「第59回 全国大学ラグビーフットボール選手権大会 チケット概要」https://www.rugby-japan.jp/news/51615を参照した。

111）チケットぴあウェブサイト「SMBC日本シリーズ2022　東京ヤクルトスワローズ対オリックス・バファローズ のチケット情報」https://t.pia.jp/pia/event/event.do?eventBundleCd=b2227761を参照した。

112）ぴあ株式会社ホームページ、沿革、https://corporate.pia.jp/corp/history/

113）ワールドラグビー日本チャンネル、【ラグビーワールドカップ】ボランティア募集開始！プログラム名称は「NO-SIDE（ノーサイド）」https://youtu.be/3D3IrJmisZc

114）ワールドラグビー日本チャンネル、【ラグビーワールドカップ】ボランティア募集開始！プログラム名称は「NO-SIDE（ノーサイド）」、https://www.youtube.com/watch?v=3D3IrJmisZc

115）横浜市市民局スポーツ統括室・神奈川県スポーツ局スポーツ課発行、「ラグビーワールドカップ2019™神奈川県・横浜市開催記録集」28ページ。

116）「THE PLAY BOOK -A GUIDE FOR THE PACK」については、特定非営利活動法人日本スポーツボランティアネットワーク編「ラグビーワールドカップ2019日本大会公式ボランティアプログラム『NO-SIDE』活動レポート」8ページ。

117）ワールドラグビーウェブサイト、2019年1月15日、「ラグビーワールドカップ2019™日本大会ボランティア「TEAM NO-SIDE」1万3千人が大会ボランティアに！」、https://www.world.rugby/news/390674

118）大会報告書、51ページ。

119）大会報告書、51ページ。

120）ワールドラグビーウェブサイト、2018年11月26日、「ラグビーワールドカップ2019日本大会1月19日（土）10時00分、いよいよ全世界向けチケット先着販売がスタート！～2019年チケット販売スケジュールについて～」、https://www.world.rugby/news/383002

121）同上。

122）2019年9月16日付、日本経済新聞電子版「ウェールズ代表が公開練習、23日に初戦　ラグビーワールドカップ」、https://www.nikkei.com/article/DGXLSSXK10258_W9A910C1000000/より。

123）World Rugby, “Full Opening Ceremony from Rugby World Cup 2019” https://www.youtube.com/watch?v=NYfLmXpyj_0

rugby/rugbyworldcup2019.files/0002_20200323.pdf、24ページ。

76）JRFUウェブサイト、2015年3月2日付ニュース、「ラグビーワールドカップ2019組織委員会 開催都市決定【組織委員会】」https://www.rugby-japan.jp/news/2015/03/02/id30975

77）JRFUウェブサイト、2015年7月15日付ニュース、「ラグビーワールドカップ2019組織委員会 開催都市自治体協議会設立のお知らせ【組織委員会】」https://www.rugby-japan.jp/news/2015/07/15/11004

78）同上。

79）同上。

80）同上。

81）同上。

82）2015年7月17日付、日本経済新聞電子版、「首相、新国立競技場『白紙に戻しゼロベースで見直す』」https://www.nikkei.com/article/DGXLNSE2IEC03_X10C15A7000000/

83）2021年7月17日 付、Reuters、“Rugby-World Rugby disappointed Tokyo stadium scrapped from 2019 World Cup” https://www.reuters.com/article/rugby-world-tokyo/rugby-world-rugby-disappointed-tokyo-stadium-scrapped-from-2019-world-cup-idUKL4N0ZX37620150717を筆者が和訳。

84）2015年7月17日付、Wales Online、“Japan at risk of losing 2019 Rugby World Cup as National Stadium won't be ready in time” https://www.walesonline.co.uk/sport/rugby/rugby-news/japan-risk-losing-2019-rugby-9678665

85）同上。

86）2019年9月20日、日経BP『日経ビジネス』「ラグビーW杯、事務方トップが語った『あの時の試練』嶋津昭・ラグビーW杯2019組織委員会事務総長インタビュー」https://business.nikkei.com/atcl/gen/19/00005/092000048/?P=2

87）同上。

88）横浜市市民局スポーツ統括室・神奈川県スポーツ局スポーツ課発行、「ラグビーワールドカップ2019TM 神奈川県・横浜市開催記録集」36ページ。

89）2015年9月10日付、ESPNニュース、“Brett Gosper confident Japan will host 2019 Rugby World Cup” https://www.espn.ph/rugby/story/_/id/13621904/world-rugby-ceo-brett-gosper-confident-japan-host-2019-rugby-world-cupを筆者が和訳。

90）同上。

91）同上。

92）2015年9月15日、The Guardian, “Rugby World Cup opens with biggest shock in game's history,” https://www.theguardian.com/sport/2015/sep/19/rugby-world-cup-biggest-shock-japan-south-africa

93）2015年9月19日0時から、ラグビーワールドカップ2015　1次リーグ・グループB「日本」対「南アフリカ」、NHK BS1放送

94）同上。

95）朝日新聞社「知恵蔵mini」より。

96）2015年11月10日付、日本経済新聞電子版、「五郎丸ポーズ」…50語ノミネート　新語・流行語大賞」、https://www.nikkei.com/article/DGXLASDG10HAC_Q5A111C1CR8000/

97）オリコンニュース、「五郎丸歩のCM出演情報」、https://www.oricon.co.jp/prof/664103/cm/

98）JRFUウェブサイト、2016年3月9日付ニュース「運営責任者が語るラグビーワールドカップ2015 19年日本開催への夢と課題は？」https://www.rugby-japan.jp/news/2016/03/09/19062

99）大会報告書、81ページ。

ら約450億円の収入、そして、「大会保証料」の約130億円を合わせた約580億円が、ワールドラグビーの4年間の活動の財源となる。この約580億円が世界中のラグビー協会への配分金として、また、7人制ラグビーなどのイベントに活用されている。

49）鶴田（2020）31ページ。

50）大会報告書、21ページ。

51）JRFUウェブサイト、2010年11月11日付ニュース、「『ラグビーワールドカップ2019組織委員会』会長および副会長決定」https://www.rugby-japan.jp/news/3799

52）大会報告書、23〜24ページ。

53）大会報告書、22〜24ページ。

54）JRFUウェブサイト、2014年1月10日付ニュース、「第38回『みなとスポーツフォーラム』リポート（マット・キャロル氏）」https://www.rugby-japan.jp/news/2014/01/10/1571

55）メンバーファームとは、世界各国で共通のブランド名・戦略等を持ち、業務提携関係にある事業体。

56）鶴田（2020）20ページ。

57）法人法 第202条第2項。

58）札幌、宮城、茨城、埼玉、横浜、新潟、静岡、大阪、神戸、大分の10都市。

59）前回大会のラグビーワールドカップ2015年イングランド大会は、48試合が11の開催都市で行われた。

60）大会報告書、21ページ。

61）北九州市「キャンプ地誘致のあゆみ」https://www.city.kitakyushu.lg.jp/files/000941849.pdf

62）ワールドラグビー（WR）ウェブサイト、2013年5月27日、「ラグビーワールドカップ2019『大会ビジョン』『試合開催会場選定プロセス』について」、https://www.world.rugby/news/37925

63）大会報告書、26〜28ページ。

64）静岡県発行「トライからレガシー：ラグビーの聖地・静岡へ：ラグビーワールドカップ2019日本大会静岡県開催・記録と伝承」（2021年3月）、28ページ。

65）2022年2月25日、熊谷市総合政策部ラグビー推進課、鯨井氏からの回答。

66）2019年9月30日付、埼玉新聞、「＜ラグビーワールドカップ＞熊谷で2試合目、2万人超が熱狂 選手ぶつかる振動、客に伝わり驚き『すごい迫力』」、https://www.saitama-np.co.jp/articles/2539

67）2022年2月15日、熊本県観光戦略部観光企画課、川崎氏からの提供資料、「ラグビーワールドカップ2019-KUMAMOTO」48ページ。

68）「ラグビーワールドカップ2019-KUMAMOTO」48ページより。

69）熊本県議会ホームページ、「『ラグビーワールドカップ2019』の熊本招致実現に関する決議」https://www.pref.kumamoto.jp/uploaded/attachment/59215.pdf

70）釜石市ホームページ「かまいしの歴史」https://www.city.kamaishi.iwate.jp/docs/2015080300030/

71）特定非営利活動法人（NPO）スクラム釜石ホームページ、「"鉄と魚とラグビーのまち"釜石で世界一の戦いを」https://scrumkamaishi.jp/aid/rwc2019

72）NPOスクラム釜石ホームページ、「これまでのスクラム釜石の活動と関係するできごと」https://scrumkamaishi.jp/report/timeline

73）NPOスクラム釜石ホームページ、https://scrumkamaishi.jpを参照した。

74）ワールドラグビー 日本チャンネル「ラグビーワールドカップ2019『舞台裏の真実』」https://www.youtube.com/watch?v=wVNnwKSIoZs

75）横浜市市民局スポーツ統括室・神奈川県スポーツ局スポーツ課発行、「ラグビーワールドカップ2019™ 神奈川県・横浜市開催記録集」https://www.city.yokohama.lg.jp/kanko-bunka/sports/

www.youtube.com/watch?v=wVNnwKSIoZs
22）徳増（2020）183ページ。
23）徳増（2020）187ページ。
24）徳増（2020）16〜17ページ。
25）ニュージーランド代表が日本代表から挙げた145得点は、ラグビーワールドカップ史上最多得点である。史上最大の得点差は、第5回大会のラグビーワールドカップ2003のオーストラリア代表142—ナミビア代表0の142点差である。
26）The Timesウェブサイト、2005年11月18日付ニュース、“Shame on rugby” https://www.thetimes.co.uk/article/shame-on-rugby-w698knbr7f9より引用、筆者が和訳。
27）徳増（2020）216ページ。
28）JRFUウェブサイト、日本ラグビー デジタルミュージアム、https://trc-adeac.trc.co.jp/WJ11E0/WJJS06U/1310375100/1310375100100010/ht000010を参照した。
29）アジアラグビーフットボール協会ウェブサイト、Rugby in Asia | History of the Game in Asia | Asia Rugby、https://www.asiarugby.com/about-asia-rugby/history/
30）JRFUウェブサイト、2006年11月17日付ニュース、「2015年ラグビーワールドカップ日本招致決定」https://www.rugby-japan.jp/news/2006/11/17/5859
31）徳増（2020）211〜212ページ。
32）徳増（2020）223ページ。
33）JRFUウェブサイト、2008年7月8日付ニュース、「IRB特別理事会（7.8）2015年及び2019年ワールドカップ開催国について」https://www.rugby-japan.jp/news/5055
34）JRFUウェブサイト、2009年4月7日付ニュース、「ラグビーワールドカップ2015・2019日本招致、閣議の了解を受ける」https://www.rugby-japan.jp/news/4713
35）JRFUウェブサイト、2009年4月21日付ニュース、「RWCLラパセ会長らが、ラグビーワールドカップ招致視察のため来日」https://www.rugby-japan.jp/news/4693
36）徳増（2020）217ページ。
37）徳増（2020）217〜218ページ。
38）徳増（2020）218ページ。
39）IRBがラグビーワールドカップの大会運営を委託する事業会社。
40）JRFUウェブサイト、2009年6月30日付ニュース、「ラグビーワールドカップ2015/2019 開催推薦国決定」https://www.rugby-japan.jp/news/4467
41）文藝春秋、Sports Graphic Number BACK NUMBER、2009年7月30日掲載、大友信彦、「2019年ラグビーW杯は日本に！アジア初のホスト国の栄誉と宿題」https://number.bunshun.jp/articles/-/10877
42）JRFUウェブサイト、2009年7月29日付ニュース、「ラグビーワールドカップ2019、日本開催決定！」https://www.rugby-japan.jp/news/4451
43）徳増（2020）219〜220ページ
44）JRFUウェブサイト、2013年3月26日付ニュース、「「アジアスクラムプロジェクト」、JICAボランティア事業を通じたラグビー指導者派遣」、https://www.rugby-japan.jp/news/2261
45）鶴田友晴（2020）『国際スポーツイベント成功の舞台裏』ぴあ、64ページ。
46）鶴田（2020）9ページ。
47）大会報告書62ページ。最終的に支払った円換算の金額。
48）鶴田（2020）24〜31ページ。鶴田の推測では、「テレビ放映権」「オフィシャルパートナー」「ローカルスポンサー」「ライセンシング／マーチャンダイジング権」「ホスピタリティー権」か

【注】

1) Takeuchi, H. & I. Nonaka, The new new product development game, *Harvard Business Review*, January-February, 1986.

2) 公益財団法人ラグビーワールドカップ2019組織委員会「ラグビーワールドカップ2019™日本大会大会報告書」(以下、大会報告書) 62ページ。最終的に支払った円換算の金額。

3) 日本ラグビーフットボール協会2011ラグビーワールドカップ招致実行委員会事務局「2011ラグビーワールドカップ招致報告書 ――The final report of Japan Bid to host Rugby World Cup 2011」。

4) 徳増浩司 (2020)『君たちは何をめざすのか――ラグビーワールドカップ2019が教えてくれたもの』ベースボール・マガジン社、198～199ページ。

5) 財団法人日本ラグビーフットボール協会 (JRFU) ウェブサイト、2005年4月14日付ニュース、「ラグビーワールドカップをみんなの力で呼ぼう！『チャレンジ2011キャンペーン』」https://www.rugby-japan.jp/news/2005/04/14/6494

6) JRFUウェブサイト、2005年11月11日付ニュース、「11.5 日本代表 vs スペイン代表『当日イベント報告』」https://www.rugby-japan.jp/news/2005/11/11/6273

7) JRFUウェブサイト、2005年11月18日付ニュース、「2011ラグビーワールドカップ日本招致団現地記者会見コメント」https://www.rugby-japan.jp/news/2005/11/18/6269

8) 財団法人日本ラグビーフットボール協会ウェブサイト、2005年11月18日付ニュース、「2011ラグビーワールドカップ日本招致団 現地記者会見コメント―日本ラグビーフットボール協会記者会見より」https://www.rugby-japan.jp/news/2005/11/18/6269

9) 徳増 (2020) 145～146ページ。

10) 廣瀬俊朗 (2019)『ラグビー知的観戦のすすめ』(角川新書) を参照した。

11) ラグビーワールドカップ優勝杯の名前となったウェブ・エリスのエピソードを生んだ英国ラグビー校の姉妹校「ラグビー・スクール・タイランド」が2017年にタイのパタヤ近郊に開校したのに続き、「ラグビー・スクール・ジャパン」が2023年8月に千葉県柏市に開校する。

12) イングランド・ラグビーフットボール協会 (RFU) ウェブサイト、Museum of Rugbyより「Rugby History」https://web.archive.org/web/20080215165655/http:/www.rfu.com/microsites/museum/index.cfm?fuseaction=faqs.history

13) トニー・コリンズ著、北代美和子訳 (2019)『ラグビーの世界史――楕円球をめぐる二百年』白水社。

14) Rugby Schoolのウェブサイト「About Us – History」https://www.rugbyschool.co.uk/about/history/

15) https://web.archive.org/web/20080215165655/http:/www.rfu.com/microsites/museum/index.cfm?fuseaction=faqs.history

16) 同上。

17) ラグビーの歴史については、Rugby Football Union Official Website/Museum of Rugby and Stadium Tours /Rugby History https://web.archive.org/web/20080215165655/http:/www.rfu.com/microsites/museum/index.cfm?fuseaction=faqs.history、および、廣瀬 (2019)。

18) 徳増 (2020) 205～207ページ。

19)「2011ラグビーワールドカップ招致報告書」。

20) 徳増 (2020) 193～194ページ。

21) ワールドラグビー 日本チャンネル「ラグビーワールドカップ2019『舞台裏の真実』」https://

インタビューにご協力いただいた方々

（敬称略、五十音順、日付はインタビュー実施日）

青柳　賢治	（2022年2月24日）
入内島　徹	（2023年1月15日）
上村　哲也	（2021年12月6日）
内田　南	（2021年1月23日、2023年1月15日）
浦城　太郎	（2022年2月24日）
遠藤　隆一郎	（2020年12月19日）
大内　悠資	（2020年11月30日）
角田　康嗣	（2020年11月29日）
河合　洋一	（2020年10月30日）
河原井　瑛太	（2020年12月9日）
楠本　淳	（2020年11月6日）
熊谷　聡	（2020年11月11日）
熊木　陽一郎	（2021年11月19日）
熊坂　俊博	（2020年10月22日）
桑野　雄介	（2021年11月19日）
佐藤　政弘	（2022年2月24日）
嶋津　昭	（2022年1月21日）
神野　幹也	（2021年11月12日）
高岡　華之	（2020年12月4日）
田中　啓太	（2020年11月13日、2021年11月22日）
谷　俊一郎	（2020年10月30日）
手塚　久文	（2020年12月2日）
デボラ・ジョーンズ	（2022年1月13日）
寺廻　健太	（2020年10月22日）
徳増　浩司	（2021年12月16日）
藤居　陽	（2020年12月25日）
宮崎　春奈	（2020年11月5日）
吉岡　光晶	（2020年10月21日）
吉村　泰輔	（2020年11月12日）

【調査・執筆協力】

真鍋卓也（まなべ・たくや）
株式会社10X HRBP部長。横浜国立大学教育人間科学部卒業、英サセックス大学院（環境・開発・政策コース）修了。独立行政法人国際協力機構（JICA）にて政府開発援助業務を経て、ラグビーワールドカップ2019組織委員会にて人材戦略に携わる。その後、地方創生ベンチャー、EYストラテジー・アンド・コンサルティング株式会社を経て、現職。

佐藤洋平（さとう・ようへい）
静岡ブルーレヴズ パートナー事業部長 兼 強化部アシスタントGM 兼 Revs Crew運営事務局。立命館大学経済部経済学科卒業後、株式会社リンクアンドモチベーションにて組織人事コンサルタントとして活動した後、ラグビーワールドカップ2019組織委員会にてボランティアの採用、育成、大会の清算業務に携わる。その後、フリーランスとしての活動を経て、現職。

川田弓子（かわだ・ゆみこ）
一橋ビジネススクール野中研究室研究員、株式会社フロネティック取締役。一橋大学社会学部卒業、同大学大学院国際企業戦略研究科（現一橋ビジネススクール国際企業戦略専攻：一橋ICS）修了（MBA）。株式会社リクルートにて組織開発コンサルタント、組織行動研究所主任研究員等を経て現職。主な著書に『日本の持続的成長企業』（共著：東洋経済新報社）、『野性の経営』（共著：KADOKAWA）がある。

【編著者略歴】

野中郁次郎（のなか・いくじろう）
1935年東京都生まれ。58年早稲田大学政治経済学部卒業。カリフォルニア大学バークレー校経営大学院にてPh.D.取得。現在、一橋大学名誉教授、日本学士院会員、中小企業大学校総長。2017年カリフォルニア大学バークレー校経営大学院より「生涯功労賞」を受賞。知識創造理論を世界に広めたナレッジマネジメントの権威。『失敗の本質』（共著、ダイヤモンド社）、*The Knowledge-Creating Company*（共著、Oxford University Press、邦訳『知識創造企業』）、*The Wise Company*（共著、Oxford University Press、邦訳『ワイズカンパニー』）、『「失敗の本質」を語る』（日本経済新聞出版）、『知的機動力の本質』（中央公論新社）など著書多数。

川田英樹（かわだ・ひでき）
株式会社フロネティック代表取締役。多摩大学大学院教授。米国カリフォルニア州ロサンゼルスへ留学、UCLA（カリフォルニア大学ロサンゼルス校）でAstrophysics（天体物理学）を専攻し卒業。一橋大学大学院国際企業戦略研究科国際経営戦略コース（現一橋ビジネススクール国際企業戦略専攻：一橋ICS）第一期生（MBA）、同コース博士課程（DBA）取得。株式会社フロネティックを設立し、「実践知リーダー」が育つ“場”を顧客と共創している。野中郁次郎教授とともに、アジア諸国でリーダー育成プログラム開発や実践知リーダーに関わるリサーチを進行中。主な著書に『野性の経営』（野中郁次郎他と共著：KADOKAWA）がある。

世界を驚かせたスクラム経営

2023年9月6日　1版1刷

編著者　野中郁次郎・川田英樹

発行者　國分正哉
発　行　株式会社日経BP
日本経済新聞出版
発　売　株式会社日経BPマーケティング
〒105-8308　東京都港区虎ノ門4-3-12
装　幀　竹内雄二
ＤＴＰ　マーリンクレイン
印刷･製本　中央精版印刷
ISBN978-4-296-11886-1